## 权威·前沿·原创

皮书系列为
"十二五""十三五"国家重点图书出版规划项目

智库成果出版与传播平台

法治现代化蓝皮书
BLUE BOOK OF LEGAL MODERNIZATION

# 中国法治社会发展报告
# （2020）

DEVELOPMENT OF THE RULE OF LAW IN SOCIETY REPORT
(2020)

主　编／公丕祥
副主编／李　力　庞　正

社会科学文献出版社
SOCIAL SCIENCES ACADEMIC PRESS (CHINA)

图书在版编目(CIP)数据

中国法治社会发展报告.2020/公丕祥主编. ——北京：社会科学文献出版社，2020.10
（法治现代化蓝皮书）
ISBN 978-7-5201-7438-1

Ⅰ.①中… Ⅱ.①公… Ⅲ.①社会主义法治－发展－研究报告－中国－2020 Ⅳ.①D920.0

中国版本图书馆CIP数据核字（2020）第198520号

**法治现代化蓝皮书**
**中国法治社会发展报告（2020）**

主　　编 / 公丕祥
副 主 编 / 李　力　庞　正

出 版 人 / 谢寿光
组稿编辑 / 刘骁军
责任编辑 / 易　卉
文稿编辑 / 郭锡超

出　　版 / 社会科学文献出版社·集刊分社（010）59367161
　　　　　　地址：北京市北三环中路甲29号院华龙大厦　邮编：100029
　　　　　　网址：www.ssap.com.cn

发　　行 / 市场营销中心（010）59367081　59367083
印　　装 / 天津千鹤文化传播有限公司

规　　格 / 开　本：787mm×1092mm　1/16
　　　　　　印　张：21.25　字　数：317千字
版　　次 / 2020年10月第1版　2020年10月第1次印刷
书　　号 / ISBN 978-7-5201-7438-1
定　　价 / 128.00元

本书如有印装质量问题，请与读者服务中心（010-59367028）联系

版权所有 翻印必究

# 法治现代化蓝皮书
# 编辑委员会

**主　任**　公丕祥

**副主任**　夏锦文　龚廷泰　李　浩　刘旺洪　李　力
　　　　　蔡道通　眭鸿明　庞　正

**委　员**　朱华仁　刘克希　田　幸　李建明　李玉生
　　　　　姜　涛　杨登峰　程德文　张　镭　汤善鹏
　　　　　倪　斐　丰　霏　吴　欢　张　鹏

# 中国法治社会发展报告
## （2020）

| | |
|---|---|
| **主　　　编** | 公丕祥 |
| **副 主 编** | 李　力　庞　正 |
| **策　　　划** | 中国法治现代化研究院蓝皮书工作室 |
| **工作室主任** | 庞　正 |
| **工作室副主任** | 丰　霏　吴　欢　张　鹏 |
| **工作室成员** | （按姓氏笔画排序） |
| | 王丽惠　尹培培　杜维超　李　旭　孟星宇 |
| | 夏少昂　韩玉亭　强　卉 |
| **撰 写 人 员** | （按姓氏笔画排序） |
| | 丰　霏　王丽惠　王立明　公丕祥　尹培培 |
| | 吕健俊　孙书彦　孙　冲　刘雪姣　杜维超 |
| | 李　旭　吴　欢　余钊飞　张　鹏　周苗涵 |
| | 孟星宇　章泽楠　韩玉亭　强　卉　雷　奥 |

# 总　序

纵观世界法治现代化的历史进程，我们可以清晰地看到，现代化与法治内在联系，相互依存，不可分割。习近平总书记指出："法治和人治问题是人类政治文明史上的一个基本问题，也是各国在实现现代化过程中必须面对和解决的一个重大问题。"[①] 近代以来，伴随着民族国家的建构过程，国家现代化与法治化成为国家和社会生活变革与发展的主旋律。然而，这一进程在不同的国家往往具有不同的历史特点，形成各具特质的法治发展及其现代化道路。中国法治现代化是在中国的具体国情条件下所展开的法治变革过程，体现了独特的内在逻辑。在当代中国，中国共产党人以高度的历史主动性，深刻认识法治这个治国理政最大最重要的规矩在国家现代化进程中的重要作用，坚定不移地厉行法治，深入推进广泛而深刻的社会与法治变革进程，中国的法治现代化显示出旺盛的活力与强大的生命力，充分表达了法治现代化的中国经验。

法律是以社会为基础的。法治革命是社会革命的历史产物，也是社会革命的法治样式。中国共产党成立90多年来，领导中国人民坚定推进气壮山河的伟大社会革命，完成了新民主主义革命和社会主义革命，进行了改革开放新的伟大社会革命，"创造了一个又一个彪炳史册的人间奇迹"。[②] 这一进程中的两次前后相继的法治革命，首先都是一场社会革命。1949年至1956年的当代中国第一次社会革命，在中国大地上创建了社会基本制度及其国家制度体系。"五四宪法"以国家根本法的形式确证了人民民主与社会主义这两大原则，创设了社会主义中国的国体与政体的宪

---

[①] 参见《习近平关于全面依法治国论述摘编》，中央文献出版社，2015，第12页。
[②] 参见《中国共产党第十九次全国代表大会文件汇编》，人民出版社，2017，第12页。

制基础，由此形成了当代中国第一次法治革命。1978年开启的改革开放新的伟大革命，乃是1949年之后中国的第二次社会革命，开辟了中国特色社会主义道路。"八二宪法"及四个宪法修正案在改革开放的社会变革进程中第一次确立了发展社会主义市场经济、建设社会主义法治国家的国家根本法基础，进而形成了当代中国第二次法治革命。党的十八大以来，法治发展领域发生了历史性变革，取得了历史性成就，中国法治现代化进入了新时代。习近平总书记强调，"新时代中国特色社会主义是我们党领导人民进行伟大社会革命的成果，也是我们党领导人民进行伟大社会革命的继续，必须一以贯之进行下去"。①适应坚持和发展中国特色社会主义这一新时代伟大社会革命的需要，以习近平同志为核心的党中央从确保党和国家长治久安的战略高度，加强中国法治发展的战略谋划，在党的十八届三中全会作出"推进法治中国建设"的重大战略抉择的基础上，召开党的十八届四中全会对全面推进依法治国若干重大问题作出了专门系统的战略部署，成为新时代中国法治现代化进程中的一个重要里程碑。党的十九届二中全会是继十八届四中全会之后我们党对新时代坚持全面依法治国作出的又一重大战略谋划，在我们党的历史上第一次以全会形式专题研究宪法修改问题，审议通过了《中共中央关于修改宪法部分内容的建议》，旨在为新时代坚持和发展中国特色社会主义这一伟大革命提供坚强的宪法保障。十三届全国人大一次会议审议通过的宪法修正案，充实完善了现行宪法有关制度规定。这集中体现了新时代中国国家发展及其现代化的内在需要，明确表达了新时代伟大社会革命的宪法逻辑，充分体现了中国法治现代化的时代价值。

中国共产党人在领导中国人民进行艰苦卓绝的伟大社会革命过程中，坚持把马克思主义法治思想与中国具体法治实际相结合，努力走出一条具有鲜明中国特色的社会主义法治道路。习近平总书记指出："各国国情不同，每

---

① 参见《以时不我待只争朝夕的精神投入工作 开创新时代中国特色社会主义事业新局面》，《人民日报》2018年1月6日，第1版。

个国家的政治制度都是独特的。"① "走什么样的法治道路,建设什么样的法治体系,是由一个国家的基本国情决定的。"② 中国社会经济、政治、文化、历史与地理环境诸方面的条件或因素,决定或制约着中国法治现代化进程的基本取向和运动方向。

新中国成立 70 年以来特别是改革开放 40 年来探索中国法治现代化道路的艰辛实践,历史性地生成了法治现代化的中国道路的总体性特征,主要如下。(1) 在当代中国,作为国家最高政治领导力量,中国共产党在整个国家和社会生活中处于领导地位,必须坚持和加强党对依法治国的全面领导,这是中国法治现代化的根本政治保证。(2) 法治现代化与国家治理现代化之间有着密切的关系,推进当代中国法治现代化,就是要促进从人治型的国家治理体制向法治型的国家治理体制的历史性转变,这是中国法治现代化的方略选择。(3) 全面推进依法治国,加快建设法治中国,必须坚持以人民为中心的法治准则,这是中国法治现代化进程的最深厚的动因基础。(4) 人民日益增长的美好生活需要和不平衡不充分的发展之间的矛盾这一新时代中国社会主要矛盾,准确反映了当代中国社会发展的阶段性特征,对全面依法治国进程产生了深刻影响,这是推进中国法治现代化的客观依据。(5) 在新的时代条件下,推进中国法治现代化的宏伟大业,必须把新发展理念融入全面依法治国领域之中,充分展示法治对于保障当代中国发展的时代价值,这是中国法治现代化的战略引领。(6) 处于转型期的当代中国,必须始终高度关注和重视解决社会公平正义问题。全面依法治国要围绕保障和促进社会公平正义来进行,这是中国法治现代化的价值取向。(7) 在中国这样一个幅员辽阔的东方大国,东中西部各个区域之间的经济社会发展水平存在明显的差异性,必然影响或制约各个区域法治发展的进程状况与实际效果,必须在坚持国家法制统一性的前提下认真对待区域法治发展,这是中国法治现代

---

① 参见习近平《在庆祝全国人民代表大会成立 60 周年大会上的讲话》(2014 年 9 月 5 日),人民出版社,2014,第 16 页。
② 参见习近平《加快建设社会主义法治国家》,载《习近平谈治国理政》第二卷,外文出版社,2017,第 117 页。

化的现实路径。(8)全面依法治国是一个宏大的系统工程,必须加强整体谋划,统筹兼顾,坚持依法治国和以德治国相结合,依法治国和依规治党有机统一,这是中国法治现代化的统筹机制。(9)在当代中国,"改革和法治如鸟之两翼、车之两轮",[①]必须立足法治国情条件,渐进有序地推进法治领域改革,坚持在法治下推进改革,在改革中完善法治。(10)在全球治理变革深入推进的历史条件下,国内法治与国际法治彼此互动、协调发展,以期推动构建人类命运共同体,这是中国法治现代化建设的全球方位。很显然,在当代中国伟大社会革命进程中逐步形成的法治现代化道路,有着自身独特的历史个性和鲜明的中国特征。只有从中国的实际情况出发,才能走出一条自主型的中国法治现代化道路。越是民族的,越具有世界性。建立在法律文化传统创造性转换基础上的中华法治文明价值体系,并不是脱离世界法治文明发展大道的孤立的法治现象,而是基于对本国法治国情特点的悉心把握,"坚持以我为主、为我所用、认真鉴别、合理吸收",充分吸取世界法治发展的有益经验,"学习借鉴世界上优秀的法治文明成果"。[②]因此,法治现代化的中国方案,不仅记载深厚的中国经验,融入丰富的中国元素,体现鲜明的中国精神,而且注重把握世界法治文明发展大势,积极参与世界法治经验对话交流,辩证吸收世界法治发展有益成果,因而与世界法治文明的普遍准则沟通协调,具有普遍性的世界意义。

当代中国正处在从大国走向强国的新的历史发展阶段。伴随着中国特色社会主义进入新时代的铿锵步履,"近代以来久经磨难的中华民族迎来了从站起来、富起来到强起来的伟大飞跃"。[③]实现中华民族"强起来"的宏伟愿景,离不开法治的坚强保障。在中国这样一个幅员辽阔、人口庞大、民族众多、国情复杂的发展中的社会主义大国,作为执政党的中国共产党要跳出"历史周期律",实现长期执政,确保党和国家的长治久安,就必须在

---

[①] 参见习近平《在庆祝中国共产党成立95周年大会上的讲话》,人民出版社,2016,第17页。
[②] 参见《习近平关于全面依法治国论述摘编》,中央文献出版社,2015,第32页。
[③] 参见《中国共产党第十九次全国代表大会文件汇编》,人民出版社,2017,第10页。

习近平总书记全面依法治国新理念新思想新战略的指引下，悉心做好为民族复兴筹、为子孙后代计、为长远发展谋的战略筹划，全面推进法治中国建设，进而为新时代中华民族"强起来"的伟大飞跃提供根本性、全局性、长期性的制度保障。法治现代化的中国方案，有力地体现了新时代从大国走向强国的中国法治使命和责任。

中国特色社会主义进入新时代，标志着当代中国现代化运动站在了一个新的时代起点上，当代中国法治现代化迈进了一个新的社会历史阶段。党的十九大报告的一个重要理论贡献，就是清晰阐述了以习近平同志为核心的党中央关于从全面建成小康社会到基本实现现代化再到全面建成社会主义现代化强国的重大战略谋划。这是"新时代中国特色社会主义发展的战略安排"。这一战略安排蕴含着丰富的法治意义，具有鲜明的法治发展指向，实际上提出了推进新时代中国法治现代化的新的"三步走"战略构想，从而昭示着新时代中国法治现代化的宏伟愿景。第一步，按照十六大、十七大、十八大提出的全面建成小康社会各项要求，到2020年全面建成小康社会。到那时，各方面制度更加成熟更加定型，国家治理体系和治理能力现代化取得重大进展，各领域基础性制度体系基本形成；人民民主更加健全，法治政府基本建成，司法公信力明显提高，人权得到切实保障，产权得到有效保护。第二步，从2020年到2035年基本实现现代化，比原先的设想提前了15年。到那时，在政治建设与法治发展领域，人民平等参与、平等发展权利得到充分保障，法治国家、法治政府、法治社会基本建成，各方面制度更加完善，国家治理体系和治理能力现代化基本实现。第三步，从2035年到21世纪中叶全面建成富强民主文明和谐美丽的社会主义现代化强国。到那时，在政治与法治发展领域，我国社会主义文明将全面提升，实现国家治理体系和治理能力现代化。我国政治文明的全面提升，必然意味着在这一进程中我国法治文明历时地得到全面提升。法治现代化是国家治理现代化的有机组成部分，二者内在联系、不可分割，处于同一个历史过程之中。中国国家治理现代化的实现，同样表明中国法治现代化的全面实现。这无疑是新时代推进中国法治现代化的一幅恢宏画卷。

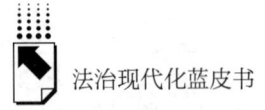

从全面建成小康社会到基本实现现代化再到全面建成现代化强国的历史进程，赋予法治现代化的中国方案全新的时代使命。在中央全面依法治国委员会第一次会议上的重要讲话中，习近平总书记系统阐述了以"十个坚持"为主要内容的全面依法治国新理念新思想新战略，提出了全面推进依法治国的七项重点任务，为深入推动新时代中国法治现代化的历史进程提供了根本遵循，指明了中国法治现代化理论研究、实践探索和智库建设的前进方向。中国法治现代化研究院是经中共江苏省委宣传部批准、设立在南京师范大学的一所法治智库。中国法治现代化研究院立足江苏、面向全国、放眼世界，致力于为党和国家以及地方党委政府全面推进依法治国、深化法治江苏省建设提供决策咨询，注重把握应用性和对策性研究的工作主轴，坚持宏观层面研究和微观层面研究的有机结合，侧重中国法治现代化领域的战略层面研究，着力提出具有长远考量和全局意义的中国法治现代化进程的战略性预测和发展战略建议，为党和国家以及地方党委政府提供思想和行动方案选择，致力于成为全省领先、国内一流、国际知名的中国法治现代化领域的新型高端法治智库。《法治现代化蓝皮书》是由中国法治现代化研究院组织编撰的专注于新时代中国法治现代化领域重要问题的连续性的年度研究报告，旨在以习近平总书记全面依法治国新理念新思想新战略为指导，面向新时代全面推进依法治国、加快建设法治中国的伟大实践，紧扣"建设中国特色社会主义法治体系、建设社会主义法治国家"的全面依法治国总目标，重点围绕探讨法治中国发展战略、全面贯彻实施宪法、推进科学民主立法、加强法治政府建设、深化司法体制改革、加快法治社会建设、推动区域法治发展、加强法治工作队伍建设、中国法治国情调研等领域，推出中国法治现代化领域年度专题研究报告与法治智库产品，突出理论思考，突出问题导向，突出实证分析，突出咨政建言，努力在新时代中国法治现代化理论建设、战略研究、社会引领、政策建言等方面取得新的研究成果，以期为新时代的中国法治现代化事业奉献绵薄之力。

《法治现代化蓝皮书》的编辑出版，得到了中共江苏省委宣传部、江苏省哲学社会科学规划办公室、社会科学文献出版社和南京师范大学的大力支持，得到了全国法学界和法律实务界的热情指导。在此，谨深致谢忱！

南京师范大学中国法治现代化研究院院长

公丕祥

2019年5月于南京

# 前　言

党的十八大以来,"法治社会"作为与法治国家、法治政府既相联系又相区别的特定术语进入了我国主流法治话语系统。2012年12月,习近平总书记在纪念现行宪法公布施行30周年大会上首次明确提出"法治国家、法治政府、法治社会一体建设"的重大法治命题;2013年11月,党的十八届三中全会通过《中共中央关于全面深化改革若干重大问题的决定》,提出"坚持依法治国、依法执政、依法行政共同推进,坚持法治国家、法治政府、法治社会一体建设";2014年10月,党的十八届四中全会通过《中共中央关于全面推进依法治国若干重大问题的决定》,对全面推进依法治国、加快建设法治中国作出重大战略部署,强调要"增强全民法治观念,推进法治社会建设";2015年10月,党的十八届五中全会在"十三五"规划的建议中提出"加快建设法治经济和法治社会,把经济社会发展纳入法治轨道";2017年10月,党的十九大再次明确"全面推进依法治国总目标是建设中国特色社会主义法治体系、建设社会主义法治国家",将"坚持法治国家、法治政府、法治社会一体建设"纳入新时代坚持全面依法治国基本方略之中,提出到2035年,"法治国家、法治政府和法治社会基本建成";2019年10月,党的十九届四中全会从坚持和完善中国特色社会主义制度、推进国家治理体系和治理能力现代化的战略高度,提出要"加大全民普法工作力度,增强全民法治观念,完善公共法律服务体系,夯实依法治国群众基础",并且强调要"坚持和完善共建共治共享的社会治理制度","建设人人有责、人人尽责、人人享有的社会治理共同体"。

新时代法治革命的基本目标,就是坚持从中国的国情出发,建设法治国家、法治政府和法治社会,进而实现中国法治现代化。在这一历史进程中,法治国家、法治政府、法治社会这三者既相辅相成,又各有侧重。在当代中国,坚持法治国家、法治政府、法治社会一体建设,深刻反映了中国法治现代化的内在机制。在"法治国家、法治政府、法治社会一体建设"的命题中理解法治社会,有助于准确把握法治社会的特殊规定性。法治国家意味着从立法到执法和司法的每一个法律实践环节都必须有严格的法定程序,意味着将国家权力纳入法律设定的轨道,并且不同国家机关的权力均由法律加以明文规定,也意味着社会主体在这一有序化的法治体系中获得最大限度的自由。法治政府是法治国家的有机组成部分,是指严格按照法定权限和程序行使权力、履行职责的政府。法治社会是法治国家和法治政府的基础,是一个信仰法治、依法治理的社会。它意味着法治是社会生活健康运行的重要条件,整个社会有机体建立在坚实的法治基础之上;意味着严格依法办事,把社会治理活动纳入一个规范有序的法治化轨道,在法治的框架下推动各项工作;意味着引导社会组织健康有序发展,加快形成政社分开、权责明确、依法自治的现代社会组织体制;意味着基层社会自治得到更加充分的发展,努力实现政府治理和社会自我调节、居民自治良性互动;意味着各级党组织和广大党员领导干部带头遵守宪法和法律,同时教育和培养社会成员对宪法和法律的信仰,大力弘扬现代法治精神,在全社会形成崇尚宪法和法律、维护法治尊严和权威的良好氛围。因此,加快建设法治社会具有特殊重要的意义。诚如习近平总书记所指出的,"法治社会是构筑法治国家的基础"。

从总体上看,法治现代化是指一个从人治型国家治理体系向法治型国家治理体系的历史性变革过程。法治现代化概念与法治发展命题非常接近,但更强调从传统走向现代的社会变革特质。作为江苏省首批重点高端智库,中国法治现代化研究院致力于面向当下中国法治发展的应用性和对策性研究。2018年,研究院启动了"中国法治现代化蓝皮书"的编撰和发布工作,2019年8月出版了《中国法治现代化报告(2019)》。该报告从立法发展、法治政府、司法改革、法治社会、区域法治等多个方面对2019年度我国法治现代化建设成果进行了全景式的扫描。在此基础上,考虑到推进法治社会

# 前言

建设在新时代全面依法治国、实现法治现代化进程中基础性、支撑性、战略性的特殊重要地位，中国法治现代化研究院拟将年度报告的主体内容进一步聚焦法治社会领域，以"法治社会发展报告"为专题开展蓝皮书建设工作，以期经由法治社会发展这一视窗分年度连续性展示我国法治现代化进程的阶段性场景，为新时代法治社会建设事业建言献策。

《中国法治社会发展报告》由总报告、地方报告、专题报告、调研报告和年度事件报告五个板块组成。总报告旨在全面总结回顾2019年度我国法治社会建设和社会治理创新进程的总体面貌，试图从法治社会发展进程中的顶层设计、法治社会建设年度进展、法治社会建设及其治理实践评析、法治社会发展趋势与应对等四个方面进行梳理和分析，展示和总结全国在法治社会发展领域的制度建设、组织建设、实践举措和主要成效，对薄弱环节提出应对之策，对未来发展趋势做出预判。

地方报告作为总报告的细化，是在空间意义上的分报告。之所以要从"地方"的角度对年度法治社会发展状况做出分报告，乃是因为社会基层才是法治社会建设的主要场域。这是法治社会建设相对于法治国家、法治政府建设的特殊性所在。具体而言，国家力量与社会力量有机互动的场域在基层，法治社会建设基本任务的落实在基层，法治社会建设的主体力量在基层，法治社会建设的制约因素也在基层。为此，每卷的分报告将选取一个省或市为单位，从法治宣传教育、公共法律服务、矛盾纠纷化解和社会基层治理等四个方面更为细致地展示法治社会建设在区域社会所呈现的样貌。本卷分报告以江苏省为基本分析对象。

专题报告以年度法治社会建设的热点主题为组稿线索，介绍全国各地在该主题下所做工作的特色、亮点和成效。在新的时代条件下，"坚持和发展新时代'枫桥经验'"，已经成为新时代中国特色社会主义基层社会治理实践创新的重要载体。以"党政动手、依靠群众、预防纠纷、化解矛盾、维护稳定、促进发展"为鲜明特色的新枫桥经验，在全国各地得到了广泛推行。为此，本年度报告的专题报告定位于展示2019年"新枫桥经验"在各地的实践状况和经验总结。

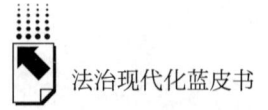

调研报告旨在加强和改进法治社会的经验与实证观察,既包括对国家和地方相关方针政策的制度性研究,也包括对基层法治社会建设的具体经验分析,特别是围绕法治社会发展中的地方实践和具体问题,在深入扎实的调查研究基础上,努力提出前瞻性、有分量、可操作的咨询建议。在实证研究基本范式下,调研报告运用观摩、访谈、问卷、数据统计等具体方法,致力于呈现城乡基层法治社会建设和社会治理创新的基本面貌、优势特色、工作亮点、存在的问题,并完善方案。

年度事件报告是中国法治现代化蓝皮书的特色板块,用以专门遴选并发布"中国法治社会发展年度十大事件"。中国法治现代化研究院已连续多年开展"年度十大法治影响力事件"评选发布活动,获得了广泛影响和良好声誉,入选了CTTI十大创新案例。法治社会发展年度事件报告,是在前述评选活动基础上专门就法治社会议题进行的具体化拓展,旨在集中呈现法治社会发展过程中的影响力事件,其中既包括政策出台和制度创新,也包括焦点事件和典型案例。

本年度报告的编撰工作是由中国法治现代化研究院蓝皮书工作室全体成员共同承担的,同时也大量吸纳了高等院校、科研单位和实务部门专业人员的研究成果。在报告的撰写、编辑过程中,蓝皮书工作室得到了江苏省司法厅、中南财经政法大学基层法治研究所、杭州师范大学枫桥经验与法治建设研究中心等单位的指导和帮助,也得到了研究院学术委员会和各所(中心)的指导和支持。本年度报告从选题策划到编辑出版,是在社会科学文献出版社刘骁军编审的悉心指导和姚敏女士的全程参与下完成的。在此,我们谨向以上机构和个人表示衷心感谢。

中国法治现代化研究院蓝皮书工作室

2020年5月22日

# 目 录

## Ⅰ 总报告

**B.1** 中国法治社会发展2019年总报告 …………… 吴　欢　周苗涵 / 001
　　一　法治社会发展进程中的顶层设计 ………………………… / 002
　　二　法治社会建设年度进展概览 ……………………………… / 012
　　三　法治社会建设及其治理实践评析 ………………………… / 040
　　四　当前法治社会发展的应有走向 …………………………… / 051

## Ⅱ 地方报告·江苏

**B.2** 法治宣传教育报告 ………………………………… 尹培培 / 058
**B.3** 公共法律服务报告 ………………………………… 尹培培 / 082
**B.4** 矛盾纠纷化解报告 ………………………………… 韩玉亭 / 097
**B.5** 社会基层治理报告 ………………………………… 韩玉亭 / 110

## Ⅲ 专题报告

**B.6** 新时代"枫桥经验"在余杭社会治理中的展开 ………… 余钊飞 / 126

001

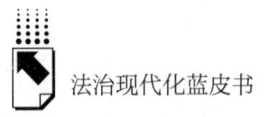

B.7 社会转型中的人民调解制度
　　——基于D市人民调解工作的社会学分析
　　................................................. 孙书彦　孟星宇 / 151
B.8 新时代"枫桥经验"与网格化社会治理 ................ 雷　奥 / 167
B.9 "枫桥经验"在青海久治县的本土化实践 ............ 王立明 / 183
B.10 打造基层社会治理样板派出所的实践与思考
　　——以"枫桥式公安派出所"创建为视角 ........... 章泽楠 / 195

## Ⅳ　调研报告

B.11 乡村治理法治化实践
　　——以珠三角城郊村为对象的考察 .................. 王丽惠 / 210
B.12 基层村社属地管理的运行机制及其解释
　　——以E镇为对象的分析 ................. 吕健俊　杜维超 / 227
B.13 社区治理中的警务实践调查报告
　　——以C市M公租房社区警务室为对象
　　................................................. 孙　冲　强　卉 / 245
B.14 农村社区治理实践探微
　　——以X社区为对象的田野调查 ......... 刘雪姣　李　旭 / 264

## Ⅴ　年度事件报告

B.15 中国法治社会发展2019年度十大事件 ............... 丰　霏 / 288

Contents ............................................................. / 301

# 总 报 告

General Report

## B.1 中国法治社会发展2019年总报告

吴 欢 周苗涵*

**摘 要：** 在新时代法治社会发展顶层设计指引下，我国法治社会建设在2019年取得显著进展：法治宣传教育体系建设深入发展，普法形式和内容更加丰富，社会诚信和公民道德建设成效突出，普法队伍建设不断加强；公共法律服务日益完善，服务体系更加健全，服务内容更加专业，体制机制更加优化，组织保障更加有力；矛盾纠纷化解工作亮点纷呈，解纷体系日益健全，解纷途径多样化，社会整体秩序优化形势向好；基层社会治理创新深入推进，治理参与主体更加多元，"新枫桥经验"持续引领，依法治理成效显著。总体而言，2019年我

---

\* 吴欢，法学博士，中国法治现代化研究院研究员，南京师范大学法学院副教授、政府治理与行政法理研究中心主任；周苗涵，法学硕士，南京师范大学政府治理与行政法理研究中心研究人员。

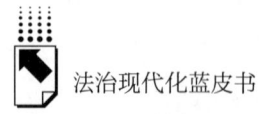

国法治社会建设在加强党的领导、强化人民主体地位、细化治理方案和创新建设举措等方面都取得了明显成绩,有力助推了新时代社会治理体系和治理能力现代化。展望未来,还需要进一步以问题为导向,推动我国法治社会建设实现创新发展。

**关键词:** 法治社会 法治宣传教育 公共法律服务 社会基层治理 社会治理共同体

2019年是中华人民共和国成立70周年,也是开启新时代全面依法治国新征程的重要一年。以习近平同志为核心的党中央把全面依法治国放在推进国家治理体系和治理能力现代化的战略全局中加以精心谋划和扎实推进。[①]在法治社会发展领域,为实现"法治国家、法治政府、法治社会一体建设"的总体规划和奋斗目标,党和国家不断加强顶层设计,在法治宣传教育、公共法律服务、矛盾纠纷化解、社会基层治理等方面做出整体安排,并大力推动各项部署的深入落实。各地各部门系统推进法治社会建设走向深入,取得了法治宣传教育全面化、公共法律服务精细化、矛盾纠纷化解多元化和社会基层治理一体化等显著成效。总体而言,2019年我国法治社会发展领域的顶层设计与实践举措,创新了社会治理的法治化方式,提升了社会治理的法治化水平,有力促进了法治社会建设的全面发展。展望未来,我国法治社会建设还需要进一步以问题为导向实现创新发展。

## 一 法治社会发展进程中的顶层设计

"坚持法治国家、法治政府、法治社会一体建设",既是新时代全面推

---

① 参见公丕祥《新时代全面依法治国的新进展》,载《中国社会科学报》2019年12月25日,第5版。

进依法治国的崭新工作布局，也是建设中国特色社会主义法治体系的三个重要层面。其中，法治社会建设在实现全面推进依法治国总目标的奋斗进程中具有前提性、基础性的重要意义。党的十八大以来，随着我国社会主要矛盾的深刻变化，中国特色社会主义的发展进入新时代，法治社会建设也具有了新的时代方位，迎来了新的顶层设计方案，开启了新的实践征程。① 考察2019年我国法治社会建设的进展，必须充分理解和深刻把握新时代党和国家对法治社会发展的顶层设计。

### （一）宏观方略

中国特色社会主义进入新时代以来，以习近平同志为核心的党中央高度重视法治社会建设，对法治社会发展的宏观方略和实践进路逐步做出了愈益详尽的部署。2012年11月，党的十八大把法治与国家治理、社会治理联系起来，提出要更加注重发挥法治在国家治理和社会管理中的重要作用。2013年11月，党的十八届三中全会第一次以中央全会决定的形式并列使用法治国家、法治政府和法治社会三个术语，提出"坚持依法治国、依法执政、依法行政共同推进，坚持法治国家、法治政府、法治社会一体建设"。2014年10月，党的十八届四中全会在党的历史上第一次将"增强全民法治观念，推进法治社会建设"纳入全面依法治国、建设法治中国的目标体系，并系统部署了推动全社会树立法治意识、推进多层次多领域依法治理、建设完备的法律服务体系、健全依法维权和化解纠纷机制等四个方面的具体进路，法治社会建设由此成为新时代全面依法治国总目标的重要组成部分和实践推进环节。② 2015年10月，党的十八届五中全会在"十三五"规划建议稿中提出"加快建设法治经济和法治社会，把经济社会发展纳入法治轨道"。2018年8月24日，习近平总书记在中央全面依法治国委员会第一次会议上将"坚持依法治国、依法执政、依法行政共同推进，坚持法治国家、

---

① 参见《开启法治中国新时代——以习近平同志为核心的党中央推进全面依法治国纪实》，载《人民日报》2019年10月22日，第3版。

② 参见陈柏峰《中国法治社会的结构及其运行机制》，载《中国社会科学》2019年第1期。

法治政府、法治社会一体建设"作为新时代全面依法治国新理念新思想新战略的重要内容予以强调，将法治社会建设纳入新时代全面依法治国的整体工作布局和战略指导思想。① 由上可见，不断深化拓展法治社会建设已然成为党和国家的基本方略。

值得注意的是，在党的十八大以来的政策性文件中，法治社会建设与社会治理创新一直是密切相关的两个重要议题。这是因为，法治社会与社会治理在理论上的通约性决定了在实践上的复合性，它们在社会条件、运行机理、制度依赖、价值取向等方面都具有高度的一致性。② 在法治社会与社会治理的关系问题上，可以认为，不断创新社会治理是建设法治社会的路径选择，法治社会的实现是社会治理的实践目标。2019年10月，党的十九届四中全会通过的《中共中央关于坚持和完善中国特色社会主义制度 推进国家治理体系和治理能力现代化若干重大问题的决定》（以下简称十九届四中全会《决定》）提出"社会治理是国家治理的重要方面。必须加强和创新社会治理，完善党委领导、政府负责、民主协商、社会协同、公众参与、法治保障、科技支撑的社会治理体系，建设人人有责、人人尽责、人人享有的社会治理共同体，确保人民安居乐业、社会安定有序，建设更高水平的平安中国"，并从完善正确处理新形势下人民内部矛盾有效机制、完善社会治安防控体系、健全公共安全体制机制、构建基层社会治理新格局、完善国家安全体系等方面，对"坚持和完善共建共治共享的社会治理制度，保持社会稳定、维护国家安全"做出制度安排。③ 这一系列重大政治论断和战略部署充分表明，法治社会建设既是全面依法治国和法治中国建设的基础环节，是法治国家建设和法治政府建设的重要支撑，也是完善社会治理体制、提升社会治理水平的必然要求，在新时代坚持和完善中国

---

① 参见习近平《加强党对全面依法治国的领导》，载《求是》2019年第4期。
② 参见庞正《法治社会和社会治理：理论定位与关系厘清》，载《江海学刊》2019年第5期。
③ 参见《中共中央关于坚持和完善中国特色社会主义制度 推进国家治理体系和治理能力现代化若干重大问题的决定》，人民出版社，2019，第28页。

特色社会主义制度、推进国家治理体系和治理能力现代化伟大进程中具有十分重要的意义。

从党的十八届四中全会到党的十九届四中全会，党和国家推进法治社会发展的顶层设计思路愈益清晰。概括而言，新时代推进法治社会建设的总体要求是：高举中国特色社会主义伟大旗帜，以习近平新时代中国特色社会主义思想为指导，把法治社会建设作为全面依法治国的重要基础工作，把社会治理法治化作为社会治理现代化的基本发展思路；坚持系统治理、依法治理、综合治理、源头治理，坚持和完善共建共治共享的社会治理体制，加强和创新党委领导、政府负责、民主协商、社会协同、公众参与、法治保障、科技支撑的社会治理体系；推动全社会树立法治意识，推进多层次多领域依法治理，建设完备的法律服务体系，健全依法维权和化解纠纷机制，完善正确处理新形势下人民内部矛盾有效机制，完善社会治安防控体系，健全公共安全体制机制，构建基层社会治理新格局，完善国家安全体系；把党领导社会治理的制度优势转化为社会治理效能，建设人人有责、人人尽责、人人享有的社会治理共同体，在推进新时代社会治理体系和治理能力现代化新征程中不断提升社会治理法治化水平。

按照党和国家的部署，新时代推进法治社会建设总体上要做到五个坚持。其一，坚持一体建设。要坚持"法治国家、法治政府、法治社会一体建设"的战略安排，让法治社会建设和法治政府建设并驾齐驱，以法治社会的发展促进全面依法治国总目标的实现。其二，坚持法治原则。法治社会建设应当遵循全面依法治国的整体战略布局，在现实实践中树立法治信仰、增强法治观念、培育守法习惯、形成法治风尚，将法治社会建设与社会治理创新有机结合起来。其三，坚持以人为本。法治社会建设应当坚持"以人民为中心"的发展思想，在实践活动中一切为了人民、一切依靠人民，依法保障广大人民群众的知情权、参与权、表达权和监督权，努力提高人民群众的幸福感、获得感、安全感。其四，坚持遵循客观规律。在法治社会建设过程中，必须坚持问题导向，努力认识规律、科学把握规律、自觉顺应规律、善于遵循规律。其五，坚持与时俱进。法治社会建设要顺应时代发展，

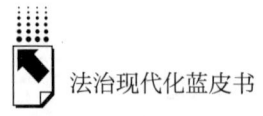

把握住时代特征，顺应社会情势的动态发展变化。①

新时代推进法治社会建设，应当深刻把握法治精神弘扬与法律制度实践的辩证关系。相较于法治国家和法治政府而言，法治社会更加侧重于观念因素的体现，更加以文化风尚的外观呈现于世。因此，在新时代推进法治社会建设的实践过程中，应当科学把握法治精神与法律制度两方面因素的关系，实现二者的有机结合。一方面，要在全社会大力提倡法治精神，培育法治意识，形成法治风尚。在法治社会中，全体社会成员都应认同和坚持法律至上观念，养成自觉遵守法律习惯，形成通过法治思维和法治方式解决政治、经济、社会等各方面问题的普遍行为模式。另一方面，要严格依照法律规定和法定程序来实现社会治理，强化社会法治的制度支持。在法治社会中，法律、法规和其他制度政策都应当依正当程序制定，由可信赖的司法和执法机关来实施，并在实施过程中受到全社会的公开监督。

### （二）战略步骤

2017年10月召开的党的十九大，在当代中国法治现代化进程中具有划时代的里程碑意义。它不仅确立了习近平新时代中国特色社会主义思想的指导地位，为新时代中国法治现代化实践提供了根本遵循，而且勾画了从全面建成小康社会到基本实现现代化再到全面建成现代化强国的国家发展图式，做出了推进当代中国法治现代化在新时代的新"三步走"战略安排。② 随着我国社会主要矛盾发生深刻变化、中国特色社会主义进入新时代，在"两个一百年"奋斗目标的历史交汇期，在决胜全面建成小康社会、开启中华民族伟大复兴新征程的关键时刻，党和国家将在新的历史起点上进一步全面推进依法治国，进一步建设法治社会。③ 对标党的十九大提出的推进当代中

---

① 参见广东省法学会"法治社会"研究课题组《法治社会建设的基本问题》，载《法治社会》2017年第4期。
② 参见公丕祥《新时代中国法治现代化的战略安排》，载《中国法学》2018年第3期。
③ 参见公丕祥《新时代全面依法治国的新进展》，载《中国社会科学报》2019年12月25日，第5版。

国法治现代化的新"三步走"战略安排,把握党和国家事业发展进程中的重大时间节点,不难看出,法治社会建设同样处于三个阶段的战略步骤之中。

第一个阶段,随着2020年全面建成小康社会,法治社会建设将取得重大进展,社会治理各方面制度基本得到完善,社会治理法治体系不断健全,依法推进社会治理的能力获得明显提升。第二个阶段,从2020年到2035年,在全面建成小康社会的基础上,我国将基本建成法治国家、法治政府和法治社会。到那时,社会治理法治体系更加成熟定型,依法推进社会治理能力大幅提升,法治社会建设目标基本实现。第三个阶段,从2035年到新中国成立一百年,在基本建成法治社会的基础上,我国社会将进入富强民主文明和谐美丽的现代化阶段。到那时,社会治理制度更加巩固,社会治理法治体系健全完备,依法推进社会治理能力居于世界前列,中国特色社会主义社会的法治目标将全面实现。

从党的十九大到2020年,是全面建成小康社会决胜期,也是基本建成法治社会的奠基期,对于新时代推进法治社会建设具有基础性意义。在这一阶段,法治社会建设要在党的十九大精神引领下,紧扣我国社会主要矛盾变化,坚持依法治国、依法执政、依法行政共同推进,坚持法治国家、法治政府、法治社会一体建设,推动全社会树立法治意识、推进多层次多领域依法治理、建设完备的法律服务体系、健全依法维权和化解纠纷机制,特别是要完善立体化社会治安防控体系,有效防范、管控、化解影响社会安定的问题,保障人民生命财产安全,使法治社会建设成果得到人民认可、经得起历史检验。①

从2020年到2035年,是基本实现社会主义现代化阶段,也是基本建成法治社会的阶段。在这一阶段,法治社会建设要在基本实现国家治理现代化和法治现代化的战略目标统摄下,在以下三个重要领域取得突破性进展,达致预期目标。第一,人民平等参与、平等发展的权利得到充分保障。基本建

---

① 参见李林《以十九大精神引领法治社会建设新征程》,载《法治社会》2018年第2期。

成法治社会,首先要求以法律的形式确定人民平等参与、平等发展的权利,坚持"以人民为中心"的发展思想,彰显现代法治社会的价值属性和目标追求。① 第二,法治国家、法治政府和法治社会所组成的社会主义法治体系基本建成。实现"三位一体"基本建成的目标,要求法治社会的建设必须跟上法治政府完善的步伐,顺应法治国家建成的需要,实现人人信仰法律、遵守法律,社会组织依法治理,社会整体在法治氛围下的和谐稳定。② 第三,法治社会建设领域各方面体制机制更加完善。党的十九届四中全会《决定》在社会治理领域部署了完善新形势下正确处理人民内部矛盾有效机制、完善社会治安防控体系、健全公共安全体制机制、构建基层社会治理新格局、完善国家安全体系等战略任务,这些都是基本建成法治社会阶段应着力构建的重要体制机制。

从2035年到21世纪中叶,是在基本实现现代化的基础上把我国建成富强民主文明和谐美丽的社会主义现代化强国阶段,也是在基本建成法治社会的基础上全面建成中国特色社会主义法治社会的阶段。到那时,法治社会将全面建成,社会文明高度提升,社会治理实现现代化,人民生活更加幸福安康,③ 整个社会的结构条件、运行状态与法治政府的依法、高效、廉洁运作高度匹配,共同构成法治国家政治、经济、文化和社会生活的整体面貌。

### (三)任务部署

从党的十八届四中全会到党的十九届四中全会,党中央历次重要会议关于法治社会建设的重要决定,是对新时代法治社会建设做出的总体部署,构成了新时代法治社会建设的实践内容。近年来,我国法治社会建设领域的制度设计、模式探索与行动落实,都是党中央有关法治社会顶层设计指引下的

---

① 参见胡建淼《习近平新时代中国特色社会主义思想对依法治国基本方略的全面深化》,载《国家行政学院学报》2018年第1期。
② 参见李林《开启新时代中国特色社会主义法治新征程》,载《环球法律评论》2017年第6期。
③ 参见公丕祥《新时代中国法治现代化建设的战略安排》,载《中国法学》2018年第3期。

生动实践。

根据党的十八届四中全会做出的《中共中央关于全面推进依法治国若干重大问题的决定》(以下简称十八届四中全会《决定》),法治社会建设主要包括四大方面的工作任务。在法治宣传教育方面,要坚持把全民普法和守法作为依法治国的长期基础性工作,深入开展法治宣传教育,引导全民自觉守法、遇事找法、解决问题靠法;健全普法宣传教育机制,牢固树立有权力就有责任、有权利就有义务的观念。在公共法律服务方面,要推进覆盖城乡居民的公共法律服务体系建设,加强民生领域法律服务;发展律师、公证等法律服务业,统筹城乡、区域法律服务资源,发展涉外法律服务业;健全统一的司法鉴定管理体制。在矛盾纠纷化解方面,要强化法律在维护群众权益、化解社会矛盾中的权威地位,引导和支持人们理性表达诉求、依法维护权益,解决好群众最关心最直接最现实的利益问题。在社会基层治理方面,要坚持系统治理、依法治理、综合治理、源头治理,提高社会治理法治化水平;深入开展多层次多形式的法治创建活动,深化基层组织和部门、行业依法治理,支持各类社会主体自我约束、自我管理;发挥人民团体和社会组织在法治社会建设中的积极作用。

建设法治社会,要求全社会法治意识普遍形成。正如习近平总书记在十八届中央政治局第三十七次集体学习时强调指出的那样:"法律要发挥作用,首先全社会要信仰法律。"① 目前我国正处于"七五"普法规划贯彻实施阶段,"七五"普法规划要求坚持把全民普法作为依法治国的长期基础性工作,深入开展法治宣传教育,引导全民自觉守法、遇事找法、解决问题靠法。近年来,全国各地推动全社会树立法治意识的普法工作不断走向深入。习近平新时代中国特色社会主义法治思想在普法工作中得到充分宣传和贯彻,"七五"普法已经从过去以法律制度和法律知识宣讲为主要内容的工作模式转向了以弘扬法治精神、树立法治信仰、培育法治观念为重心的实践。

---

① 《坚持依法治国和以德治国相结合》,载人民网,http://theory.people.com.cn/n1/2017/0614/c352498-29338889.html,最后访问日期:2019年11月24日。

随着习近平总书记"依法治国首先要依宪治国，依法执政首先要依宪执政"重要论断的提出，普法部门更加重视以多种形式和手段增添宪法在普法宣传中的分量，弘扬宪法价值，普及宪法知识，帮助人民群众确立宪法至上的法治意识。同时，"谁执法谁普法""谁服务谁普法""谁司法谁普法"的普法责任制在各地各部门得到充分落实，普法与执法得以有机融合，法治宣传教育主体的多元化带来了普法效果的明显提升。

建设法治社会，要求公共法律服务体系基本建成。党的十八大以来，国家高度重视并积极推进公共法律服务体系建设。2014年，司法部制定出台《关于推进公共法律服务体系建设的意见》。2017年以来，司法部持续围绕公共法律服务体系建设制定出台了一系列政策文件：2017年9月，司法部发布《关于深入推进公共法律服务平台建设的指导意见》，大力推进公共法律服务的实体、热线、网络三大平台建设；2018年1月，司法部制定《全面深化司法行政改革纲要》，对建设完备的公共法律服务体系提出了10项具体措施；2019年7月，司法部发布《关于加快推进公共法律服务体系建设的意见》。这一系列政策性文件为基本建成完备的公共法律服务提供了重要指引和制度依据。全国各地根据以上部署，把公共法律服务体系建设作为法治社会建设的工作重点，以服务平台为载体、以满足人民需求为目标，不断创新公共法律服务的供给渠道和供给方式，努力为人民群众提供全方位、立体式的公共法律服务。

建设法治社会，要求依法维权和化解纠纷机制不断健全。党的十八届四中全会《决定》要求"强化法律在维护群众权益、化解社会矛盾中的权威地位，引导和支持人们理性表达诉求、依法维护权益，解决好群众最关心最直接最现实的利益问题"。[①] 随着"保障和改善民生"成为近年来中央和地方立法和行政的重点关切，社会矛盾预警、利益表达、协商沟通、救济救助机制逐步建立健全，人民群众利益协调、权益保障的法律渠道更加通畅。以

---

① 参见《中共中央关于全面推进依法治国若干重大问题的决定》，载《人民日报》2014年10月29日，第1版。

司法机关为例，各级人民法院既重视完善自身的司法解纷机制，又注意及时与党委和政府加强社会重点矛盾的信息沟通，实现矛盾纠纷及早预防和有效化解；在与社会维度的力量配合方面，各级人民法院注重充分发挥律师的正面引导作用，使矛盾纠纷的化解工作起到事半功倍的效果。在立体化社会治安防控体系建设方面，近年来也取得显著成效。例如，公安机关作为社会治安防控工作的主体，不断充实基层实战力量，整合社会治理信息资源，建立数据库，全面提升治安防控的科技能力；建立社会治安防控体系建设项目化实施机制，促进治安防控体系和措施革新，力求2020年基本建成高水平治安防控体系目标如期实现。

建设法治社会，要求多层次多领域依法治理全面推进。推进多层次多领域依法治理是创新社会治理、建设法治社会的必然要求。党的十八届四中全会《决定》要求"坚持系统治理、依法治理、综合治理、源头治理，提高社会治理法治化水平。深入开展多层次多形式法治创建活动，深化基层组织和部门、行业依法治理，支持各类社会主体自我约束、自我管理。发挥市民公约、乡规民约、行业规章、团体章程等社会规范在社会治理中的积极作用"，"发挥人民团体和社会组织在法治社会建设中的积极作用"。[①] 党的十九届四中全会进一步指出，社会治理是国家治理的重要方面，实现多层次多领域依法治理是推进法治社会建设、实现社会治理体系和治理能力现代化的必然要求。[②] 近年来，党委领导、政府负责、民主协商、社会协同、公众参与、法治保障、科技支撑的社会治理体系不断完善，综合治理理念深入人心，法治、德治、自治"三治"并举在城乡基层得到全面实施，社区基层自治组织的重要作用得到充分发挥，居民公约、村民公约、行业规章、社团章程等社会自治规范的"软法"功能得到显现，法治社会建设与社会治理创新在法治实践维度上开始融合式推进。

---

① 参见《中共中央关于全面推进依法治国若干重大问题的决定》，载《人民日报》2014年10月29日，第1版。
② 参见《中国共产党第十九届中央委员会第四次全体会议文件汇编》，人民出版社，2019，第13页。

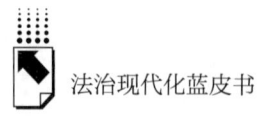

## 二 法治社会建设年度进展概览

在党和国家新时代全面推进依法治国和全面推进国家治理体系与治理能力现代化顶层设计指引下，我国法治社会建设在2019年度取得显著进展。根据党的十八届四中全会《决定》设定的法治社会建设实践推进方向和任务部署，结合党的十九届四中全会《决定》提出的社会治理现代化新任务新要求，立足各地各部门法治社会建设实际情况，以下重点从法治宣传教育、公共法律服务、矛盾纠纷化解和社会基层治理等四个方面，勾画2019年度我国法治社会建设基本面貌。

### （一）法治宣传教育

2019年，全国各地法治宣传教育职能单位和其他相关普法机关以习近平新时代中国特色社会主义思想为指导，深入贯彻党的十九大以及十九届二中、三中、四中全会精神和全面依法治国新理念新思想新战略，不断加大工作力度、创新工作方法、完善体制机制、加强队伍建设，开创了法治宣传教育工作新局面。

1. 深入推进全民普法

深入开展法治宣传教育，重点在于坚持把全民普法作为依法治国战略的长期基础性工作，同时积极主动围绕重大、热点法治议题创造性地开展专项工作。2019年的全民普法教育主要表现为以下几个方面的特点。

一是加强宪法宣传教育。我国现行宪法在2018年迎来第五次修正，一系列新时代治国理政根本性制度规范得以载入宪法。根据此次宪法修正案的内容和"七五"普法规划要求，各地各部门在2019年着力在全体公民中普及宪法规范和宪法相关知识，实行宣传、学习宪法"进企业""进社区""进校园"。特别值得一提的是，中宣部、司法部、全国普法办在全国部署开展以"弘扬宪法精神，推进国家治理体系和治理能力现代化"为主题的"宪法宣传周"活动，即从12月1日至7日，各级党委和政府利用第六个

"国家宪法日",以各种形式组织开展宪法宣传教育,从而在全社会掀起了学习宣传宪法的热潮。

二是聚焦法治热点议题。以热点和专题形式开展法治宣传教育,具有更好的社会效果。例如,农业农村部等部委联合开展国家安全教育日普法宣传活动,充分利用电子屏、宣传栏、网站等多种载体,大力宣传国家安全法等法律法规,传递国家安全法治这一新观念。① 各地各部门也在国家安全教育日开展了国家安全法治教育活动,以多种形式进行国安方面的普法教育。如天津市在天津师范大学举行国家安全教育日宣传活动启动仪式,面向在校大学生宣传普及国家安全法律知识;福建省在福州启动系列宣传活动,开展群众性国安普法宣传。② 又如,国务院食品安全办等23个部门联合开展了食品安全宣传周活动,专门围绕有关食品安全的生产、销售、消费等各个环节进行专项法治宣传教育。③

三是借助现代科技手段。近年来,我国互联网、大数据、人工智能等方面的现代信息技术取得高速发展,为法治文化的培育提供了有利契机。借助现代科技手段打造群众喜闻乐见的法治宣传形式,是全国各地在2019年普法工作中重点推进的重要举措。基层法治宣传部门普遍建立起了普法微信公众号,同时还尝试与多种电子介质相关联,建立起互联互通的法治宣传教育网络。例如,四川省绵阳市举办了第四届科技城法治微电影大赛,全市20多个部门联动发力,以影为媒,聚焦经济、文化、教育、医疗、环境等领域,在电子社交平台上推送高质量、高水平的法治文化作品,极大地丰富了法治宣传教育的内容和形式。④

---

① 参见《农业农村部开展普法宣传活动》,载中国政府网,http://www.fgs.moa.gov.cn/pfxc/201904/t20190415_6315543.htm,最后访问日期:2020年1月27日。
② 参见尹思源、王菲菲《全国各地学校开展国家安全教育活动》,载新华网,http://www.sx.xinhuanet.com/2019-04/16/c_1124371180.htm,最后访问日期:2019年11月3日。
③ 参见《国务院食品安全办等23部门将于6月联合举办全国食品安全宣传周活动》,载国家市场监管总局网,http://www.samr.gov.cn/xw/zj/201905/t20190520_293853.html,最后访问日期:2019年11月2日。
④ 《"法治中国·美丽绵阳"第四届中国(绵阳)科技城法治微电影大赛正式启动》,载绵阳普法网,http://pufa.my.gov.cn/tpxw/22465871.html,最后访问日期:2019年11月3日。

#### 2. 领导干部带头学法

习近平总书记曾经指出,"全面依法治国必须抓住领导干部这个'关键少数',领导干部要做尊法学法守法用法的模范,带动全党全国一起努力"。① 中国共产党是中国特色社会主义事业的领导核心,是依法治国职责的主要承担者;各级领导干部是法治中国建设的先锋力量,也是普法宣传教育的首要对象。②

首先,领导干部尊法学法守法用法的制度建设不断完善。2019年5月,中共中央印发《中国共产党党员教育管理工作条例》,要求通过加强宪法法律法规教育,引导党员尊法学法守法用法,并要求党员领导干部带头严格执行该条例规定,接受宪法法律法规教育。③ 同月,中共中央办公厅、国务院办公厅印发《法治政府建设与责任落实督察工作规定》,强调认真落实"谁执法谁普法"的普法责任制要求,把法治宣传教育列入党委和政府议事日程,围绕党委和政府中心工作建立健全领导干部学法用法的考评机制,推动领导干部学法用法,努力形成从党政主要负责人到其他领导干部直至全体党政机关工作人员的闭环责任体系。④

其次,领导干部尊法学法守法用法的地方实践不断创新。各地各部门把领导干部带头学法、守法作为树立法治意识的关键,不断完善国家工作人员学法用法制度。在"不忘初心、牢记使命"主题教育中,江苏省委主要领导主讲专题党课,强调领导干部要注重学习进步,尤其是要带头"学法",提升自身法治素养。⑤ 浙江省委出台《关于高水平推进新时代人大工作和建设的意见》,明确"宪法及相关法律知识"是各级党委、党组理论学习中心

---

① 《习近平谈治国理政》第二卷,外文出版社,2017,第56页。
② 安娜、林建成:《新时代开展法治宣传教育的新思考》,载《思想理论教育导刊》2019年第8期。
③ 参见《新时代党员教育管理工作的基本遵循——中央组织部负责人就印发〈中国共产党党员教育管理工作条例〉答记者问》,载《理论与当代》2019年第6期。
④ 参见《法治政府建设与责任落实督察工作规定》,载《人民日报》2019年5月7日,第1版。
⑤ 参见高语阳《中央部署后 这些省委书记上讲台都讲什么?》,载政知圈,https://mp.weixin.qq.com/s/xyETnHeFk6-5u5kMegO-eg,最后访问日期:2020年1月27日。

组学习的重要内容和必修课程,要求对人大及其常委会选举任命干部开展宪法等法律知识培训,将宪法学习贯彻情况纳入领导干部年度述职述法的重要内容。①

3. 完善法治教育体系

健全完善的法治宣传教育体系是普法工作的系统性工程,标示着法治文化建设和法治宣传工作的成熟度。一年来,我国在法治宣传教育体系建设上的着力点主要落实在学校教育领域。

首先,法治宣传教育体系的制度建设取得进展。教育部于2019年初印发《关于进一步加强高等学校法治工作的意见》,旨在推进依法治教,把法治宣传教育纳入国民教育体系之中,推进高等学校法治宣传教育制度建设常态化发展。2019年8月,中共中央办公厅、国务院办公厅印发《关于深化新时代学校思想政治理论课改革创新的若干意见》,要求系统进行法治教育,推动法治教育进课堂,使法律意识、法律思维成为青少年思想行为方式的习惯。②

其次,法治宣传教育在青少年教育教学实践中得到大力推进。例如,湖南省多部门联合举办以"祖国在我心中,法律伴我成长"为主题的青少年法治宣传教育周活动,培养青少年自觉学法、懂法、守法、用法的行为习惯。③ 广西壮族自治区百色市高度重视青少年法治宣传教育工作,深入开展"创新立体化法治教育,打造平安和谐校园"活动,培养广大青少年尊法、学法、守法、用法的自觉性,得到全国人大常委会、中央政法委、中国法学会和自治区教育厅、自治区法学会等部门及该市领导的充分肯定,全国、全

---

① 参见《省委关于高水平推进新时代人大工作和建设意见》,载浙江在线,http://zj.cnr.cn/zjyw/20190826/t20190826_524747359.shtml,最后访问日期:2019年11月16日。
② 参见《关于深化新时代学校思想政治理论课改革创新的若干意见》,人民出版社,2019。
③ 参见《湖南开展青少年法治宣传教育周活动》,载法制网,https://www.legaldaily.com.cn/zfzz/content/2019-10/09/content_8011601.htm,最后访问日期:2020年1月27日。

区各地多次组织人员来百色参观学习。①

4. 健全普法责任机制

法治宣传教育工作的健康开展,关键在于实行和强化普法宣传责任制度,把普法责任落实到位,不断健全和完善责任机制。

2019年,各级党委和政府持续加强对普法工作的领导,宣传、司法、文化、教育部门和人民团体在普法教育中的职能作用得到较好发挥,国家机关"谁执法谁普法"普法责任制进一步得到落实,法官、检察官、行政执法人员、律师等以案释法制度运转良好,普法讲师团、普法志愿者队伍建设稳步推进。2019年5月,中共中央办公厅、国务院办公厅印发《法治政府建设与责任落实督察工作规定》,明确要求认真落实"谁执法谁普法"普法责任制。② 农业农村部印发《农业农村部普法责任清单》,明确各级农业行政部门对108部法律法规规章的普法责任。③ 在地方层面,各类职能机关结合自身实际进行探索,大力推进"普法责任制"贯彻实施。例如,广东省国家机关在广州召开"谁执法谁普法"履职报告评议会,各机关就普法责任制落实情况进行报告并接受评议,进一步压实普法责任主体,健全普法机制;④ 云南省将普法责任制落实到打击毒品犯罪工作中,积极拓展普法责任制功能,力求从思想源头上遏制毒品犯罪;⑤ 四川省广安市应急管理局通过"三结合"落实普法责任制,即营造法治氛围、融合法治教育、结合职能宣传,在贯彻落实普法责任机制过程中追求法治宣传教育的质量和

---

① 参见肖文平、罗婕《我市召开"创新立体化法治教育,打造平安和谐校园"活动推进会》,载百色政法网,http://www.baisezfw.gov.cn/show.php?id=9270,最后访问日期:2019年11月11日。
② 参见《法治政府建设与责任落实督察工作规定》,载《人民日报》2019年5月7日,第1版。
③ 参见农业农村部新闻办公室《农业农村部积极推动普法责任落实》,载《现代农业》2019年第4期。
④ 《广东省国家机关"谁执法谁普法"履职报告评议会在广州召开》,载广东省人民政府网,http://www.gd.gov.cn/gdywdt/bmdt/content/post_2653927.html,最后访问日期:2019年11月16日。
⑤ 参见《云南省严厉打击毒品犯罪》,载中国政府网,http://www.gov.cn/xinwen/2019-06/25/content_5402969.htm,最后访问日期:2020年1月28日。

成效。①

5. 加强社会诚信建设

诚实守信是我国法律对公民的基本要求，也是弘扬和践行社会主义核心价值观的应有之义，加强社会诚信建设是新时代法治社会建设的重要任务之一。

党的十九届四中全会《决定》明确要求"完善诚信建设长效机制，健全覆盖全社会的征信体系，加强对失信人员惩戒制度"。② 2019年10月，中共中央、国务院印发《新时代公民道德建设实施纲要》，强调"把社会主义道德要求体现到立法、执法、司法、守法之中，以法治的力量引导人们向上向善"。③ 此前的2019年6月，国家发展和改革委员会发布《关于对模范践行诚实守信个人实施联合激励，加快推进个人诚信体系建设的指导意见（征求意见稿）》，拟对诚实守信个人模范予以联合激励，对诚实守信行为予以制度性保护，从而在全社会形成对社会诚信的正向激励，形成良好的社会风气。④

2019年度诚信社会建设的突出特点是通过立法和行政等措施，大力营造"守信激励、失信惩戒"的社会环境。例如，河南省将诚信教育和诚信文化建设纳入人力资源机构建设的内容中，推进人力资源服务机构诚信体系建设，打造人力资源服务诚信品牌；⑤ 重庆市巴南区市场监督管理局以党建助推诚信和谐专业大市场建设，在市场内全面推行党员经营户"亮身份、亮职责、亮承诺"的"三亮"活动，激发党员经营户的诚信意识，为其他

---

① 参见刘平、李春《四川广安市应急管理局"三结合"落实"谁执法谁普法"普法责任制》，载人民法治网，http://www.rmfz.org.cn/contents/2/222671.html，最后访问日期：2019年11月16日。
② 《中共中央关于坚持和完善中国特色社会主义制度 推进国家治理体系和治理能力现代化若干重大问题的决定》，人民出版社，2019，第24页。
③ 参见《新时代公民道德建设实施纲要》，人民出版社，2019，第5页。
④ 参见戴先任《联合激励有利社会诚信建设》，载新华网，http://www.xinhuanet.com/comments/2019-06/05/c_1124584214.htm，最后访问日期：2020年1月27日。
⑤ 《2019年上半年河南省诚信建设"红黑榜"新闻发布会在郑州举行》，载河南文明网，http://hen.wenming.cn/wmwj/201908/t20190820_5226330.html，最后访问日期：2019年11月9日。

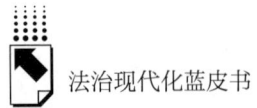

业主树立加强自律、守法经营、诚信立市的榜样，形成人人争当诚信先锋的良好风尚。① 为避免诚信建设流于形式，各地还积极开展社会诚信建设评估工作。例如青海省采取第三方评估与自查评估相结合的方式，对政府诚信建设的推进情况进行检查，推动了诚信建设的步伐。② 此外，本年度各地还普遍注重加强失信惩戒制度建设，以惩戒为手段反向助推社会诚信建设。例如云南省探索建立涉旅企业诚信评价"红黑榜"制度，加强监管，强化惩戒；③ 江苏省南京市等地方探索制定地方立法，把败德失信行为纳入惩戒目录清单，以地方立法惩戒失信行为的方式加强诚信社会建设。

6. 深化公民道德建设

健全的法治社会是良法善治的社会，既需要以严明的法律规范为遵循，又需要以道德的精神内涵和价值取向为基础。④ 在法治社会建设过程中，德治与法治不是相互分立的两种手段，而是有机结合的系统工程。正如习近平总书记所说，"发挥好法律的规范作用，必须以法治体现道德理念、强化法律对道德建设的促进作用"。⑤ 法治宣传教育作为法治社会建设的重要内容，内蕴着加强公民道德建设的要求。2019年，中央和地方采取有效措施推进公民道德建设走向深化。

党中央、国务院高度重视公民道德建设。2019年7月，中央文明委做出表彰第七届道德模范的决定，习近平总书记高度关注并做出重要指示。⑥

---

① 《重庆市巴南区市场监督管理局："五个三"党建工作法助推诚信和谐专业大市场建设》，载人民网，http：//dangjian.people.com.cn/n1/2019/0801/c429005 - 31270391.html，最后访问日期：2020年2月2日。
② 《青海省启动政务诚信建设第三方评估》，载中国政府网，http：//www.gov.cn/xinwen/2019 - 07/01/content_ 5404779.htm，最后访问日期：2020年2月2日。
③ 姚兵、林碧锋：《守信激励 失信惩戒——云南着力健全旅游行业诚信体系》，载新华网，http：//www.xinhuanet.com/politics/2019 - 10/23/c_ 1125143462.htm，最后访问日期：2019年11月11日。
④ 参见安娜、林建成《新时代开展法治宣传教育的新思考》，载《思想理论教育导刊》2019年第8期。
⑤ 《习近平谈治国理政》第二卷，外文出版社，2017，第115页。
⑥ 参见《习近平对全国道德模范表彰活动作出重要指示》，载中国政府网，http：//www.gov.cn/xinwen/2019 - 09/05/content_ 5427496.htm，最后访问日期：2020年1月27日。

《新时代公民道德建设实施纲要》明确提出把道德导向贯穿于法治建设全过程,以法治的力量维护道德、凝聚人心,营造全社会讲法治、重道德的良好氛围。① 2019年9月,中共中央印发《中国共产党农村工作条例》,明确要求加强农村思想道德建设。由上可见,从树立道德模范的榜样作用,到实施纲要的全面部署,再到党内法规的明确要求,彰显了一年来公民道德建设在国家层面的推进。

各地各部门也全方位地采取多种形式推进公民道德建设。例如,重庆市关注农村留守儿童思想道德建设工作,要求在道德教化的基础上,充分发挥法律作用,助力留守儿童健康成长;② 山东省淄博市从文化体验、文明实践、红色传承三方面入手,组织开展形式多样的未成年人德育活动,打造未成年人德育品牌。③ 各地各部门还采取多种方式礼遇道德模范,让道德模范成为当地公民道德建设的精神引领。如天津市为道德模范进行免费健康检查,④ 江西省九江市向道德模范发放道德模范免费乘车礼遇卡,⑤ 甘肃省兰州市为致敬道德模范举办专场文艺演出活动。⑥ 这些举措有效扩大了道德模范的社会影响力,在全社会营造出道德模范可敬、道德修养可塑的浓厚氛围,取得了公民道德建设的工作实效。

7. 推进普法队伍建设

2019年度,法治宣传教育的队伍建设也取得了突出成效。

---

① 参见《新华社评论员:深入推进新时代公民道德建设》,载新华网,http://www.xinhuanet.com/2019-10/28/c_1125163848.htm,最后访问日期:2020年1月27日。
② 参见《重庆农村留守儿童思想道德建设工作调研报告》,载中国文明网,http://www.wenming.cn/ziliao/201905/t20190515_5113688.shtml,最后访问日期:2020年1月27日。
③ 参见《山东淄博三方面入手丰富未成年人德育活动》,载中国网,http://wmzh.china.com.cn/2019-04/18/content_40723035.htm,最后访问日期:2019年11月16日。
④ 参见高羽《天津市为道德模范免费体检》,载东方网,http://news.eastday.com/eastday/13news/20160726/u7ai5870198.html,最后访问日期:2020年2月2日。
⑤ 参见任芳棋《道德模范免费乘坐公交车》,载九江新闻网,http://zsck.jjxw.cn/ppqy/jjgjgs/201910/t20191029_2935028.html,最后访问日期:2020年1月27日。
⑥ 参见于永昭《160名道德模范和兰州好人受邀观看专场相声演出》,载兰州新闻网,http://lzbs.com.cn/shnews/2019-10/17/content_4539200.htm,最后访问日期:2020年1月27日。

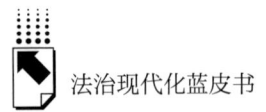

首先，法治宣传教育专职队伍的政治素质得到了提升。一年来，在全国各地扎实推进"不忘初心、牢记使命"主题教育过程中，各级司法行政机关中的专职法治宣传教育队伍得到了政治觉悟的锤炼，同时这支专职队伍的法治理念和法律素养也通过学习得到了提升。

其次，法官、检察官、律师等法律工作者更大程度地加入法治宣传教育之中，极大地充实了普法工作的队伍。一年来，各地各级法院和检察院继续积极践行举案说法、以案释法制度。2019年10月召开的十三届全国人大常委会第十四次会议最后强调，要发挥好典型案例的宣传示范作用，彰显司法权威，发挥法治威力。同一时期，司法部在《关于促进律师参与公益法律服务的意见》新闻发布会上，明确指出律师队伍是社会主义法治工作队伍的重要组成部分，强调律师在法治宣传教育工作中的重要作用。①

最后，社会公益组织和志愿者个体在法治宣传教育工作中发挥了越来越重要的作用。随着社会组织和志愿者愈益融入城乡基层社会治理活动，社会力量在法治宣传教育方面的能量也显现出来，甚至出现了专门化的法治宣传社团。例如，四川省盐边县同子林司法所面对普法专职人员极为有限的客观条件，通过对社会力量进行普法骨干培训，组建起了一支以志愿者为主力的辖区法治宣传队伍。②

## （二）公共法律服务

党的十八届四中全会《决定》要求："推进覆盖城乡居民的公共法律服务体系建设，加强民生领域法律服务。完善法律援助制度，扩大援助范围，健全司法救助体系，保证人民群众在遇到法律问题或者权利受到侵害时获得及时有效法律帮助。"③ 2019年7月，中央深化改革委员会审议通过《关于

---

① 参见《司法部就〈关于促进律师参与公益法律服务的意见〉举行新闻发布会》，载中国政府网，http://www.gov.cn/xinwen/2019-10/23/content_5444251.htm，最后访问日期：2020年1月27日。
② 《抓住关键少数环节，全面推进法治宣传队伍建设》，载盐边县人民政府官网，https://www.scyanbian.gov.cn/zwgk/xwzx/bmdt/1328867.shtml，最后访问日期：2020年1月28日。
③ 《中共中央关于全面推进依法治国若干重大问题的决定》，人民出版社，2014，第28页。

加快推进公共法律服务体系建设的意见》，对加快推进公共法律服务进行顶层设计。以此为标志，我国现代公共法律服务体系建设进入新的发展阶段。回顾2019年，我国法治社会建设在公共法律服务方面取得了显著进展。

1. 推进均等均衡发展

党的十九大以来，党和国家坚持"以人民为中心"的发展思想，针对促进基本公共法律服务均等化等重大民生议题做出一系列重要决策部署。① 2019年，我国基本公共法律服务体系建设不断趋向均衡性发展。

首先，城乡基本公共法律服务的资源配置差距逐步缩小。2019年2月，司法部公共法律服务管理局宣布，全国已初步形成了覆盖城乡的公共法律服务体系。县级公共法律服务中心和乡镇公共法律服务工作站的覆盖率分别达到99.97%和96.79%，65万个村（居）配备了法律顾问。② 全国各地针对推动城乡公共法律服务均等化做了体量巨大的工作。2019年，河北省5.2万余村（社区）建立了公共法律服务工作站；③ 甘肃省2756名律师、367名基层法律服务工作者担任起村（社区）法律顾问，17427个村（社区）实现法律顾问全覆盖。④

其次，欠发达地区的公共法律服务体系建设提速明显。《关于加快推进公共法律服务体系建设的意见》明确要求，2019年度公共法律服务体系建设要着眼于薄弱环节，加强欠发达地区公共法律服务建设，解决地区不平衡问题。⑤ 在司法部部署的"1+1"行动中，全国有221名法援志愿者赴中西

---

① 参见宋方青《公共法律服务的内涵及核心要义》，载《民主与法制时报》2019年8月29日，第6版。
② 参见《我国公共法律服务三大平台全面建成》，载中国政府网，http://www.gov.cn/xinwen/2019－01/16/content_5358228.htm，最后访问日期：2019年11月11日。
③ 参见尹翠莉、李丽坤《河北：全省5.2万余村（社区）建立公共法律服务工作站》，载河北新闻网，http://m.hebnews.cn/hebei/2019－10/24/content_7504177.htm，最后访问日期：2019年11月11日。
④ 参见尤婷婷《深化改革出实招　便民利民办实事　甘肃省实现县级公共法律服务平台建设全覆盖》，载中国甘肃网，http://gansu.gscn.com.cn/system/2019/08/113.shtml，最后访问日期：2019年11月11日。
⑤ 参见《司法部举行新闻发布会　解读〈关于加快推进公共法律服务体系建设的意见〉》，载中国政府网，http://www.gov.cn/xinwen/2019－07/12/content_5408606.htm，最后访问日期：2020年1月28日。

部提供公益法律服务，为当地化解矛盾纠纷、进行普法宣传、培养法律人才。①地方各级党委和政府也更加注重对欠发达地区公共法律服务建设的投入，在革命老区、民族地区、边疆地区、贫困地区集中实施了一系列法律服务项目。截至目前，新疆维吾尔自治区以公共法律服务实体、热线、网络为载体，覆盖城乡的公共法律服务体系已初步形成，法律援助等法律服务业不断发展；②内蒙古自治区锡林郭勒盟结合地区特点，在社区建立"都贵楞（党员）综合法律服务室"680个，实现了全盟牧区司法行政工作的全覆盖，为群众提供及时便捷的法律服务；③青海省财政厅率先出台《关于公共法律服务体系建设经费保障意见》，将公共法律服务体系建设经费纳入预算予以保障，为公共法律服务体系建设提供有力支撑。④

最后，特殊群体基本公共法律服务保障力度显著加大。《关于加快推进公共法律服务体系建设的意见》以社会特殊群体为重点对象，部署了一系列旨在保障特殊群体基本公共法律服务权益的制度举措，并要求律师等法律职业工作者积极参与公益性法律服务。2019年10月，司法部印发《关于促进律师参与公益法律服务的意见》，明确要求律师"优先为城乡困难群众和特殊群体提供公益法律服务"。实践中，面向特殊群体的基本公共法律服务保障工作成效显著。例如，吉林省退役军人事务厅对接国家相关政策法规，把为退役军人创新提供法律服务明确列为2019年度工作重点并加以扎实推进；⑤山东省司法厅与山东省残联联合成立了法律援助中心

---

① 参见张大川《全国221名法援志愿者将赴中西部播撒"法治阳光"》，载中国网新闻中心，http://news.china.com.cn/2019-07/04/content_74953376.htm，最后访问日期：2019年11月19日。
② 参见孙少雄《新疆推进公共法律服务体系建设》，载中国新闻网，http://wine.chinanews.com/gn/2019/09-21/8962039.shtml，最后访问日期：2019年11月19日。
③ 参见《司法为民打通服务群众最后一公里 司法部赴7地调研司法所工作》，载中国政府法制信息网，http://www.moj.gov.cn/subject/content/2019-09/05/1205_3231577.html，最后访问日期：2019年11月11日。
④ 参见《青海破解公共法律产品供需矛盾》，载工会媒体协作网，http://media.workercn.cn/sites/media/grrb/2019_02/16/GR0309.htm，最后访问日期：2020年2月2日。
⑤ 参见《吉林省退役军人事务厅明确今年工作重点》，载中国政府网，http://www.gov.cn/xinwen/2019-05/15/content_5391683.htm，最后访问日期：2020年1月28日。

残疾人救助站;① 宁夏回族自治区构建了覆盖全区的残疾人法律援助网络，为残疾人群体设立专门渠道提供法律服务;② 河南省司法厅开展"法援惠民生·助力农民工"法律援助专项活动，为农民工讨薪900多万元。③

2. 有效满足群众需求

随着经济社会不断发展，人们对公共法律服务的需求日益复杂多样，这就需要大力加强公共法律服务多元化专业化建设。2019年全国公共法律服务工作会议明确提出"为人民群众提供多样化、个性化、多层次、高品质的'公共法律服务产品'"，④ 有力推动了本年度公共法律服务实现多元化专业化发展。

首先，民生领域公共法律服务不断完善。《关于加快推进公共法律服务体系建设的意见》指出，公共法律服务"是保障和改善民生的重要举措"；司法部于2019年10月发布的《关于促进律师参与公益法律服务的意见》也提出了律师"重点为城乡困难群众提供民生领域法律服务"的要求。2019年民生领域公共法律服务以维护人民群众生活基本权益为突出重点，各省市均把"实施免费法律咨询便民工程"列为年度实事并扎实推进。例如山西省将实施免费法律咨询便民工程列为2019年《山西省人民政府工作报告》提出的八件民生实事之一。

其次，公共法律服务专业水平不断提高。司法部主要领导在2019年全国公共法律服务工作会议上指出，要提高专业领域公共法律服务，"充分发挥法治宣传、律师、公证、法律援助、仲裁、司法鉴定、人民调解等职能作用，组建法律服务团，开展专项法律服务"。⑤ 2019年，司法部在全国范围

---

① 《山东成立残疾人法律救援站》，载中国政府网，http://www.gov.cn/xinwen/2019-04/09/content_5380919.htm，最后访问日期：2019年11月19日。

② 杨稳玺：《宁夏年内实现残疾人法律援助网络全覆盖》，载中国新闻网，http://www.chinanews.com/sh/2019/07-26/8908090.shtml，最后访问日期：2019年11月19日。

③ 《河南专项法律援助为农民工讨薪900多万元》，载中国政府网，http://www.gov.cn/xinwen/2019-02/21/content_5367497.htm，最后访问日期：2019年11月19日。

④ 傅政华：让群众享受到公平公正、及时便捷、有针对性的法律服务》，载搜狐网，http://m.sohu.com/a/297540223_120028228，最后访问日期：2020年2月2日。

⑤ 傅政华：《坚持以人民为中心建设人民满意的公共法律服务体系——在全国公共法律服务工作会议上的讲话》，载《中国司法》2019年第3期。

内开展民营企业"法治体检"活动，组建律师服务团为企业打造法治化营商环境。① 2019年5月，聚焦提高法医类司法鉴定服务质量和服务能力的首期司法鉴定业务示范培训班在上海举办。② 2019年底，全国人大司法与监察委员会就《法律援助法（草案）》公开征求意见，拟于2020年提请全国人大常委会会议审议。③ 在地方层面，各地各部门深入落实国家要求，不断提升公共法律服务的专业化水平。如山西省司法厅印发《关于公证服务和保障民营企业发展的意见》，出台九项具体举措，要求实实在在为民营企业提供优质高效的公证法律服务；④ 河北省石家庄市专门设立民营企业法律服务中心，为有需求的民营企业提供相关服务保障；⑤ 在海南省举行的2019年首届"大三亚"旅游产品创新设计大赛中，海南省知识产权协会为旅游设计作品提供了知识产权方面的专业法律服务，实现了工作方式创新。⑥

最后，涉外法律服务工作加快创新发展。《关于加快推进公共法律服务体系建设的意见》提出，要"发展壮大涉外法律服务队伍，加快培养涉外律师领军人才，建立涉外律师人才库"。为落实这一要求，司法部采取了一系列举措。2019年2月，司法部召开发展涉外法律服务业联席会议第二次会议，研究部署涉外法律服务工作；2019年8月，司法部主要领导到北京

---

① 参见《司法部 全国工商联 推进民营企业"法治体检"常态化制度化》，载中国政府法制信息网，http：//www.moj.gov.cn/news/content/2019-06/14/bnyw_3225997.html，最后访问日期：2020年2月2日。
② 参见《司法部举办司法鉴定人业务示范培训班》，载搜狐新闻，http：//www.sohu.com/a/319038001_120024169，最后访问日期：2020年1月28日。
③ 参见朱宁宁《法律援助法拟于明年提请审议》，载中国人大网，http：//www.npc.gov.cn/npc/c30834/201911/95af48a714a65b9.shtml，最后访问日期：2020年2月2日。
④ 参见贾蕴《出招！九项公证服务"全面保护"民企》，载山西省人民政府网，http：//www.shanxi.gov.cn/yw/sxyw/201905/t20190514_640452.shtml，最后访问日期：2020年1月28日。
⑤ 闫起磊：《石家庄：民营企业有了免费法律服务中心》，载中国质量新闻网，http：//www.cqn.com.cn/cj/content/2019-10/18/content_7655083.htm，最后访问日期：2019年11月19日。
⑥ 《海南多举措推进旅游产品知识产权保护》，载中国政府网，http：//www.gov.cn/xinwen/2019-07/12/content_5408614.htm，最后访问日期：2019年11月19日。

市中伦律师事务所开展律师事务所"走出去"专题调研;① 2019年9月,司法部在上海政法学院举办"上海合作组织国家法律服务国际论坛",提出加强参会各国在法律服务领域的交流合作的议题。② 地方涉外法律服务工作也在2019年得到推进。北京近五成律所开展了涉外业务,吸纳了大量懂外语、有经验的律师;③ 江苏新建6家分布于共建"一带一路"国家的海外法律服务中心,建成集律师、仲裁、调解等于一体的综合性涉外法律服务平台;④ 重庆两江新区推出涉外案件一站式纠纷解决机制,以便更好地帮助国内企业"走出去",更多地吸引国外企业"走进来"。⑤

3. 注重服务平台建设

在我国社会主要矛盾已发生深刻变化的历史背景下,公共法律服务的管理者和提供者应当精准把握新时代人民群众的美好生活需要,创新公共法律服务管理体制和服务机制,使人民群众在公共法律服务领域有更实在、更丰富的获得感、幸福感和安全感。⑥ 因此,推进公共法律服务平台建设,是近年来创新公共法律服务管理体制和工作机制的重要内容和集中体现。

2019年司法部举办了全国公共法律服务体系建设高级研修班,对公共法律服务体系建设达成了"加强公共法律服务三大平台建设、建立完善统

---

① 参见《以高度的责任意识推动中国律所"走出去"》,载中国政府法制信息网,http://www.moj.gov.cn/news/content/2019-08/20/bnyw_3230104.html,最后访问日期:2020年2月2日。
② 参见朱紫阳《上海合作组织国家法律服务国际论坛在沪召开》,载中国法院网,https://www.chinacourt.org/index.php/article/detail/2019/09/id/4489055.shtml,最后访问日期:2020年2月2日。
③ 参见王茜《北京近五成律师事务所开展涉外业务》,载新华网,http://www.xinhuanet.com/politics/2019-03/20/c_1124260882.htm,最后访问日期:2020年1月28日。
④ 参见赵久龙、陈圣炜《江苏新建6家海外法律服务中心 主要分布"一带一路"沿线》,载中国经济网,http://district.ce.cn/newarea/roll/201908/02/t201908040.shtml,最后访问日期:2020年1月28日。
⑤ 参见何宗渝、陈治寰《重庆两江新区推出涉外案件一站式纠纷解决机制》,载新华网,http://www.xinhuanet.com/2019-08/02/c_1124830330.htm,最后访问日期:2020年1月28日。
⑥ 袁宗勇:《坚持以人民为中心推进新时代公共法律服务体系建设》,载《先锋》2018年第7期。

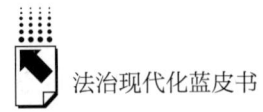

筹协调机制、推进业务全面健康发展等工作，不断提升公共法律服务体系建设水平"的重要共识。① 围绕这一共识，司法部和各地司法行政部门采取有效措施，深入完善公共法律服务三大平台建设，进一步向实现公共法律服务平台一体化靠拢，推动公共法律服务更加便捷、更加科技化、更加个性化。2019年5月，作为网络平台的中国法律服务网开通了农民工欠薪求助绿色通道、中国法律服务网英文频道、全国法律服务地图三项新功能，进一步完善网络服务平台的功能。

各地各部门也在2019年积极推动公共法律服务平台建设，创新公共法律服务体系管理体制和工作机制。例如，天津市司法局着力推动三大平台等基础设施落地，"津调通""智慧矫正"等信息化业务平台在基层被广泛使用，"互联网＋"的信息化应用在全市司法所基本实现全覆盖，进一步提高了公共法律服务平台的科技化水平。② 又如，山西省初步实现"三台融合"的公共法律服务平台建设，集律师、公证、司法鉴定等法律服务于一体，用数据流驱动三类服务人员密切协作，从而实现平台服务功能的集成化和工作效率的提高。③

4. 加大管理与保障力度

公共法律服务事业的发展依赖一支素质过硬、业务精湛的管理干部队伍。2019年，司法行政系统坚持党建引领，不断加强党组织对公共法律服务建设的集中统一领导，高度重视政治建设、思想教育与法治教育，有效提升了法律服务领导者、组织者的政治素质、责任意识和法治素养。在这一年里，司法部在全国司法行政机关深入开展"不忘初心、牢记使命"主题教

---

① 参见《全国公共法律服务体系建设高级研修班开班　五方面推进公共法律服务工作》，载中国政府法制信息网，http://www.moj.gov.cn/2019-10/30/bnyw_3234862.html，最后访问日期：2020年1月28日。
② 参见《司法为民打通服务群众最后一公里　司法部赴7地调研司法所工作》，载中国政府法制信息网，http://www.moj.gov.cn/subject/content/2019-09/05/1205_3231577.html，最后访问日期：2019年11月11日。
③ 参见《山西："三台融合"服务模式值得借鉴》，载中国政府网，http://www.gov.cn/xinwen/2019-11/07/content_5449626.htm，最后访问日期：2019年11月11日。

育活动,强化了司法行政系统和公共法律服务队伍的责任担当意识。广东省乐昌市创新公共法律服务平台值班形式,专门设立局领导班子值班接访制度,每周至少一位局领导参与值班、为群众提供法律服务,发挥了党员干部对公共法律服务建设的领导带头作用。① 青海省海西州以主题教育推动基层党建工作,明确法律服务是社区的"基础服务",以"红网格"党支部为核心,在每个网格组建一支"红网格志愿服务小队",以期提升法律服务整体水平。② 呼和浩特司法局自主题教育开展以来,把实现公共法律服务体系全覆盖纳入"四大行动"中,努力实现公共法律服务"抬头可见,触手可及"。为确保公共法律服务建设落到实处,取得实效,司法部人民参与和促进法治局还会同全国人民调解员协会组成调研组,深入调查各地公共法律服务建设的情况,督查指导各地公共法律服务工作。③

公共法律服务体系不可能单纯依赖市场供给实现,事实上它更强调社会公共服务的公益供给性质。为此,公共法律服务事业的发展离不开有力的物质保障。2019年初,司法部有关负责人在解读《关于加快推进公共法律服务体系建设的意见》时,明确提出了"加强公共法律服务经费保障"的要求。④ 在《关于促进律师参与公益法律服务的意见》新闻发布会上,司法部发言人进一步表示,对公益律师要"强化工作保障"。⑤ 根据这些政策要求

---

① 参见黄俊《"党建+公共法律服务"耕出和谐乐昌——乐昌市多措并举推动公共法律服务工作综述》,载《韶关日报》2019年7月31日,第5版。
② 参见莫昌伟、西组宣《海西州:以主题教育推动城乡基层党建工作》,载海西新闻网,http://www.haixinews/system/2019/11/19/013018678.shtml,最后访问日期:2020年1月3日。
③ 参见《司法为民打通服务群众最后一公里 司法部赴7地调研司法所工作》,载中国政府法制信息网,http://www.moj.gov.cn/subject/content/2019-09/05/1205_3231577.html,最后访问日期:2019年11月11日。
④ 参见《司法部有关负责人就〈关于加快推进公共法律服务体系建设的意见〉答记者问》,载中国政府法制信息网,http://www.moj.gov.cn/2019-07/11/zcjd_3227992.html,最后访问日期:2020年1月28日。
⑤ 参见《司法部就〈关于促进律师参与公益法律服务的意见〉举行新闻发布会》,载中国政府网,http://www.gov.cn:8080/xinwen/2019-10/23/content_5444251.htm,最后访问日期:2020年1月28日。

和工作安排，各地各部门在2019年不断加大对公共法律服务的保障力度，有力促进了公共法律服务的稳健发展。2019年3月，司法部、财政部联合印发《关于完善法律援助补贴标准的指导意见》，为地方合理确定和及时调整法律援助补贴标准提供了重要政策指引，使法律援助补贴制度随着社会经济条件的变化得到了及时完善。譬如，青海省积极落实中央政策，率先出台了公共法律服务体系建设经费保障意见。① 值得一提的是，过去一段时期以来，行政机关依职权注销律师执业资格证的行政许可程序还不够严密规范，这在一定程度上导致执业律师持证情况混乱，影响了法律服务市场秩序。为此，上海市司法局率先出台《上海市司法行政系统依职权注销行政许可证件工作细则》，为法律服务市场和律师队伍稳定有序发展提供了重要保障。②

## （三）矛盾纠纷化解

在社会发展的转型期，社会矛盾类型更为多样，利益纠纷形式更为复杂，这对社会纠纷消解的体制机制提出了更高要求。塑造科学有效的矛盾纠纷化解机制，构建高效便捷的解纷网络，将更多的矛盾纠纷化解在基层和萌芽状态，是法治社会建设内容的重要组成部分。

1.建立健全体制机制

目前，我国有明确法律依据的纠纷解决方式主要包括人民调解、仲裁、行政调解、行政复议、行政裁决、司法调解、诉讼等，这些方式协同互补，有助于社会关系的及时修复。在这些纠纷解决方式中，诉讼效力最强，同时成本最高，费时费力。建立健全矛盾纠纷多元预防调处化解机制，可以降低解纷成本，提高法律救济覆盖率，在更高层次上实现公正和效率的统一。③ 在2019年召开

---

① 参见《青海省在全国率先出台公共法律服务体系建设经费保障意见》，载中国政府网，http://www.gov.cn/xinwen/2019-02/05/content_5363960.htm，最后访问日期：2020年1月28日。
② 余东明：《上海健全法律服务行业退出机制》，载人民网，http://sn.people.com.cn/n2/2019/0110/c378297-32512854.html，最后访问日期：2019年11月11日。
③ 参见吴学安《把矛盾纠纷纳入法治化轨道》，载《人民法院报》2019年10月11日，第2版。

的政法战线"1+4"年中会议上,中央政法委系统部署了与"完善矛盾纠纷多元化解机制"相关的各项任务。① 2019 年出台的《关于加快推进公共法律服务体系建设的意见》《关于开展法治政府建设示范创建活动的意见》《关于健全行政裁决制度、加强行政裁决工作的意见》《关于促进律师参与公益法律服务的意见》等政策文件,也都把完善多元化矛盾纠纷化解机制的要求纳入其中。

建立健全社会矛盾纠纷预防调处化解机制,完善人民调解等非诉手段与司法诉讼活动的有机衔接,既能够有效地降低司法成本,又能够降低社会纠纷烈度,预防社会矛盾积聚和转化。2019 年 8 月,最高人民法院发布《关于建设一站式多元解纷机制一站式诉讼服务中心的意见》,围绕把非诉讼纠纷解决机制置于前端的原则,提出强化诉前多元纠纷解决机制,通过加强纠纷源头治理、综合治理,为人民群众提供多种解纷渠道,进一步降低解纷成本等工作要求。② 各级人民法院在 2019 年聚焦多元化纠纷解决机制建设,积累了行之有效的经验。例如北京市东城区人民法院充分利用人民调解力量解决离退休老人讨薪难问题,同时派法官全程指导调解过程,抓住矛盾最初形成、最易化解的时机,启用最大合力来将其化解,再以司法强制力保障纠纷"一站式"化解的效果,实现纠纷解决方式无缝衔接。③ 又如,兰州市中级人民法院特邀 6 家具有专业能力的行业调解组织,特聘 29 位在矛盾多发领域有着丰富经验的调解员参与纠纷的诉前调解工作,有效地促进了矛盾纠纷的预防、分流和化解。④

---

① 参见陈菲等《中流击水 奋楫前行——从中央政法"1+4"年中会议透视我国政法领域改革新动向》,载搜狐新闻,http://www.sohu.com/a/328478497_118570,最后访问日期:2020 年 1 月 28 日。
② 参见王子铭《中国各级法院将健全多元化纠纷解决机制》,载中国新闻网,http://www.chinanews.com/gn/2019/06-13/8863789.shtml,最后访问日期:2019 年 11 月 12 日。
③ 参见《北京东城法院"零收费"解纠纷》,载中国政府网,http://www.gov.cn/xinwen/2019-10/09/content_5437642.htm,最后访问日期:2019 年 11 月 12 日。
④ 参见张烁《兰州市中级人民法院健全一站式多元化解决纠纷机制》,载新华网,http://www.gs.xinhuanet.com/news/2019-09/05/c_1124963192.htm,最后访问日期:2019 年 11 月 12 日。

### 2. 优化"三调联动"体系

调解是中国传统法律文化中的重要本土资源，也是新时代多元化纠纷解决机制建设的重要组成部分。以人民调解为基础和依托，实现人民调解、行政调解、司法调解三者对接的"三调联动"社会矛盾综合化解机制，是对调解手段的体系化、精细化、科学化探索。在各级各类调解主体的创新实践中，"三调联动"体系不断完善，成为新时代多元化纠纷解决机制的重要内容。①

司法部在2019年召开的全国调解工作会议上提出，"到2022年，基本形成以人民调解为基础，人民调解、行政调解、行业性专业性调解、司法调解优势互补、有机衔接、协调联动的大调解工作格局"。②《关于加快推进公共法律服务体系建设的意见》同样要求要"完善人民调解、行政调解、司法调解联动工作体系，推动构建大调解工作格局"。党的十九届四中全会《决定》对此予以充分认可，并进一步强调指出："坚持和发展新时代'枫桥经验'，畅通和规范群众诉求表达、利益协调、权益保障通道，完善信访制度，完善人民调解、行政调解、司法调解联动工作体系，健全社会心理服务体系和危机干预机制，完善社会矛盾纠纷多元预防调处化解综合机制，努力将矛盾化解在基层。"③

为贯彻落实中央指导方针，适应矛盾纠纷更加复杂的新形势，充分发挥调解联动机制的衔接互动作用，全国各地在2019年积极探索"三调联动"体系建设新举措。特别值得一提的是，贵州省遵义市在基层综治中心尝试建立矛盾纠纷联调工作机制，利用网格化服务管理平台探索"三调联动"模式，将矛盾纠纷化解在基层和萌芽状态。遵义市的积极探索还表现在：播州区建立了区镇村三级矛盾纠纷多元化解中心，组建征地拆迁、劳动争议、医患纠

---

① 陈会林：《"三调联动"矛盾纠纷化解机制的传统渊源》，载《湖北警官学院学报》2017年第6期。
② 邵克：《司法部：加强各类调解衔接联动，构建大调解工作格局》，载澎湃新闻，https://www.thepaper.cn/newsDetail_forward_3423343，最后访问日期：2020年1月28日。
③ 《中共中央关于坚持和完善中国特色社会主义制度 推进国家治理体系和治理能力现代化若干重大问题的决定》，人民出版社，2019，第29页。

纷等12个行业性和专业性调解委员会，实现"人民调解""行政调解""司法调解"的职责整合、力量融合和能效聚合；新蒲新区结合自身实际，设置了劳动争议纠纷调解委员会和房地产纠纷调解委员会的调解窗口，仅在春节期间，就受理农民工讨薪纠纷400余件，涉及金额2.2亿元，涉及人数1.2万余人。①

3. 完善仲裁解纷制度

仲裁是我国法律规定的纠纷解决正式制度，也是运用社会资源解纷的重要方式。2018年12月31日，中共中央办公厅、国务院办公厅印发《关于完善仲裁制度提高仲裁公信力的若干意见》，全面部署开创仲裁事业新局面。2019年3月，全国仲裁工作会议在上海召开。会议指出我国仲裁法律制度已经确立，仲裁机构和仲裁员队伍专业化局面已经形成，仲裁工作体制机制逐步完善，我国已经成为运用仲裁方式解决民商事纠纷数量位居前列的国家之一。② 司法部主要领导在会上提出了"健全完善仲裁工作体制机制，全面提升仲裁质量"的工作要求。③

仲裁具有便捷灵活、自主性强、解纷成本低等优点，仲裁制度的完善对于社会解纷能力提高的重要性不言而喻。在新时代背景下，进一步整合仲裁资源，提高仲裁工作科技化水平，强化仲裁行业的专业性和有序性是现阶段完善仲裁制度的主要任务，也是全国各地仲裁组织的工作重点。2019年7月，武汉市仲裁委发布《武汉仲裁委员会网上仲裁规则》，随即开展网上仲裁规则应用培训。该规则的起草是武汉市仲裁委与时俱进、开拓创新的体现，既符合互联网时代发展特点，同时也符合仲裁实践的现实需求，彰显了武汉市仲裁委推动互联网仲裁发展、提高仲裁科技化水平的决心与努力。④

---

① 参见《遵义市强力推进综治中心规范化建设》，载贵州长安网，http://www.gzpeace.org.cn/info/1314/31551.htm，最后访问日期：2019年11月13日。
② 《我国仲裁工作体制机制逐步完善》，载中国政府网，http://www.gov.cn/xinwen/2019-04/10/content_5381129.htm，最后访问日期：2020年1月28日。
③ 参见《傅政华在全国仲裁工作会议上强调 完善仲裁制度 提高仲裁公信力》，载《中国司法》2019年第5期。
④ 《武汉仲裁委员会发布网上仲裁规则》，载中国政府法制信息网，http://www.moj.gov.cn/Department/2019-08/06/612_3229549.html，最后访问日期：2019年11月13日。

2019年2月，河北省在全国率先出台《关于完善仲裁制度提高仲裁公信力的若干意见》的省级实施意见，不仅将完善仲裁制度写入《河北省法治政府建设实施方案》，还尝试对仲裁制度的实践进行审慎创新。具体而言，在仲裁监管方面，河北探索设立"仲裁机构规范化建设示范点"，实施"一仲裁机构一信用档案"制度，维护仲裁行业的持续健康发展；在仲裁服务方面，强调增设本地仲裁程序、临时仲裁程序、快速程序、小额索赔程序，使仲裁工作的方式和内容更加符合当事人的需求；在科技创新方面，积极推动建立互联网仲裁平台，简化仲裁流程，提高仲裁效率。①

4. 健全行政裁决制度

行政力量在纠纷化解方面具有主动性强、效率高、成本低、针对性强等优势，是民事纠纷分流的有效渠道，在化解矛盾纠纷、维护社会和谐稳定中具有重要作用。近年来，各级司法行政机关和相关单位在党的十九大对深化"放管服"改革提出新要求的背景下，从行政裁决的职责履行、程序细化、工作创新等方面做出持续努力，取得重要成效。2018年12月，中共中央办公厅、国务院办公厅印发《关于健全行政裁决制度、加强行政裁决工作的意见》，对健全行政裁决工作做出一系列部署和要求，为新时代健全行政裁决制度、加强行政裁决工作提供了方案指引。2019年8月，最高人民法院印发《关于建设一站式多元解纷机制 一站式诉讼服务中心的意见》，也明确提出要进一步健全完善行政裁决救济程序衔接机制。② 2019年10月，司法部召开健全行政裁决制度、加强行政裁决工作推进座谈会，系统提出了完善行政裁决制度的工作部署。

2019年第十届中国知识产权年会召开，会议专门举办了"知识产权行政裁决的制度解读与实践分享"论坛。论坛指出，"做好知识产权侵权纠纷

---

① 《打好规范监管组合拳探索网络仲裁新模式 河北加大仲裁单位示范创建力度》，载中国政府法制信息网，http://www.moj.gov.cn/Department/2019-04/01/612_231842.html，最后访问日期：2019年11月13日。

② 参见《完善行政裁决制度 促进民事纠纷分流》，载《人民法院报》2019年10月21日，第2版。

和补偿协议行政裁决工作"是中央明确提出的健全行政裁决制度的工作重点，国家知识产权局强调要落实这一要求，扩大行政裁决审理范围，压缩行政裁决审理周期，提高行政裁决审理质效，健全行政裁决审理机制，平等保护中外知识产权权利人合法权益。① 山东省司法厅公布《山东省司法行政系统权责清单》，统一了省、市、县三级司法行政机关行使行政裁决权力的类型、依据等规范内容，破解了各地行政裁决规范不一、权责不对等问题，推进了行政裁决标准化、规范化建设。② 辽宁省司法厅在推进全省一体化在线政务服务平台建设过程中，将包括行政裁决在内的六类政务服务事项编入平台目录，把行政裁决纳入政务改革范围。③

5. 深入推进综合治理

社会治安综合治理，是基层社会治理能力的重要显示指标，也是法治社会建设的基本工作内容。党的十九届四中全会《决定》对此做出具体要求："坚持专群结合、群防群治，提高社会治安立体化、法治化、专业化、智能化水平，形成问题联治、工作联动、平安联创的工作机制，提高预测预警预防各类风险能力，增强社会治安防控的整体性、协同性、精准性。"④ 可见，作为社会治理现代化和法治化进程中的关键环节，新时代社会治安综合治理要注重提升"合作、互通、共享"理念，增强综治的系统性、整体性、综合性。⑤

社会治安综合治理关系到人民安居乐业、国家长治久安。面对新形势新

---

① 《知识产权行政裁决制度：为促进创新发展、营造良好营商环境提供强有力支撑》，载中国经济网，http://bgimg.ce.cn/cysc/newmain/yc/jsxw/201909/18/33173389.shtml，最后访问日期：2019年11月16日。
② 参见杨文《山东建立司法行政系统权责清单制度》，载东方网，http://news.eastday.com/s/20190527/u1ai12541804.html，最后访问日期：2019年11月16日。
③ 参见《辽宁省加快推进一体化在线政务服务平台建设》，载中国政府网，http://www.gov.cn/xinwen/2019-04/17/content_5383709.htm，最后访问日期：2019年11月16日。
④ 《中共中央关于坚持和完善中国特色社会主义制度 推进国家治理体系和治理能力现代化若干重大问题的决定》，人民出版社，2019，第29页。
⑤ 参见谢君《关于新时代政法综治工作新使命的几点思考》，载《上海法学研究》2019年第5期。

矛盾新任务，社会综治工作需要进一步更新方式方法，提升工作绩效。一年来，全国各地在实践中不断摸索综合治理新模式。例如，贵州省安顺市高度重视群众对社会治安综合治理工作的知晓度和参与度，2019年5月，该市平坝区乐平镇综治办等多家单位联合开展为期一周的"综治宣传月"集中宣传活动，为该地社会治安综合治理营造了良好的社会氛围。[1] 又如，广西壮族自治区贵港市覃塘区人民检察院积极参与社会综合治理工作，主动对当地社会治安防控输入力量，加强源头治理，注重惩防和帮教相结合，实现了检察环节社会综合治理工作的创新。[2] 截至目前，全国已建成各级社会综治中心60余万个，广泛覆盖于省市县乡各级。各地综治中心以网格为基本单元，共建共治力量向楼栋和家庭覆盖，为广大群众提供参与社会治理和治安防控的途径和机会，努力形成社会综治"人人有责，人人尽责，人人享有"的局面。[3]

## （四）社会基层治理

党的十九大报告提出，"要加强社会治理制度建设，完善党委领导、政府负责、社会协同、公众参与、法治保障的社会治理体制"。[4] 党的十九届四中全会《决定》再次强调，"坚持和完善共建共治共享的社会治理制度，保持社会稳定、维护国家安全"。[5] 构建共建共治共享的社会治理格局，既要加强顶层设计，也要重视基层治理的力量整合与实践创新，充分发挥人民

---

[1] 杨伊娜：《乐平镇积极开展"综治宣传月"集中宣传活动》，载人民网，http://gz.people.com.cn/n2/2019/0529/c387244-32990766.html，最后访问日期：2019年11月16日。

[2] 《广西贵港覃塘：坚持"三个延伸"强化社会综合治理》，载和讯网，https://news.hexun.com/2019-11-14/199270910.html，最后访问日期：2020年2月2日。

[3] 熊丰、罗沙：《为国家长治久安人民安居乐业不懈奋斗——政法机关推进"平安中国"建设述评》，载搜狐新闻，http://www.sohu.com/a/289346541_120040295，最后访问日期：2020年1月28日。

[4] 习近平：《决胜全面建成小康社会 夺取新时代中国特色社会主义伟大胜利——在中国共产党第十九次全国代表大会上的报告》，人民出版社，2017，第49页。

[5] 《中共中央关于坚持和完善中国特色社会主义制度 推进国家治理体系和治理能力现代化若干重大问题的决定》，人民出版社，2019，第29页。

群众的积极性、主动性。

1. 多层次多领域依法治理

党的十八届四中全会《决定》确立的法治社会建设基本任务之一，就是推进多层次多领域依法治理，提高社会治理的法治化水平。2019年，全国各地持续加强基层治理主体法治意识，各层次各领域依法治理能力不断提升。

首先，重视发挥多元化的社会规范在社会治理中的积极作用。社会规范反映了群体的共同意志，是涵括多种表现形式的行为规则体系。它不仅包括法律、道德、政策、习俗，还包括行业规章、社团章程、村规民约等。这些社会规范共同组成一个行为规则系统，在社会治理中能够分别发挥不同程度、不同规模的作用。近年来，中央高度重视社会规范体系建设，特别强调要将社会主义核心价值观和法治精神融入社会规范。2018年底，民政部等7部门联合发布《关于做好村规民约和居民公约工作的指导意见》，要求到2020年全国所有村、社区普遍制定或修订形成务实管用的村规民约、居民公约。在这一指导意见的引领下，2019年各地"三治融合"的社会治理机制进一步完善，市民公约等"软法"型社会规范在社会治理中的作用充分发挥。例如，陕西省延安市富县人民法院在审判活动中注重乡规民约的调整作用，推出"群众说事，法官说法"工作机制，拓宽"说事"范围，扩大"说法"主体，运用国家法律与"软法"相结合的方式排解民事纠纷。① 又如，全国人大代表、广东百浩律师事务所主任黎霞建议对现行的《物业管理条例》进行修改，加强这方面的行业规范建设，以提升基层社会治理的效果，这一提议得到了越来越多城市的重视。②

其次，深入开展多层次多类型的基层法治创建活动。社会治理活动的基本场域在基层，只有深化基层组织和行业的依法治理，支持各类社会主体自

---

① 参见《传承人民司法优良传统创新机制践行群众路线　探访延安法院司法为民新作为》，载西部网，http://news.cnwest.com/content/2019-10/28/content_16196012.htm?from=PC，最后访问日期：2019年11月17日。

② 参见马力《规范物业管理　提升基层社会治理水平》，载佛山在线，http://epaper.fsonline.com.cn/fsrb/html/2019-03/09/content2649.htm，最后访问日期：2020年2月2日。

我约束、自我管理，才能将法治精神融入社会治理的全过程。2019年7月，司法部主要领导在全国司法厅长座谈会上强调，要全面加强基层基础工作，重点推进法治乡村建设、司法所建设、县级司法行政工作建设三大基础工作，把人民调解工作作为司法所的首要职责，实现从"治已病"到"治未病"的转变。① 一年来，法治乡村建设取得了突出的成绩。各地司法行政机关注重骨干培训，实施"法律明白人"培养工程，为基层社会治理输入人力资源。例如河南省在实施"法律明白人"培育工程的过程中，注重严格执行乡镇、村"两委"干部的学法用法制度，推动村法律顾问参与乡村社会治理；河北省涉县在全县300余个村培养"法律明白人"，建立起"一般纠纷靠法律明白人、疑难纠纷靠法律顾问"的基层纠纷化解模式，还在各村建立了法律顾问微信群，利用电子社交媒介实现乡村法治建设创新。② 另外，在基层司法所建设方面，各地健全激励机制，推动力量下沉，扩充司法辅助人员队伍，同时做好保障工作；在基础硬件设施建设方面，打造基层司法行政事务综合平台成为本年度全国各地社会治理工作的主要抓手。

2. 发挥社会组织的积极作用

关于社会组织参与社会治理的基本功能，党的十八届四中全会《决定》做出了细致的论述："建立健全社会组织参与社会事务、维护公共利益、救助困难群众、帮教特殊人群、预防违法犯罪的机制和制度化渠道。支持行业协会商会类社会组织发挥行业自律和专业服务功能。发挥社会组织对其成员的行为导引、规则约束、权益维护作用。"③ 在我国，政府是社会治理的主导者，在整体上担负着社会治理的基本任务，但在处理具体事务，特别是精细化社会服务方面存在局限性。同时，政府机关行政化的工作模式也使其在治理中容易出现僵硬的行为表现，从而可能出现与基层社会内在需求的不对

---

① 参见张海磊、王茜《司法部：加强基层法治建设三大基础工作》，载新华网，http://www.xinhuanet.com//2019-07/20/c_1124778187.htm，最后访问日期：2020年1月29日。
② 参见范世辉《河北涉县"精准普法"下基层》，载中国网新闻中心，http://news.china.com.cn/live/2018-12/10/content_269600.htm，最后访问日期：2019年11月17日。
③ 参见《中共中央关于全面推进依法治国若干重大问题的决定》，载《人民日报》2014年10月29日，第3版。

称。社会组织是依托于人民群众各类需求而产生的自治性、志愿性、公益或互益性社会主体,具有自治性强、专业化水平高的天然优势,能够有效提升新时代基层社会治理水平。

近年来,在社会治理中积极发挥社会组织的作用成为理论界和实务界的基本共识。李克强总理在2019年《政府工作报告》的"加强和创新社会治理"一节中强调:"引导支持社会组织、人道救助、志愿服务和慈善事业健康发展。"① 2019年,社会组织继续活跃于基层社会治理的各个领域,为基层治理注入活力、提供助力。2019年8月,社会组织政务服务入驻中国政务服务平台,实现社会组织法人业务的"一网通办"和"全国漫游"。② 此举有助于利用信息化技术拓宽社会组织参与基层社会治理的空间与途径,让全国性的社会组织也能深入基层,服务到社会治理领域的末端。各地各部门也日益重视对社会组织的培育,纷纷结合自身实际和工作特点,积极采取行动优化社会组织发展环境。例如,青海省出台《关于大力培育发展社区社会组织的实施意见》,旨在通过一系列培育扶持措施,加强社会组织建设,让其成为创新基层社会治理的有力支撑;③ 浙江省也发布了《关于大力培育发展社区社会组织的指导意见》,明确重点培育自治类、平安类、服务类、文体类四类社区社会组织,实现组织分类指导,发挥组织专业作用,并对如何发展提出具体措施;④ 宁夏回族自治区出台《社会组织监督管理办法》,建立社会监督机制,鼓励个人和组织对社会组织实施社会监督,要求相关部门定期信息公开,引入第三方评估机制,同时建立社会组织负责人"黑名

---

① 参见黄红《发挥社会组织在社会治理中的作用》,载中国社会科学网,http://www.cssn.cn/skyskl/skyskl_jczx/201903/t20190321_4850986.htm,最后访问日期:2020年1月29日。
② 参见《围观!社会组织政务服务入驻中国政务服务平台啦》,载澎湃新闻,https://www.thepaper.cn/newsDetail_forward_4200434,最后访问日期:2020年1月29日。
③ 参见《我省出台意见支持社区社会组织培育发展》,载《青海日报》2019年1月4日,http://epaper.tibet3.com/qhrb/html/2019-01/04/content_552153.htm,最后访问日期:2019年11月17日。
④ 《浙江省重点培育四类社区社会组织》,载中国政府网,http://www.gov.cn/xinwen/2019-02/19/content_5366682.htm,最后访问日期:2019年11月17日。

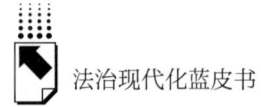

单"制度,以监督的力量倒逼组织加强自身建设,从而更好地引导社会组织发展;① 湖南省醴陵市民政局专门举办提升社会组织参与基层社会治理能力的培训会,帮助社会组织提高管理能力,以期提升社会组织参与社会治理的水平。②

3. "枫桥经验"引领治理创新

20世纪60年代初,浙江省诸暨县干部群众创造了"发动和依靠群众,坚持矛盾不上交,就地解决,实现捕人少、治安好"的"枫桥经验"。在新的时代背景下,"枫桥经验"被注入了新元素,率先成为新时代中国特色社会主义基层社会治理理论体系与实践创新的主要抓手。2013年10月,习近平总书记针对枫桥经验做出重要指示,推动了枫桥经验在全国各地的创新发展。2013年以来,新时代"枫桥经验"的工作定位是社会治理创新,工作重心是基层社会治理中的矛盾纠纷化解。经过创新发展和转型升级的枫桥经验,运用范围涉及政治、经济、社会、文化、生态各个领域,升级为具有鲜明时代特色的"党政动手,依靠群众,预防纠纷,化解矛盾,维护稳定,促进发展"的"新枫桥经验"。

新形势赋予"枫桥经验"新使命。党的十九届四中全会《决定》要求:"坚持和发展新时代'枫桥经验',畅通和规范群众诉求表达、利益协调、权益保障通道,完善信访制度,完善人民调解、行政调解、司法调解联动工作体系,健全社会心理服务体系和危机干预机制,完善社会矛盾纠纷多元预防调处化解综合机制,努力将矛盾化解在基层。"③ 可见,新时代"枫桥经验"的社会治理功能指向已大大超出了化解社会矛盾纠纷的范围,其外延扩展到诉求表达、权益保障、多元调处、心理服务、危机干预等方面。因

---

① 《宁夏发动社会力量提升社会组织监管力度》,载新华网,http://www.xinhuanet.com/local/2019-11/08/c_1125208822.htm,最后访问日期:2019年11月17日。
② 参见李四红、丁时伟《醴陵民政:举办提升社会组织参与基层社会治理能力培训会》,载红网,https://hn.rednet.cn/content/2019/04/26/5393317.html,最后访问日期:2020年2月2日。
③ 《中共中央关于坚持和完善中国特色社会主义制度 推进国家治理体系和治理能力现代化若干重大问题的决定》,人民出版社,2019,第29页。

此，虽然新时代"枫桥经验"的治理理念仍然是实现"矛盾不上交"，但其实现方法与途径较之从前有了重要变化。在"动员和依靠群众"的历史经验基础上，新时代"枫桥经验"增加了运用"法治思维和法治方法"的要求，进而还强调"重视道德教育的作用来解决矛盾"，即通过"自治、法治、德治"三种途径来实现社会治理。不仅如此，新时代"枫桥经验"还主张运用智能化手段、通过专业化技能化解矛盾纠纷，完善基层治理。① 2019年，从中央到地方，各级各部门继续创新发展新时代"枫桥经验"，推动新枫桥经验在基层社会治理实践领域广泛运用，使枫桥经验在新时代背景下焕发新的生机与活力。例如，2019年8月，公安部印发《关于全国公安机关坚持发展新时代"枫桥经验"的意见》，全面开展创建"枫桥式公安派出所"活动。② 2019年11月28日，首批"枫桥式公安派出所"命名揭晓仪式在公安部举行，全国各地的100个基层派出所获得这一殊荣。③

浙江省诸暨市既是"枫桥经验"的发源地，也是新时代创新发展"枫桥经验"的典型。2019年，诸暨在城市社区治理中继续坚持发展新枫桥经验，深化社会基层治理，在城市社区治理中始终坚持群众路线。社区作为现代基层社会治理的最小单位，随着经济社会发展带来的人口流动，其人员结构也日趋复杂，这就要求城市社区在坚持和发展"枫桥经验"时，必须找到聚合群众共治能力的平台。诸暨根据不同社区特点，寻找和搭建了不同的治理平台，如在新式封闭小区较多的浣东街道东盛社区，着力抓好业委会的组建和运作，为社区治理各项工作引入社会组织力量；在老式开放性小区较多的暨阳街道江新社区，则注重发挥老年人作用，聚拢一批热心参与公共事

---

① 参见卢芳霞《走向"社会治理"的"枫桥经验"》，载求是网，http://www.qstheory.cn/zhuanqu/bkjx/2018-01/22/c_1122295702.htm，最后访问日期：2020年1月29日。
② 《立查立改 注重实效——中央政法委、公安部、国家安全部、司法部在主题教育中扎实推进整改落实》，载中国政府网，http://www.gov.cn/xinwen/2019-08/10/content.htm，最后访问日期：2019年11月18日。
③ 参见张璁《做新时代枫桥经验的践行者》，载人民网，http://cpc.people.com.cn/n1/2019/1129/c64387-31480605.html，最后访问日期：2020年1月29日。

务的老年人参与社区的日常管理工作。截至目前,诸暨已经组织了11000余名志愿者参与社区治理活动,共同守护社区平安。在社区治理过程中,诸暨还注重"三治融合",将矛盾化解在源头。例如,友谊社区公益法务团定期在社区开展"接待日"活动,宣传法治理念和法律知识;社区老年大学开办思政课,营造崇德向善的社会氛围。互联网技术同样也为诸暨探索社区治理现代化提供了有益支撑。诸暨江新社区在网格化管理的基础上创新设立"线上议事厅",居民可以通过在微信公众号留言的形式参与社区治理,同时也使网格员能够及时获取治理需求信息,从而得以高效应对、解决问题。[1]

## 三 法治社会建设及其治理实践评析

从2019年我国法治社会建设基本面貌可以看出,本年度法治宣传教育、公共法律服务、矛盾纠纷化解和社会基层治理等法治社会建设主要领域都取得了显著进展,呈现了鲜明特点。同时,由于社会发展不平衡不充分的客观现实,2019年度的法治社会建设以及社会治理实践仍存在薄弱环节。

### (一)法治社会建设的主要特点

2019年度法治社会建设在各个方面取得的成绩,显现出本年度法治社会建设在领导力量、价值取向、治理格局、发展路径和建设成效等方面的鲜明特点。

1. 党的领导坚强有力

改革开放以来,我国的社会建设始终处于高效发展的状态,根本原因就在于我们始终坚持中国共产党的领导。[2] 事实证明,我国法治社会建设领域

---

[1] 参见李坤晟《浙江诸暨:"枫桥经验"在城市社区的生根之道》,载新华网,http://www.xinhuanet.com/local/2019-10/31/c_1125174334.htm,最后访问日期:2019年11月19日。

[2] 参见李红《探析中国特色社会主义社会治理之路》,载《科学社会主义》2019年第4期。

的每一步推进都离不开党的统一领导。尤其是进入新时代以来,党在法治社会建设过程中的领导作用得到显著发挥,社会治理法治化水平得到提升,社会治理体制得到进一步优化,共建共治共享的社会治理格局初步形成并逐渐完善。① 2019 年,党对法治社会建设的领导更加坚强有力。

一是始终坚持依法执政和依法治理理念。依法执政是党治国理政的庄严承诺,依法治理是现代社会治理理念的本质要求。坚持依法执政和依法治理,对于夯实党的执政根基和推进社会治理法治化的意义重大。例如,2019年,中央纪委、国家监察委根据中央"不忘初心、牢记使命"主题教育领导小组印发的《关于在"不忘初心、牢记使命"主题教育中开展专项整治的通知》,结合《食品安全法》等民生领域重点法律法规,对食品安全等领域漠视、侵害群众利益问题进行了专项整治。② 通过整治活动,党在推进依法治理方面的领导力量得到了确证,法治社会建设的民生环境得到了优化。

二是加强社会治理领域的党内法规建设。加强党对法治社会建设的领导,关键是抓住领导干部这个"关键少数",通过加强党内法规建设,为党领导社会治理创新提供制度保障。2019 年 3 月,中共中央印发《中国共产党党员教育管理工作条例》,要求党员干部争做尊法学法用法的模范;2019年 5 月,中共中央办公厅印发《关于加强和改进城市基层党的建设工作的意见》,对在法治社会发展和基层社会治理中发挥城市基层党建工作的作用意义重大。此外,2019 年陆续出台的《宣传工作条例》《政法工作条例》《农村工作条例》等重要党内法规,无不对党员领导干部提出尊法学法用法的要求,同时强调党规与国法的有机融合,从而提供了党内法规建设对法治社会建设的促进与保障作用。

三是提升党员干部法治思维和责任意识。2019 年,各级党委和政府一

---

① 参见付高生《新时代党建引领社会治理的新路径》,载《福建农林大学学报》(社会科学版) 2019 年第 3 期。
② 《真刀真枪解决群众操心事烦心事揪心事——中央纪委国家监委机关牵头专项整治漠视侵害群众利益问题纪实》,载《中国纪检监察杂志》2019 年第 22 期,http://zgjjjc.ccdi.gov.cn/bqml/bqxx/201911/t20191116_ 204440.html,最后访问日期:2019 年 11 月 20 日。

如既往地将包括法治社会建设在内的法治建设成效纳入政绩考核指标体系，作为衡量各级领导干部工作实绩的重要内容。特别突出的是，党中央在全国全面部署了利用2019年国家宪法日开展"宪法宣传周"教育活动，不但实现了向人民群众普及宪法意义的法治宣传目的，同时也将宪法价值教育、依宪治国理念以制度化的形式传递给广大党员干部。2019年党中央部署开展的"不忘初心、牢记使命"主题教育，更进一步深化了党员干部的法治思维和责任意识。

四是党建引领基层治理法治化成效突出。党在推进基层治理法治化进程中发挥着总揽全局、协调各方的领导作用，基层党组织的建设在日常社会治理中更是凸显了十分有效的作用。2019年，在"新枫桥经验"的推进过程中，各地都将党建引领作为最关键的工作内容，通过"先锋驿站"等党员岗位突破日常治理工作难题，通过充分调动党员积极性提供法律服务、排解矛盾纠纷。"新枫桥经验"在新时代基层社会治理中的创新发展表明，在推进社会治理法治化进程中强化党领导，把党建工作深度融入社会治理全过程，是有效解决问题、维护社会和谐、推动基层善治的宝贵经验。

2. 人民主体地位彰显

人民群众是新时代社会治理体系和治理能力现代化过程中的主体力量，人民主体地位的确立，是建立人人有责、人人尽责、人人享有的社会治理共同体的重要指标，也是法治社会基本形成的判断标准。2019年度各地在法治社会建设活动中注重坚持人民主体地位，体现了以人民为中心的价值取向。

一是以人民为中心建设法治社会。以人民为中心，是坚持和发展新时代中国特色社会主义的基本方略之一，是新时代社会治理创新和法治社会建设的鲜明价值取向。[①] 2019年，我国法治社会建设彰显了以人民为中心的发展思想，在具体实践上表现为以满足人民的利益需求为中心、以提高人民的满意度为中心。截至目前，覆盖城乡的公共法律服务体系已经初步形成，法律

---

① 参见李红《探析中国特色社会主义社会治理之路》，载《科学社会主义》2019年第4期。

服务深入基层、惠及全民；"一站式"解纷体系机制建设稳步推进，优化了解纷程序，提高了解纷效率，平安社会建设成效显著；服务型政府改革工作继续进行，"最多跑一次"改革的深入推进，在基层社会治理法治化进程中注入了高效便民的政务服务精神。

二是人民广泛参与法治社会建设。人民群众参与社会建设的程度能够直观地反映一个社会的民主化程度，也是人民主体地位的评判标准。2019年，各地在法治社会建设中继续发扬社会主义民主精神，引导人民有序参与社会治理，努力扩大人民参与社会建设的途径和方式。例如，中央政法委部署了"调解联动工作体系"完善工作，人民调解在调解联动体系中的功能得到各地的重视，来自群众身边的人民调解员和调解组织积极参与到调解工作中，进一步发挥了重要作用。在建设"共建共治共享"社会治理体系过程中，广大人民群众以党组织为领导，以基层政府为依托，以社会组织为媒介参与到基层社会治理活动中，推动了社会公共事务管理和服务的发展，提高了社会治理的民主化、法治化水平。

三是人民群众法治意识不断增强。增强全民法治观念，是提高人民主体地位的有效路径，也是法治社会建设的基础性工程。2019年，依托"国家宪法日"系列活动，"依宪治国"理念深入人心；随着一系列政策文件的出台，法治教育体系建设初见成效，学校教育与社会教育、学历教育与社会培训相结合的法治宣传教育机制逐步形成；整个社会基本形成了崇法尚法的良好氛围，广大群众正在养成"办事依法、遇事找法、解决问题用法、化解矛盾靠法"的行为习惯。

3. 社会治理方案明晰

党的十九大报告提出"打造共建共治共享的社会治理格局"，为加强社会治理创新指明了方向；党的十九届四中全会再次强调，"坚持和完善共建共治共享的社会治理制度，保持社会稳定、维护国家安全"。[①] 从"格局"

---

① 《中共中央关于坚持和完善中国特色社会主义制度　推进国家治理体系和治理能力现代化若干重大问题的决定》，人民出版社，2019，第28页。

到"制度",表明"共建共治共享"在2019年正式成为我国社会治理实践的制度化方案,也可以视为法治社会建设的制度内容。不同于以往政府单一运行的社会管理模式,共建共治共享的社会治理制度既重视服务型政府的建设,实现政府管理向政府治理的转变,更强调要让各方社会成员以多种方式、多种渠道参与到社会治理的活动中,以期形成社会治理共同体。共建共治共享作为我国社会治理制度的既定模式,体现了党对社会治理的认识不断深化,使得我们的社会治理制度和法治社会建设更加有章可循。

2019年,各级党委和政府在优化社会治理格局过程中,紧紧把握法治社会建设的基本要求,充分整合治理资源,不断丰富治理内涵。按照坚持和完善共建共治共享的社会治理制度的要求,各地在"共建"方面表现为党组织、政府、基层群众自治组织、企事业单位、公民个人和各类社会组织共同参与社会建设,建设的重点是共同参与的机制、制度建设;在"共治"方面表现为尽可能吸纳多元主体共同参与社会治理,打造全民参与的开放型的治理体系,这是基层共建共治共享社会治理实践的核心环节;在"共享"方面表现为努力追求广大人民群众共同享有社会治理成果,让公共产品和公共服务更公平地惠及全体社会成员。

党委政府、社会组织、社区居民三者之间的良性互动也是社会治理格局优化和法治社会建设的重要表征。一年来,越来越多的地方政府开始重视建立完善政府购买服务指导目录,以及承接社区服务的社会组织指导目录,推动政府转移职能与社会组织提供服务的有效对接,逐步将政府承担的技术性、服务性、辅助性行政事项和公共服务事项,委托有专业资质和能力的社会组织完成。在政府与社会互动合作的同时,各地以"政社互动"带动"三社联动",实行社区机构发现服务需求、统筹设计服务项目、招募社会组织承接、引进专业社工团队参与的工作机制,推进"三社联动"项目化和社区服务社会化、专业化,同时建立"社会组织+社工+志愿者"组合模式,带动志愿者广泛参与社区服务。

4. 建设举措不断创新

从中央到地方,2019年的法治社会建设实践呈现出探索新路径、尝试新举措的良好局面。这种建设方案和举措的创新实践，因应了法治社会建设内涵丰富、任务繁杂、面广量大的特点，主要表现为以下几个方面。

一是以多种手段加强基层民主政治建设。党的十九届四中全会指出要健全基层党组织领导的基层群众自治机制，在城乡社区治理、基层公共事务和公益事业中广泛实行群众自我管理、自我服务、自我教育、自我监督，拓宽人民群众反映意见和建议的渠道，着力推进基层直接民主制度化、规范化、程序化。2019年，各地注重对基层治理民主机制的探索，努力调动人民群众参与基层社会建设和法治建设的积极性。"法律明白人"培养工程的持续实施，调动了群众力量填补基层法治建设队伍；"网格化"社区治理模式的不断完善，招募了更多的志愿者积极融入社区治理；各种规模和类型的"评事会""议事厅"在许多城乡社区建立，开始尝试"有事好商量，众人的事情由众人商量"的制度化实践。

二是建设重心向基层、向农村下沉。法治社会建设的实践场域在基层，社会治理的作业面也在基层。2019年以来，中共中央连续印发《中国共产党农村基层组织工作条例》《中国共产党农村工作条例》，中办、国办印发《关于加强和改进乡村治理的指导意见》，确立了新时代党全面领导实施乡村振兴战略、党管一切农村工作的制度依据，为提升基层社会建设活力，为补齐国家治理体系和治理能力现代化建设中的乡村短板、全面完成乡村振兴提供了整套制度支撑。[①] 党的十九届四中全会更明确提出了"推动社会治理和服务重心向基层下移，把更多资源下沉到基层，更好提供精准化、精细化服务"的要求。[②] 一年来，全国各地坚持以人民为中心的发展思想，在城镇化进程中搭建好政府、市民、社会的信息交互、能量交互平台，调动村（居）委会、业委会、社会组织等社会力量与政府协商合作、共治共享，着力提升村（居）民的获得感、幸福感和参与感。

---

[①] 任堃：《以基层民主的制度活力推进乡村治理现代化》，载《学习时报》2019年12月25日，第7版。

[②] 《中共中央关于坚持和完善中国特色社会主义制度 推进国家治理体系和治理能力现代化若干重大问题的决定》，人民出版社，2019，第30页。

三是吸纳多方力量参与法治社会建设。"法治社会概念强调社会成员作为法治的主体意义，强调发掘社会潜力、激发社会活力、健全社会组织、发展社会事业。"① 在法治社会建设的实践场域，"社会"这一抽象主体的具体组成，是公民、法人、其他经济组织，特别是社区、村（居）委会等基层自治组织和社会公益组织。例如，成都市成华区依托社区党组织，探索出了党组织领导下的"3＋2"机制，小区党支部、业委会、物业公司、院落议事会、居委会五方以定期联席会议的形式，坐下来沟通交流，共同解决问题，并实行承诺践诺，相互监督。② 又如，杭州市依托"雪亮工程＋城市大脑"，实现警方与企业共建院室，全面布局建设"城市大脑"警务操作系统，提高社会治安综治现代化水平。③ 2019年，在中央政策支持下，服务于法治社会建设的各类社会组织持续发展，专业性社会组织成长迅速，种类更加丰富，数量不断增加，法律服务中心和法律顾问逐渐深入基层社会治理的"神经末梢"和"毛细血管"。④ 在城市社区，越来越多的志愿者参与到社区治理活动中，提高了社会自治化程度。

四是德治与法治相结合模式进一步巩固。在一年来法治社会建设实践和社会治理创新过程中，道德风尚的作用一直被各地高度重视，以德化人的举措得到强化，德法合治的理念深入人心。2019年中央文明办组织开展的道德模范表彰活动影响广泛，各地纷纷树立典型予以宣传推广，为基层治理注入了道德规范资源。中共中央办公厅、国务院办公厅印发的《新时代公民道德建设实施纲要》强调把道德导向贯穿法治建设全过程，以法治的形式巩固社会道德风尚。这无疑进一步强化了德法合治的政策法规依据，为法治

---

① 庞正：《法治社会和社会治理：理论定位与关系厘清》，载《江海学刊》2019年第5期。
② 《党建引领　多元共治——成都市成华区党建引领小区发展治理纪实》，载中国共产党新闻网，http://dangjian.people.com.cn/n1/2018/1130/c117092 - 30434556.html，最后访问日期：2020年1月23日。
③ 参见《探索市域治理现代化的"杭州样本"》，载杭州政府门户网，http://www.hangzhou.gov.cn/art/2019/11/11/art_812262_40027359.html，最后访问日期：2020年2月3日。
④ 参见任雪峰《激活基层组织"神经末梢"》，载共产党员网，http://news.12371.cn/2016/08/26/ARTI1472194487516739.shtml，最后访问日期：2020年2月2日。

社会建设增添了道德调整手段的助力。各地各部门在法治社会建设工作中，通过打造"法治广场""法治长廊""法治园地"等硬件设施，特别将社会主义核心价值观和新时代社会道德规范嵌入法治宣传教育的内容，让人民群众以直观的方式感受"法安天下、德润人心"的治理内涵，更好地体现了依法治国与以德治国有机结合的内在一致性。

五是责任主体配合联动机制得到优化。在以往的法治社会建设实践中，以各级司法行政机关为推进主体的局面在各地十分普遍，特别是司法行政机关的"普法与依法治理"部门承担了"小马拉大车"的职能。2019年，法治社会建设由司法行政机关作为单一工作主体的情势得到了明显改观。一方面，各级地方党委普遍建立的全面依法治省（市）委员会，承担起包括法治社会建设在内的法治建设统领任务，极大地提升了法治社会建设工作的权重；另一方面，包括"谁执法谁普法""以案释法"等法治宣传教育硬性制度的贯彻落实，使得许多党委、司法和政府部门规范地参与到法治社会建设工作中。此外，其他一系列联动制度的设立也推进了不同责任主体的协调配合。例如，在矛盾纠纷化解职能问题上，最高人民法院于2019年8月发布《关于建设一站式多元解纷机制、一站式诉讼服务中心的意见》，要求审判机关实现非诉与诉讼解纷机制之间的分流与无缝衔接，从而使多元解纷力量的相互配合更为顺畅；在非诉解纷体系内部，"三调联动"的社会纠纷综合化解机制得到进一步完善，三种调解模式共进互补、协调联动，推动了调解的专业化、规范化和社会化，极大地提升了调解工作的质效。

## （二）法治社会建设薄弱环节

习近平总书记在党的十九大报告中指出："中国特色社会主义进入新时代，我国社会主要矛盾已经转化为人民日益增长的美好生活需要和不平衡不充分的发展之间的矛盾。"① 这一重大政治论断，深刻揭示了我国社会主要

---

① 习近平：《决胜全面建成小康社会 夺取新时代中国特色社会主义伟大胜利——在中国共产党第十九次全国代表大会上的报告》，人民出版社，2017，第11页。

矛盾在现今历史阶段的转变，标明了中国特色社会主义事业发展的新的历史方位，同时也为判断我国当前社会治理面临的基本形势给出了方法论指导，指明了新时代推进法治社会建设的着力方向。沿循这一重大政治论断，反思我国法治社会建设的实践现状，有助于清醒认识当前我国法治社会建设的薄弱环节。

1. 法治社会建设不充分

当前我国法治社会发展的总体水平，特别是建设质量，尚未达到全面推进依法治国方略的目标要求，尚未与法治国家、法治政府建设相匹配，尚未实现社会主义法治体系的协调发展。概括来讲，当前我国法治社会建设的"不充分"，主要是指社会建设在多元化、专业化、法治化程度等方面存在提升空间。

一是法治社会建设的参与主体多元化有待进一步发展。成熟的法治社会是一个多元主体高度协同、充分参与社会治理的社会。但就目前情况看来，要达到这种高度的多元化状态还有待进一步发展。当前我国正处于"建设型政府"向"服务型政府"演进的转型过渡期，与"服务型政府"相适应的新的治理理念尚未完全确立，旧的治理理念仍然极大地影响着今天的社会治理方式和内容。① 这就导致了无论在法治社会建设实践中，还是社会治理工作中，行政化因素仍然偏多，基层社会自治组织、公益性社会组织、企业、人民群众等社会主体在参与"共建共治共享"过程中仍有较多束缚，缺乏必要的条件和空间。因此，党和国家要加快政府的职能转变进度，进一步推动"放管服"改革实施，以"人民满意的服务型政府"建设、"政、社、民互动"推进法治社会的发展。

二是法治社会建设专业化水平有待进一步提升。党的十九大所指出的我国社会主要矛盾从"物质文化需要"到"美好生活需要"的嬗变，反映了人民群众加大了对"民主、法治、公平、正义、安全、环境"等内容的关

---

① 参见武荣《我国社会主要矛盾转变对社会治理的新要求》，载《北方经济》2019年第11期。

注，而这些内容都直接或间接地关涉法治及其涵盖的民主自由、公平正义、安全环保等文明内容，这些都是广义的法律调整和法治运行需要面对和解决的重大问题，是建设法治社会亟待解决的根本问题。① 基于此，社会治理现代化进程中的法治社会建设对专业水平的要求会更高。然而，当前法治社会建设中许多工作领域的专业化水平还十分有限，包括司法行政机关在内的法治社会建设职能部门一定程度地缺乏组织力、执行力甚至法律专业能力；人民调解、行业调解、行政调解、律师事务所、法律服务站等机构依法执业能力有待提升；不少法律类公益组织的资金来源匮乏、专业基础薄弱；部分社会组织和志愿者工作缺乏必要的法律知识和技能。这些工作领域的专业化水平不能完全满足法治社会建设的实际需求。

三是基层社会治理法治化程度有待进一步增强。社会治理的法治化程度决定了社会治理工作的正当性、合法性和成效，也直接标示了法治社会发展的水平。客观地说，社会治理法治化是党的十八大以来全面推进国家治理体系和治理能力现代化进程中提出的一个新理念，目前社会治理法治化程度在多个领域仍存在不足：社会治理所依据的法律法规还有较大的创制、完善需求，社会治理领域的执法力量特别是联动执法机制有待继续加强，以法治手段预防和化解社会矛盾纠纷的水平仍有大幅提升空间，社会治安防控体系、安全生产责任制度、社会心理服务体系、国家安全保障体系等多个领域的建设水平都需要进一步提高。这就需要国家和地方以问题为导向深化改革、补足短板，推动社会治理法治化的进步。

2. 法治社会发展不平衡

所谓法治社会发展不平衡，主要是对当前我国法治社会发展的不同要素比较之后得出的结论。概括来讲，当前我国法治社会发展的"不平衡"，主要是指法治社会建设存在区域之间、建设主体之间以及方案与实践之间的差距。②

---

① 参见李林《开启新时代中国特色社会主义法治新征程》，载《环球法律评论》2017 年第 6 期。
② 参见姚莘《新时代社会主要矛盾新变化与建设法治社会的关联》，载《中共南宁市委党校学报》2019 年第 1 期。

一是区域之间的不平衡。受制于我国总体上经济社会发展不平衡的现实国情，法治社会建设也存在区域之间的不平衡现象。这主要表现为城乡之间的不平衡、发达地区与欠发达地区之间的不平衡，以及一定地区内部不同行政区划之间的不平衡。虽然从整体来看，法治社会建设和社会治理创新的实践活动已经遍及全国各地，但也不得不承认，有些偏远地区的法治社会建设水平还比较低，城市与乡村之间、发达地区与欠发达地区之间社会治理的法治化、专业化、社会化程度还有一些差距，其中，城市与乡村之间的差距最为明显。在我国，城市社会治理和农村的乡村治理是基层社会治理的两大场域，也是法治社会建设的两大基础性领域。在理论上做这样的视角区分，不但取决于城市与乡村既有的社会物质生活条件，也取决于法治社会本身涵摄的文化和观念因素。因此，在今后的法治社会建设实践中，要加大对乡村的建设力度，不但要在物质硬件条件上予以倾斜支持，而且要注重法治观念、法治文化的宣导和引领，让更多的普法活动和法律服务深入乡村、惠及村民，充分利用地方良善风俗、乡规民约营造社会自治氛围，塑造村民的自治能力和守法行为模式。

二是建设主体之间的不平衡。法治社会发展的要义在于多元社会主体的平等参与。建设主体之间的不平衡，主要是指以各地政府职能机关为主体进行的法治社会建设和社会治理工作较为成熟有序，而由社会成员、社会组织参与或自发进行的建设规模不够、成效不足。从基本表现形态来看，各地都已有社会组织和人民群众参与到了法治社会建设和社会治理活动中，但目前参与的范围和程度显然还达不到法治社会应有的理想状态。一方面，在参与程度上，社会组织和个人往往只在一些法治宣传教育活动和服务性公益活动中作为主体力量，而在具有管理、决策、监督性质的治理活动中，他们仍然明显缺乏发挥自治功能的途径和空间，这并不符合法治社会的自治要旨和共建共治共享的社会治理理念；另一方面，在参与的主动性、积极性上，目前许多社会组织和个人往往是在地方党委和政府的行政指令下参与到社会建设活动中来的，其参与行动具有被动性甚至逐利性，这就打压了社会主体自发地组织、参与法治社会建设的主动性、积极性。所以在今后的法治社会建设实践中,各地党政部门应当提供更有吸引力的政策支持、更多的社会自治空间和更全面的保障措施,强化人民群众在社会建设中的主人翁地位,落实社会组织和社会成员在社会治理活动中共建共治共享的主体资格。

三是建设方案与实践现状之间的不平衡。法治社会建设方案设计与实践现状之间的差距,主要是指党和国家在法治社会建设的整体布局上已经设计了一套体系化的方案,但在地方的实践过程中仍有许多不对应、不充分、不到位现象。党的十八届四中全会《决定》从法治宣传教育、公共法律服务、矛盾纠纷化解和社会基层治理四个方面进行了体系化的任务部署,为法治社会发展提供了设计蓝图。在现实实践活动中,《决定》中的一些具体政策要求并未得到全面有效的落实。比如,有些地方的法治宣传教育工作仍然存在由司法行政机关的普法职能部门"小马拉大车"的情况;有些地方的公共法律服务供给不够充分,当人民群众需要法律援助时,难以进入相关的操作程序;一些地方以多元解纷手段化解社会矛盾的能力有待进一步提升,各种解纷机制之间的衔接能力尚嫌薄弱;共建共治共享的社会治理制度在实践中还没有真正得到普遍运行,社会主体作为自治主体的潜力没有得到充分挖掘。为此,各地需要在党和国家对法治社会建设任务整体部署的基础上,结合地方现有条件制定进一步细化方案,把十八届四中全会《决定》的内容落到实处。在这个方面,江苏省走在了前面。2019年2月,江苏省委全面依法治省委员会第一次会议审议通过了《江苏法治社会建设指标体系(试行)》,并向全省印发实施。这个法治社会建设指标体系为全国首创,有力地引领了当地法治社会建设工作的开展。

## 四 当前法治社会发展的应有走向

法治社会的发展内生于科学完备的社会治理体系。党的十九大报告提出:"加强社会治理制度建设,完善党委领导、政府负责、社会协同、公众参与、法治保障的社会治理体制,提高社会治理社会化、法治化、智能化、专业化水平。"① 党的十九届四中全会《决定》进一步要求："完善党委领导、政府负责、民主协商、社会协同、公众参与、法治保障、科技支撑的社会治理体系。"② 从党的十九大报告到党的十九届四中全会《决定》，我国社会治理体系建设的要求更加科学完备，为新时代法治社会发展提供了更加成熟定型的制度安排。

早在2019年1月21日，全国省部级主要领导干部"坚持底线思维，着力防范化解重大风险"专题研讨班在中共中央党校开班，习近平总书记在开班式上发表了重要讲话。在讲话中，习近平总书记特别提到了要防范"灰犀牛"和"黑天鹅"两类风险事件的发生，思想深邃、寓意深刻，影响深远。③ 党的十九届四中全会《决定》将"坚持和完善共建共治共享的社会治理制度，保持社会稳定、维护国家安全"作为坚持和完善中国特色社会主义制度、推进国家治理体系和治理能力现代化的重要方面予以专题论述和全面部署，并着重强调"社会治理是国家治理的重要方面"，要"建设人人有责、人人尽责、人人享有的社会治理共同体"。④ 这就充分彰显了构建法治社会、推进社会治理现代化的重要地位，明确了新时代法治社会发展的行动指南。当下，我国社会正处于快速发展而又充满挑战的历史阶段，面对复杂多变的国内外形势，面对时不我待的改革发展任务，我们在推进社会治理现代化和法治社会建设过程中，既要防范"黑天鹅"事件的发生，也要防范"灰犀牛"事件的出现，持续完善社会治理法治化路径，不断丰富依法治理经验，把握趋势、防范风险、迎接挑战。为此，我国在下一阶段的法治社会建设过程中还需要各地在党和国家大政方针的指引下，进一步以问题为导向，实现创新发展，持续推进社会治理体系和治理能力现代化。

---

① 习近平：《决胜全面建成小康社会 夺取新时代中国特色社会主义伟大胜利——在中国共产党第十九次全国代表大会上的报告》，人民出版社，2017，第49页。
② 《中国共产党第十九届四中全会文件汇编》，人民出版社，2019，第28页。
③ 参见刘瑞《防范"灰犀牛""黑天鹅"风险事件》，载《人民论坛》2019年第6期。
④ 《中共中央关于坚持和完善中国特色社会主义制度 推进国家治理体系和治理能力现代化若干重大问题的决定》，人民出版社，2019，第25~30页。

1. 进一步完善法治社会建设体制机制

法治社会建设是一项内涵丰富、任务庞杂的体系化工程，它需要集结党委、政府、基层社会自治组织、民间团体、社会成员个体等多方力量，共同形成建设合力。在今后的法治社会建设进程中，各地一是要进一步健全党委领导体制，发挥党总揽全局、协调各方的领导作用，坚持用法治思维和法治方式开展工作，注重提高在处理突发事件中推进法治社会建设的能力，着力提升社会治理法治化水平；二是要进一步健全政府责任体制，要正确履行职责、完善服务，提高依法执政、依法行政水平，明确责任分工，抓好任务落实，建设好法治政府以带动法治社会发展；三是要进一步健全群团组织助推体制，充分发挥群团组织的桥梁纽带作用，其在维护权益、实施公益、预防犯罪、处理突发事件等方面的功能要得到制度性支持；四是要进一步健全社会组织协同体制，重点扶持发展城乡基层生活服务类、专业调处类、公益事业类等社会组织，采取政府购买等多种方式发挥其社会治理优势；五是要进一步健全人民参与体制，发挥广大人民群众在社会治理工作中的主体作用，在社会治理法治化过程中充分吸纳群众智慧，深入推进基层治理创新；六是进一步健全法治保障体制，以法治保障社会治理，从立法、执法、司法、守法各环节发力，全面提高依法防范风险、解决问题的能力；七是要进一步健全科技支撑体制，推动"互联网+社会服务"整体落地，有效对接市场和广大人民群众最关心、最直接、最现实的需求，充分释放互联网发展红利，不断提升社会服务均等化、普惠化、便捷化水平，提升社会治理科技化水平。①

2. 进一步优化共建共治共享的治理格局

共建共治共享，是党在十八大以来提出并不断完善的一套社会治理制度，是习近平新时代中国特色社会主义思想的重要内容。党的十九届四中全会《决定》对共建共治共享的社会治理制度赋予更加完备的内容，第一次

---

① 参见廖灿亮《强化科技支撑 创新社会治理》，载人民网，http://yuqing.people.com.cn/n1/2019/1220/c429609-31515607.html，最后访问日期：2020年2月6日。

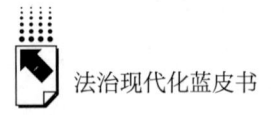

提出了"社会治理共同体"的全新命题。为此,深化共建共治共享的社会治理格局,打造人人有责、人人尽责、人人享有的治理共同体是现阶段社会治理的工作重点,也是建设法治社会的现实路径。目前,我国共建共治共享的社会治理格局已经初见成效,许多地方展开的生动创新模式,都在努力拓展多元社会主体对社会治理的参与广度和深度。例如,浙江诸暨市搭建社会治理"四个平台",打造枫桥经验升级版;推行"5＋X"村级社会组织标准化建设,充分发挥乡贤和志愿者力量;把"三治融合"作为总结提升推广枫桥经验的重要工程之一,努力营造和谐的社会氛围。① 这些新举措生动显现了共建共治共享制度有益于法治社会发展的趋势。

各地党委和政府在进一步推进法治社会建设的过程中,要继续把深化共建共治共享社会治理格局、打造社会治理共同体作为工作重心,既要继续加强制度建设,细化各类治理主体的治理功能和参与范围,提升多方共建共治的契合性和实操性,也要加强观念引导,丰富共建共治实践形式,增强人民群众对共建共治共享理念的社会认同感和主体自觉性。在公共事务管理和公共服务中,决策者、管理者、服务者要注重发挥人民团体协商、基层协商和社会组织协商等民主协商机制,寻求不同意见、不同利益诉求的最大公约数,在最大限度共识的基础上展开社会治理活动,形成"有事好商量、众人的事由众人商量"的良好治理局面。

3. 进一步营造安定有序的社会环境

党的十九届四中全会提出,要完善正确处理新形势下人民内部矛盾的有效机制,完善社会治安防控体系,健全公共安全体制机制,完善国家安全体系。② 安定有序的社会环境是法治社会发展的目标指向,也是社会治理体系和治理能力的基本任务体现。展望未来,第一,完善处理人民内部矛盾的制

---

① 严红枫:《浙江诸暨:让"枫桥经验"绽放新彩》,载党建网,http://www.wenming.cn/djw/djw2016sy/djw2016gddj/201811/t20181112_4893138.shtml,最后访问日期:2019年11月26日。
② 参见《中共中央关于坚持和完善中国特色社会主义制度 推进国家治理体系和治理能力现代化若干重大问题的决定》,人民出版社,2019,第29~30页。

度体系，优化多元纠纷预防调处化解综合机制，妥善解决各类社会矛盾纠纷，仍然是法治社会建设的基础性工作。第二，社会治安综合防控体系建设应得到进一步深化，以公安机关为倚重，严厉打击扰乱社会秩序和侵犯人民群众人身权利、财产权利的违法犯罪行为，确保综治防控责任制的落实。第三，公共安全体制机制应在今后继续健全，包括安全生产责任和管理、公共安全隐患排查和安全预防控制、应急管理体系体制建设、防灾减灾救灾能力提高、食品药品安全监管等要素在内的公共安全体系应当得到明显优化升级。第四，基层社会治理新格局的构建作为法治社会建设的基础性任务，应当加快市域社会治理的步伐，更加注重社会治理和服务中心向社区、村（居）下沉，进一步落实以服务为中心的治理理念。第五，要有意识地把法治社会建设与国家安全体系建设联系起来，在日常社会治理工作中树立国家安全意识，将国家安全与人民安全、社会安全在基层社会建设实践中联系起来。

4. 进一步下移建设重心和治理资源

新时代社会主要矛盾的变化，必然会反映到法治社会建设的具体实践中，带来社会治理不充分不平衡的问题。为此，加强社会治理体系建设，推动社会治理重心向基层下移，发挥基层社会自治组织和其他公益性社会组织的作用，实现政府治理和社会调节、居民自治良性互动，应当成为今后法治社会建设在相当长时期内的主要工作抓手。各地应进一步加强法治乡村建设，教育引导农村广大干部群众办事依法、遇事找法、解决问题用法、化解矛盾靠法，实现乡村振兴的改革发展目标；重视城市社区在社会治理中的作用，通过发挥市一级的统筹协调资源和技术优势，推进市域治理现代化；以坚持"矛盾不上交"为核心内容的新时代枫桥经验模式，彰显社会基层治理的中国特色。在推动社会治理重心向基层下移过程中，各级党委和政府不仅应当注重将治理力量和治理资源向基层社区、乡村下沉，还要进一步推进社会治理体系的专业化和多元化发展，发挥社会组织和民间社会规范在基层治理中的天然优势，积极培育公益性、服务性、互助性社会组织，支持行业协会等商会类社会组织发展，让社会成员个体的能量和智慧经由社会组织载体得到传递，让社会组织的微治理功能得到充分的发挥。

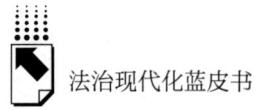

#### 5. 进一步提升防范化解纠纷法治化水平

防范化解社会矛盾纠纷是建设法治社会进程中的基础性工作内容。在日常工作中，各地党委和政府应当注重营造良好的社会环境，打造崇德尚法的社会风尚，抓好社会矛盾的事前预防工作，着力于事前排解矛盾纠纷的发生隐患。具体而言，要树立关口前移的意识，加强风险评估，把好"源头关"；要重视监测预警，把好"监测关"；要完善应急处理，把好"管控关"；要健全责任机制，把好"责任关"。① 在面对紧急情况和突发事件时，地方党委和政府特别应当注意善于运用法治思维和法治手段将问题纳入矛盾化解机制之中。

在今后一段时期内，各地党委和政府需要继续做好以下几方面的工作，以进一步完善矛盾纠纷防范化解机制：首先，坚持党的领导，落实领导干部密切联系群众的工作作风，努力建立起人民群众与党和政府的信赖关系和互动机制；其次，要坚持以人民为中心的指导思想，在社会治理工作中积极回应社会需求和社会期待，激励社会成员参与到社会矛盾防范化解工作机制中来，依靠社会力量解决群众的利益诉求和利益冲突；再次，要提高矛盾纠纷化解机制的多元化效能，利用自治缓和矛盾，利用法治解决争议，利用德治化解争端，利用智治提高效率；最后，要着力把控矛盾发生源头，努力营造安定祥和的社会氛围，减少矛盾纠纷发生的可能，提高有效应对突发事件的能力。

#### 6. 进一步发挥现代科技的支撑作用

党的十九届四中全会明确提出，"必须加强和创新社会治理，完善党委领导、政府负责、民主协商、社会协同、公众参与、法治保障、科技支撑的社会治理体系，建设人人有责、人人尽责、人人享有的社会治理共同体"。②

---

① 彭波：《以社会治理现代化夯实国家治理现代化的基石——访中央政法委秘书长陈一新》，载《人民日报》2019年12月2日，第2版，http://paper.people.com.cn/rmrb/html/2019-12/02/2019120202.htm，最后访问日期：2019年12月6日。
② 《中共中央关于坚持和完善中国特色社会主义制度 推进国家治理体系和治理能力现代化若干重大问题的决定》，人民出版社，2019，第28页。

这一表述对社会治理体制增加了"科技支撑"的新内涵、新举措，使社会治理获得了时代感和方法要素，凸显了我国法治社会建设和社会治理方略对科学技术的高度重视。在法治社会建设和社会治理实践中，加强现代科技的支撑作用，意味着要把多种科技手段引入现实工作中，推进社会治理体系架构、运行机制、工作流程的智能化再造。在今后的工作中，要依法推进"智防风险挑战"，加强政治安全、治安安全、公共安全等风险监测预警平台建设，实现智能化防控打击；要依法推进"智辅科学决策"，用好大数据手段，把社情、警情、案情等数据全面汇聚起来，推动依靠经验决策向依靠大数据决策转变；要依法推进"智助执法司法"，建立起执法司法高效联动协同平台、刑事案件智能辅助办案系统、智能执法司法办案辅助系统、案件自动化管理监督平台，打造一体化网上办案"高速公路"，提高执法办案质效；要依法推进"智利管理服务"，大力推进智慧城市、"互联网＋政法服务"、智慧法律服务、智慧机关建设，深化区块链技术应用，用"小程序""小服务"解决"大事情"，推动"马上办""一次办""网上办""刷脸办"，实现服务全程全时、管理高效有序、数据开放共享。[①]

综上所述，在今后的法治社会建设中，各级地方党委和政府应当以党的十九届四中全会精神为引领，深刻领会、准确把握坚持和完善共建共治共享的社会治理制度的基本目标、重点任务、科学机理、实践手段，以建立社会治理共同体为核心抓手，提升社会治理的社会化、法治化、智能化、专业化水平，向法治社会的建设目标迈进。

---

① 参见陈一新《加快社会治理现代化 夯实"中国之治"基石》，载澎湃新闻，https：//www.thepaper.cn/newsDetail_ forward_ 5005473，最后访问日期：2020年1月21日。

# 地方报告·江苏
## Local Reports · Jiangsu

# B.2
# 法治宣传教育报告[*]

尹培培[**]

**摘　要：** 2019年，江苏省扎实推进法治宣传教育工作，不断完善法治宣传教育制度建设，积极落实"谁执法谁普法"责任制，创新普法宣传方式，加强法治宣传教育载体建设，立足基层实现普法全覆盖，法治宣传教育合力初步形成，法治宣传教育工作整体上取得显著进展，为"七五"普法任务的顺利完成奠定了坚实基础。江苏各地积极探索普法工作创新，其中南通市、扬州市、南京市溧水区、苏州张家港市、镇江扬中市工作亮点突出，具有典型借鉴意义。同时，江苏也面临法治宣传教育体制机制有待进一步健全、普法形式有待进一步多样化、

---

[*] 除专门引注外，本报告涉及的所有事例、数据、图表均为作者调研所得。
[**] 尹培培，法学博士，中国法治现代化研究院研究员，南京师范大学法学院副教授，江苏高校区域法治发展协同创新中心研究人员。

法治宣传教育专业人才相对欠缺、法治宣传教育考核评价机制尚不完备等问题。今后要以强化制度体系建设、创新普法工作形式、加强普法工作保障、发挥社会组织力量、形成全民普法合力为着力点，深入推进江苏省法治宣传教育工作。

**关键词：** 法治宣传教育　普法责任制　普法方式　载体建设

党的十九大报告提出要"加大全民普法工作力度，增强全民法治观念"，①为做好当前和今后一个时期的法治宣传教育工作明确了目标。2019年是"七五"普法的攻坚之年，江苏省紧紧围绕"全面增强法治观念、推进法治社会建设"目标，结合工作实际，在法治宣传教育领域开展积极探索，取得了不俗的成绩。江苏各地开创性地探索创新法治宣传教育方式，充分将法治宣传教育与传统文化传承相结合，运用互联网手段搭建普法平台，为群众精准提供多样化的法治产品，法治宣传教育工作迈上了新台阶。

## 一　2019年江苏法治宣传教育工作成效显著

自2016年法治宣传教育第七个五年规划实施以来，江苏省内各地区各部门围绕"让法治成为江苏发展核心竞争力的重要标志"，紧扣"法治宣传教育水平居于全国领先行列"，圆满完成了"七五"普法规划中期各项目标任务。②2019年作为"七五"普法即将收官的关键之年，江苏省有序推进

---

① 《中共中央关于坚持和完善中国特色社会主义制度　推进国家治理体系和治理能力现代化若干重大问题的决定》，人民出版社，2019，第15页。
② 参见《中共江苏省委宣传部　江苏省法治宣传教育工作领导小组办公室　江苏省司法厅关于通报表扬全省"七五"普法中期先进集体和先进个人的决定》，载法润江苏普法平台，http://frjs.jschina.com.cn/31002/202001/t20200107_6467879.shtml，最后访问日期：2020年3月27日。

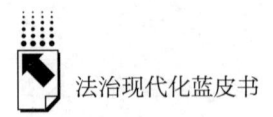

法治宣传教育工作,不断完善法治宣传教育制度建设,创新普法方式,开创了法治宣传教育的新局面,为"七五"普法的顺利完成奠定了坚实的基础。

## (一)法治宣传教育机制更加健全

法治宣传教育机制的建立健全直接事关法治宣传教育工作各部门各单位能否各司其职,事关法治宣传教育工作能否协调推进,直接影响法治宣传教育各项工作的成效。2019年,江苏省内各地积极完善党委和政府领导机制、全面贯彻"谁执法谁普法"责任机制,有效落实法治宣传教育考核评价机制,为法治宣传教育工作顺利推进提供了有力的制度保障。

首先,党委和政府领导法治宣传教育机制更为完善。党的十八届四中全会指出:"健全普法宣传教育机制,各级党委和政府要加强对普法工作的领导,宣传、文化、教育部门和人民团体要在普法教育中发挥职能作用。"① 2019年,江苏省内各地围绕法治宣传教育中心工作,不断加强组织领导,推进法治宣传教育基本机制长效化。各地以法治宣传领导小组为轴心,联合各工作部门,围绕法治宣传教育进行功能整合,从源头上强化法治宣传教育的组织领导工作和顶层设计方案。例如,苏州市根据省委依法治省委员会印发的《江苏法治社会建设指标体系(试行)》,进一步明确了创建工作有关要求,通过定期召开成员单位联席会议,明确部门职责,着力抓好全市普法队伍建设,配齐配强普法联络员、法治副校长等,齐抓共管,形成普法合力。盐城市建湖县积极推动完善"党委领导、政府实施、人大监督、部门齐抓共管、社会力量参与"的"大普法"工作机制。再如,南通市崇川区为加大法治文化建设推进力度,成立了法治文化建设统筹工作室,将崇川区法治宣传领导小组办公室、法治宣传教育科、法治宣传志愿者协会、律师协会、法学会等多个职能部门整合统筹,从顶层设计、法治实践、专业力量支持、社会多元参与到理论研究层层推进,形成协同联动的运行模式。

---

① 《中共中央关于全面推进依法治国若干重大问题的决定》,人民出版社,2014,第27页。

其次,"谁执法谁普法"责任机制深入落实。党的十八届四中全会指出:"实行国家机关'谁执法谁普法'的普法责任制,建立法官、检察官、行政执法人员、律师等以案释法制度,加强普法讲师团、普法志愿者队伍建设。"① 2017 年 9 月,为落实《中共中央办公厅、国务院办公厅印发〈关于实行国家机关"谁执法谁普法"普法责任制的意见〉的通知》(中办发〔2017〕31 号),依据《江苏省法制宣传教育条例》,江苏省委办公厅结合普法工作实际印发了《江苏省国家机关"谁执法谁普法"普法责任制实施办法》(以下简称《实施办法》)。

《实施办法》出台后,省内各地区各部门结合地方普法工作实际,全力贯彻"谁执法谁普法"责任机制各项要求,普遍建立了"谁执法谁普法"责任清单制度,一些地区还将"谁执法谁普法"责任机制贯彻落实情况纳入了法治政府考核范围,取得了显著成效。2019 年,镇江市普法办下发《关于做好 2019 年度镇江市"谁执法谁普法"责任制考核等级评定工作的通知》,首次开展国家机关"谁执法谁普法"等级评定工作,通过日常普法执法工作评查、特色项目现场展评会和网络在线评选三项指标综合评定各单位全年普法工作,以此促进各单位各部门切实履行起"谁执法谁普法"的普法责任,推动全市形成分工负责、各司其职、齐抓共管的全民普法大格局。② 扬州市将"谁执法谁普法"责任制落实情况列入法治政府考核重点核查项目,将法治宣传教育融入立法、执法、司法、法律服务等活动的全过程。2019 年 12 月,扬州市 6 个县(市、区)政府、4 个功能区管委会、41 个市直行政执法部门接受了 2019 年法治政府建设考核,在考核中,领导班子和领导干部学法情况、部门"谁执法谁普法"普法责任制落实情况成为重点督查项目,参与考核的部门(单位)结合年度普法责任清单和"一月一法"普法月历项目,总结汇报了责任落实情况和以案释法工作情况。泰

---

① 《中共中央关于全面推进依法治国若干重大问题的决定》,人民出版社,2014,第 27 页。
② 参见《镇江市 2019 年度国家机关"谁执法谁普法"等级评定结果出炉》,载法润江苏普法平台,http://frjs.jschina.com.cn/31022/31034/202003/t20200327_6578944.shtml,最后访问日期:2020 年 3 月 27 日。

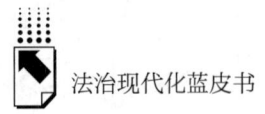

州市则紧密结合普法工作实践,以绩效为导向,压实普法责任制;以清单为指引,明确普法任务;以考核为抓手,激活普法动力,全面推进"谁执法谁普法"责任制落地生根。

最后,法治宣传教育考核评价机制成效显著。法治宣传教育考核评价机制是否建立健全直接影响广大普法干部的工作积极性,影响普法工作的成效。根据全国普法办的工作安排,2019年我国普法工作的一项重点任务就在于"改进和规范检查考核工作。落实好全国普法办《全国法治宣传教育第七个五年规划考核评估指标体系(试行)》"。① 2019年,江苏省内各地均根据《江苏省法治宣传教育第七个五年规划实施情况考核验收办法》的规定,结合本地区实际情况,不断完善考核体系、标准及办法。"七五"普法以来,无锡市锡山区将法治宣传教育列入全区绩效考核内容,有力地推动了法治建设的提档升级。盐城市建湖县将法治宣传教育纳入党政机关考核目标以及全县精神文明创建内容,构建起目标责任、分析研判、监督考评、保障支持四大运行机制。建湖县委、县人大、县政府加大普法督查考核力度,每年年初县"两办"印发年度普法计划和系列考核指标,县法宣办加强指标监测和工作检查,提请县委、县政府表彰奖励普法工作先进集体和先进个人,弘扬先进,鞭策后进,取得了较为显著的成效。

### (二)法治宣传教育方式持续创新

党的十八届四中全会指出:"把法治教育纳入精神文明创建内容,开展群众性法治文化活动,健全媒体公益普法制度,加强新媒体新技术在普法中的运用,提高普法实效。"② 2019年,江苏省内各地注重在传统普法宣传形式的基础上,持续融合创新普法手段,不断提升法治文化内涵,增强法治文化的感染力和渗透性,以满足群众日益增长的多元化需求。

---

① 《全国普法办公室关于印发〈2019年全国普法依法治理工作要点〉的通知》,载中华人民共和国司法部网站,http://www.chinalaw.gov.cn/Department/content/2019 - 04/03/610_232008.html,最后访问日期:2020年3月14日。
② 《中共中央关于全面推进依法治国若干重大问题的决定》,人民出版社,2014,第27页。

一方面，法治宣传教育与法治文化建设充分融合。党的十八届四中全会通过强调"必须弘扬社会主义法治精神，建设社会主义法治文化"，①第一次将"建设社会主义法治文化"写入全会决定。党的十九大报告指出，"加大全民普法力度，建设社会主义法治文化，树立宪法法律至上、法律面前人人平等的法治理念"，②进一步强调了法治文化在法治建设中的基础性、先导性地位。随着全面依法治国进程的不断深入，社会主义法治文化建设的重要性日益凸显。近年来，为使法治文化充分融入法治实践、推进法治实践，江苏省各地在各级党委、人大、政府的领导下，进一步完善法治文化阵地载体建设、丰富法治文化活动形式、提升公民法律素养，着力抓实抓好法治文化建设，引导广大群众树立法治观念、法治信仰。例如，苏州张家港市将法治社会建设与文明城市创建紧密融合，将法治宣传教育融入核心价值观宣传、诚信教育、志愿服务、基层治理、家训传承等细微处，营造了良好的城市文明法治环境。又如，常州市金坛区将法治宣传教育与中国传统文化相结合，充分将普法工作融入百姓的日常生活，把法治文化理念植入家庭、家风和家训中，把"爱国守法""崇法尚德"等法治理念纳入最美家庭、书香家庭和星级文明户等推荐评选标准中，倡导每个文明家庭学法尊法守法用法。此外，金坛区还充分将法治宣传教育与本土文化相结合，把法治文化直观化，把法治历史形象化，把法律知识通俗化。近年来，金坛区编辑整理《唐王故事会》，收入经典故事100余篇，侧面反映了金坛法治发展历程。随着创建全国文明城市、大运河法治文化带建设的不断深入，淮安市以"1+3"法治文化示范点项目为引领，各县区、乡镇（街道）、村居以及行业单位建成了不同类型、不同特色、不同规模的法治文化场馆、广场、公园、长廊、街区、景观等，基层法治文化公共设施体系逐步完善。③再如，

---

① 《中共中央关于全面推进依法治国若干重大问题的决定》，人民出版社，2014，第26页。
② 《中共中央关于坚持和完善中国特色社会主义制度 推进国家治理体系和治理能力现代化若干重大问题的决定》，人民出版社，2019，第15页。
③ 参见《淮安市命名第七批"法治文化示范点"》，载中国普法网，http://www.legalinfo.gov.cn/pub/sfbzhfx/zhfxfzwh/fzwhwhzd/202001/t20200115_16774.html，最后访问日期：2020年3月15日。

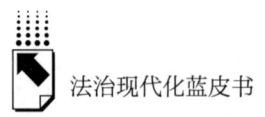

苏州市吴中区委宣传部、区法制办、司法局、文体局联合制定下发了《关于加强全区法治文化建设的意见》，将法治文化建设作为全区普法工作的一项重要内容抓紧抓好，明确了各项工作措施，构建了齐抓共管、优势互补、推进有序的长效机制。

另一方面，法治宣传教育突出强调宪法教育。2019年，江苏省各地法宣办、教育、司法行政部门着力加强统筹协调，注重协同联动，全面落实"法治副校长"制度，扎实推进"法治进校园"活动。同时，各地不断加大对优秀教案和精品微课的宣传力度，发挥优秀教案和精品微课的引领示范作用，引导广大中小学生从小养成宪法意识，自觉做宪法的忠实崇尚者、自觉遵守者、坚定捍卫者。例如，苏州市吴中区坚持打造普法品牌，将普法宣传同宪法教育紧密结合，于"12·4"国家宪法日期间，开展"与法同行"徒步活动、法治文艺演出、宪法宣誓、宪法主题摄影展等系列活动。2018年吴中区人大常委会出台《关于深入学习宣传和贯彻实施〈中华人民共和国宪法〉的决议》，采用宪法宣誓新誓词举行了宪法宣誓仪式，着力突出宪法宣传力度。苏州市于2018年4月建成了全国首个宪法宣传教育馆，截至2019年底，接待参观学习超3万人次，举办宪法宣誓、入党宣誓活动62场次。2019年12月2日，全国宪法宣传周主题活动在常熟举办，当天，苏州市宪法宣传教育馆被司法部授予"全国法治宣传教育基地"。① 又如，扬州市在小学阶段入队仪式的基础上，增加宪法宣誓环节，在初中阶段入团仪式的基础上，增加宪法宣誓环节，在高中阶段成人仪式的基础上，运用传统加冠加笄仪式环节，向学生们赠送宪法、刑法、民法相关法律书籍，开展以明确权利和义务为主要内容的主题法治活动。此外，扬州市通过组织学生学唱《法治扬州之歌》、法治文化节等形式将学法守法融入中小学生日常教育当中。

---

① 参见《苏州宪法宣传教育馆成为全国法治宣传教育基地》，载江苏省人民政府网站，http://www.jiangsu.gov.cn/art/2019/12/3/art_60085_8848051.html，最后访问日期：2020年3月15日。

### （三）法治宣传教育载体不断拓展

普法载体决定着普法的效果、效益和效率。课题组通过调研发现，2019年江苏省内各地法治宣传教育载体建设不断加强，普法形式多种多样。

一是普法阵地不断拓展。2019年，江苏省内多地通过打造法治文化宣传教育基地使普法活动融入百姓的生活当中。截至2019年底，南京市建成了135个市级法治文化宣传教育基地，成功创建38个省级法治文化建设示范点。自2016年江苏省实施法治宣传教育第七个五年规划以来，无锡市共建成各级各类法治文化阵地22个，其中省级法治文化建设示范点3个、市级法治文化建设示范点11个，进一步拓展延伸了法治宣传教育的平台和载体。

二是普法主题更加鲜明。泰州通过不断扩大普法参与度，以活动为载体，提升文化渗透力。在"大走访大落实"活动中开展"法治惠民暖冬行动"，将全市范围内发生的涉及青少年、职工维权、交通事故、经济纠纷、依法行政、婚姻家庭等六个方面的典型案例汇编成册，发送到村（居）和企业。利用法治文化公园（广场）、法治宣传教育中心等文化阵地，布置电子显示屏、灯箱广告等宣传载体，先后开展法治书画作品展览、法治文艺演出基层行1500余场，中央电视台《晚间新闻》对泰州市法治宣传教育成果进行了报道。南京市溧水区结合重要节点扎实开展普法宣传活动。开展"法润溧水·2019春风行动"系列活动，截至目前，共开展现场普法活动200余场，共分发普法宣传资料5万余份，接受法律咨询5000余人，受众群体达10万余人。

三是智慧普法普遍推行。2019年，江苏省内各地聚焦"智慧普法"，拓展宣传载体，充分运用互联网、融媒体创新普法方式成为法治宣传教育的普遍做法。各地运用现代化高科技信息手段，依托微信微博、电视电台、报纸期刊、网站和直播平台等载体，全方位、立体式集中打造普法宣传教育网络阵地，为民众提供了更加便捷的法治服务。例如，盐城市建湖县为不断满足广大群众对普法的新期盼、新需求，打造"创新型"载体，形成立体化、

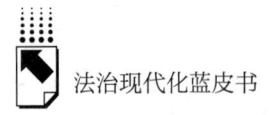

全覆盖的普法平台体系，利用网络阵地探索"交互式""体验式""融合式"普法，通过提升虚拟平台普法、强化移动平台普法积极推动普法主体与普法对象互动交流，推动普法内容与地方文化相融合，提高了普法供给的质量和效率。又如，苏州工业园区将传统普法和新媒体普法从"相加"向"相融"发展，健全"线上+线下"普法模式，形成了一套融合发展的普法体系，不断提升法治宣传的有效性和感染力，以实际举措有效提升了群众的法治获得感。

**（四）法治宣传教育工作实现全覆盖**

创新的源泉来源于基层，工作的亮点扎根于基层，社会治理的短板往往体现在基层，政策落实的"最后一公里"也在基层。因此，基层法治宣传教育能否落到实处，事关普法工作的成败。2019年，江苏各地在推进法治宣传教育工作的过程中，深入基层、扎根基层，将普法内容与百姓需求精准对接，着力加强法治宣传形式的多元化，以人民群众喜闻乐见的方式开展基层法治宣传教育实践，真正做到了普法工作立足基层，实现了法治宣传教育的全面覆盖。例如，泰州泰兴市依托市歌剧团开展"百场法治文艺下基层"巡演活动，基层反响热烈。姜堰区于2019年启动"百场法治文艺进村（居）"巡演，实现镇（街道）、村（社区）法治文艺活动覆盖率100%。

除了通过文艺演出下基层等传统形式开展普法工作外，一些地区还不断强化基层普法工作的制度建设。无锡江阴市全面推进村（社区）法律顾问全覆盖工作，始终把加强法治宣传教育、提高居民法治意识作为推动村（社区）法治建设的一项基础性工作，采取多种形式普及法律知识。同时将法律顾问的服务内容明确以制度形式固定下来，并按照"政府购买公共法律服务"的要求，对村（社区）法律顾问每年给予5000元以上的补贴，实现法律顾问制度的常态化。

一些地区针对重点领域、重点对象"量身定做"普法方案，成效显著。南京市溧水区按照《2019年司法行政服务打好污染防治攻坚战主题活动实施方案》要求，联合区环保局开展水污染防治普法宣传活动，积极开展绿色法治宣传系列活动，打造"绿色村居"、共创"绿色校园"、倡导"绿色出行"，将绿色行动深入基层一线，共开展绿色行动法治宣传活动50余场，发放防治通告5000余份。同时，针对重点对象加强普法，创新研发公民全生命周期优秀产品，下发《关于开展"4点半课堂"、老人就餐点、村（社区）两委干部法治宣传教育系列活动的方案》，开展系列活动，全面提升老人的法治意识，在全区营造知法、懂法、守法、用法的良好法治氛围。

## （五）社会力量的普法作用充分发挥

在全民普法过程中，社会组织起着推动法治社会秩序形成、促进法治社会良性运行的重要作用。作为"谁执法谁普法"责任制的有效补充，社会组织参与全民普法能通过更接地气的方式引导公民知法、守法、尚法、爱法，养成法治习惯，形成法治生活方式。2019年，江苏各地坚持政社协同，积极对接社会组织，充分调动了社会力量参与到法治宣传教育工作中来。

淮安市大力培育法治文化类社会组织，积极引入社会力量投入法治文化建设，吸纳高校、民间艺人、专业律师等群体组建法治文化人才库，引导成立法治文化类社会组织，通过政府购买的方式，融入地方法治文化建设事业，成立了淮安区法治农民画协会、志西法治文艺说唱团、淮安市共创法治文化发展中心等法治文化类社会组织，创作了以宪法为主题的农民画、动漫等作品，深受广大群众的好评。南通启东市在对当前全民普法的现状及存在问题进行全面调研和深刻分析的基础上，充分调动社会组织的潜在力量，由社会组织向市民分年龄、分层次地精准提供各类普法产品，满足不同人群的普法需求。启东市还依靠社会力量组织了本地的普法名片——"沙地普法名嘴"微联盟，成功解决群众普法的"最后一公里"难题。南通市崇川区积极对接社会组织，实现了法治宣传多元参与，同时加强专兼职法治文化队伍建设和载体建设，培育法治文化品牌。崇川区将政府力量与社会力量联结起来，建立了"一横一纵"组织网络，即区级机关部门横向联动，区、街、居、辖区单位纵向联动的全覆盖工作体系。

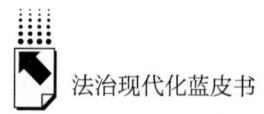

社会组织发挥普法作用的关键在于组织中的人。2019年,江苏各地积极培育普法志愿者,壮大基层普法力量。譬如,常州市金坛区整合志愿团队法治文化传播力量,组织建设"12348金坛法律服务队",携手"普法讲师团""啄木鸟工社""绿色家园志愿者服务队""西城大妈""三爱社工"等公益群体,以"七进"为载体,广泛开展十九大精神主题宣讲、党章党性教育、入户送法、保护母亲河等特色法治宣传服务。2019年以来,金沙大学堂法治专题授课4场,从法律服务企业到宣传十九大精神,区四套班子领导和2000多名副科级以上干部认真学习,无一缺席。同时不断完善志愿者数据库建设,通过自荐或推荐,选取道德模范、执法精英、行业能手、名优律师团以及大企业法务等充实公益队伍。目前,金坛区已经拥有法治宣传志愿者超过2000人,其中培养农村法宣骨干120人,充分调动社会力量参与普法过程。又如,泰州市注重利用专业的人做专业的事,邀请文史专家、法律专家建立泰州市法治文化专家顾问团,把握泰州法治文化发展脉络,发挥泰州淮剧团、南师大泰州学院、泰州职业技术学院等文化团体和院校作用,成立泰州市法治文化艺术团,打造法治文化专职队伍。

总体来看,2019年江苏各地坚持从实际出发,因情施策、多措并举、乘势向上,形成了普法办牵头抓总、紧密围绕法治宣传教育工作目标、创新方法齐抓共管的"大普法"格局,普法合力已经形成,各地普法成效较为显著。

## 二 2019年江苏各地普法工作方式的创新探索

在"七五"普法工作中,江苏省各地区积极创新、广开思路,针对法治宣传教育工作进行了有益探索,有重点、有步骤推进普法工作,成效显著、亮点鲜明。

### (一)南通:大力推进融合式全民普法新格局

党的十九大报告指出:"要完善党委领导、政府负责、社会协同、公众参与、法治保障的社会治理体系。"① 这一要求，不仅意味着多元治理主体的融合，也意味着各项社会治理工作的融合。就社会自身层面而言，自治、法治、德治"三治融合"的治理工作机制，有利于积聚力量、凝聚人心，营造共建共治共享局面，最大限度激发基层发展活力。② 南通市十分注重将法治宣传教育工作与其他社会治理事务融贯而为，颇具创新意义。

在社会治理中融入法治宣传教育工作，南通市如东县是亮点所在。如东县积极推动普法与新时代文明实践在组织上、内容上、项目上的"三个融合"，扩大了法治宣传覆盖面，提升了法治宣传实效性。在具体做法上，县委、县政府统一领导，把法治宣传教育工作与新时代文明实践工作同部署、同推进。同时，依托普法志愿者协会、法治文化创作中心等社会组织，成立了新时代文明实践普法志愿服务队；利用普法讲师团、律师、基层法律服务工作者成立了专业法律服务队伍，组建了一支结构合理、专兼结合的文明实践队伍，"学习强国"全国平台专题对此进行了报道。如东县在日常普法工作中还突出宣传国家乡村振兴战略以及农业农村教育、医疗、环境等各方面的政策和法规，宣传赡养、土地流转、安全生产等与群众息息相关的法律法规知识。在此基础上，强化法治理念宣传，大力弘扬社会主义核心价值观，积极倡导社会公德、职业道德、家庭美德、个人品德，培育崇德向善、文明有礼的社会风尚；大力宣传社会主义法治文化，宣传中国特色社会主义法治理论体系，促进全民学法、用法、守法、尊法。

## （二）扬州：精准推进在校生法治宣传教育

扬州市通过普建法治新课堂、普配法治课间餐、普行法治四礼仪、普唱法治扬州歌、普领法治标准操的"五普方式"精准推进对在校生的法治宣传教育。

---

① 《中共中央关于坚持和完善中国特色社会主义制度　推进国家治理体系和治理能力现代化若干重大问题的决定》，人民出版社，2019，第28页。
② 参见宗晓慧《党建引领推进"三治融合"》，载中国共产党新闻网，http://dangjian.people.com.cn/n1/2019/0902/c117092-31331821.html，最后访问日期：2019年3月15日。

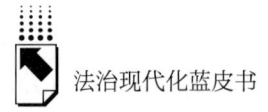

其一，普建法治新课堂。扬州市积极拓展在校生法治宣传教育载体，由传统校内课堂向体验教育、警示教育、模拟教育、兴趣教育的法治新课堂延伸，并形成体系，在全国率先建成青少年法治文化体验馆，受到司法部高度评价，称赞"扬州开创了全国法治建设的新路子，为全国法治建设提供了新经验"。近五年来，扬州市有15万多名在校生进馆参加法治体验活动。此外，扬州市着力推进在县市区全部建成青少年法治宣传教育中心，在学校全面设立法治文化工作室。截至目前，扬州全市400多所学校已经全部设立了各具特色的法治文化工作室，为学生提供了丰富多彩的法治实践课堂。

其二，普配"法治课间餐"。"法治课间餐"是指在全市中小学推广利用课外活动时段展开生动活泼的法治宣传教育。扬州市检察院联合多部门首创该项活动，经过四年的时间，"法治课间餐"成为全市所有中小学标配，并入选省委深改办《江苏基层改革案例精选》和《全省优秀法治文化建设成果选编》。

其三，普行"法治四礼仪"。扬州市将现代法治内容融入中国传统文化仪式中，在全市中小学推广"法治四礼仪"，以传统文化仪式感增强在校生法治意识。在传统端正衣冠、朱砂明智、击鼓开智、开笔描红的基础上，增加《漫步人生 与法同行》法治漫画书籍赠送和许下法治心愿的环节，让学生接受早期的法治启蒙，形成初步法治认知。

其四，普唱法治扬州歌。2019年2月，扬州市发布了以全市在校生为重点传唱对象的《法治扬州之歌》，该首歌曲自发布以来，不仅在扬州城乡大地迅速传唱，也成为全市大中小学生必学必会的法治歌曲。

其五，普领法治标准操。扬州市以法治副校长队伍标准化建设引领在校生法治宣传教育规范化管理，试点研发法治副校长工作指南、系列标准化教案和配套PPT课件，增强了在校生法治宣传教育实效。扬州市明确全市中小学法治副校长工作由司法行政部门牵头组织实施，法院、检察、公安等部门积极支持配合，共同推进组织设置标准化、制度建设标准化、教案课件标准化、服务内容标准化；同时建立健全法治副校长联席工作会议制度、选聘任用制度、常态化培训制度、年度考评制度等，规范法治副校长工作全过程。

### (三）南京溧水：加强载体建设，丰富普法平台

南京市溧水区立足法治文化作品创作，发挥新媒体优势，助力宣传提档升级。溧水区积极创作了一批反映本乡本土实际的法治微视频，使普法同地区文化深入融合。按照司法部微视频大赛及政法委平安江苏微视频征集活动要求，结合本区司法行政工作中的典型人物、优秀案例、经验做法，溧水区拍摄了《中国梦·法治路·塘西行》等法治微电影，入选部省级法治文化作品库。溧水区还着力打造交通路法治干道及骆山村龙文化法治公园，进一步拓展法治文化建设阵地。

在普法方案制定上，溧水区重点针对青少年学生开展有益于身心发展的系列普法活动，联合"谁执法谁普法"相关成员单位，在全省率先开展了以"'同升国旗、同唱国歌'——普及国旗法国歌法 争做新时代好少年"为主题的中小学校升旗仪式系列活动，全区38所中小学、180余名师生参加，并拍摄活动主题片，规范全区中小学校升旗仪式；利用城区电子大屏循环播放司法行政法治宣传片，树立司法行政新形象。

在普法形式创新上，溧水区充分运用当前最为普及的微信媒介创新宣传方式。例如，为坚决打好污染防治攻坚战，溧水区在微信开设水污染防治和食品安全相关法律知识的有奖竞答小程序，让更多群众参与到保护生态环境、共创"绿色生活"的活动之中。溧水区还设计了普法形象代言人"溧晓德"和"溧晓法"，注重"溧水司法"微信公众号、"溧水普法"微博常态化、规范化建设，严把信息内容审核关，确保发布的信息合法合规、真实准确。截至目前，共通过上述平台发布微信2400条、微博38180条，微信粉丝达9750人，微博粉丝达5650人。

### （四）苏州张家港：精准对接群众法治需求

根据全国普法办的工作部署，2019年我国普法工作的重点任务之一就在于"牢固树立以人民为中心的普法依法治理理念。把人民群众满意不满

意作为衡量工作的基本标准，改进和规范检查考核工作"。① 同样，法治文化建设也必须以服务生活、服务大众为导向，要精准把握群众法治需求脉搏，把重点放在打造内涵丰富、独具特色的法治文化供给上。苏州张家港市通过走访调研、问卷调查、系统数据库统计等方式广泛了解民意，把脉群众法治文化需求，将法治文化建设工作建立于群众的需求基础之上，做到有效及时供给。张家港市定期举办针对社会不同地域、不同岗位人群的法治文化活动，如对于城市外来务工人员、企业经营管理人员进行各具特色的法治文化活动，做到因人而异。

张家港市严格根据群众需求开展相关普法项目，扮演好普法过程中的"店小二"角色，通过升级新时代文明实践志愿服务网络平台，依托新时代文明实践站所，实行"基层开单、市级接单；市级供单、基层点单"的双向互动模式，主动对接基层群众，准确掌握群众需求，策划实施精准法律服务项目，制定涵盖法律政策宣讲、法治文化活动在内的290余项新时代文明实践项目，以及环境保护、应急救护、家居安全、儿童保护等5个部门重点项目，将群众关心的教育、环保、安全等法律服务送到身边。通过新时代文明实践网站，市司法局每月发布多项群众需要的法治宣讲、法律服务活动，将"法在身边""法治的力量"惠民便民服务项目落到实处。

### （五）镇江扬中：积极培育法治型社会组织

法治型社会组织具有亲民性、草根性的先天优势，在引导全民自觉守法、办事依法、遇事找法、解决问题用法、化解矛盾靠法上有其独特的专业性、权威性。镇江扬中市的法治建设一直走在江苏省前列，是江苏省首批"法治县（市、区）创建工作先进单位"、全国首批"法治县（市、区）创建活动先进单位"、江苏省首批"法治建设示范县（市、区）"，历年法治满意度均在90%以上。扬中市司法局将具有社会属性的法治建设融入法治创

---

① 参见《全国普法办公室关于印发〈2019年全国普法依法治理工作要点〉的通知》，载中华人民共和国司法部网站，http：//www.chinalaw.gov.cn/Department/content/2019－04/03/610_232008.html，最后访问日期：2020年3月14日。

建活动,注重发挥社会组织的公益性、灵活性和多样性优势,培育孵化"基础型－枢纽型－行业型－专业型－网络型"法治类社会组织19家,在法治创建工作上发挥了积极作用。同时,扬中市探索构建"一一五五"区域法治社会实践模式(见图1),明晰了法治社会建设的测评体系,确立了社会组织参与建设法治社会的重要地位。

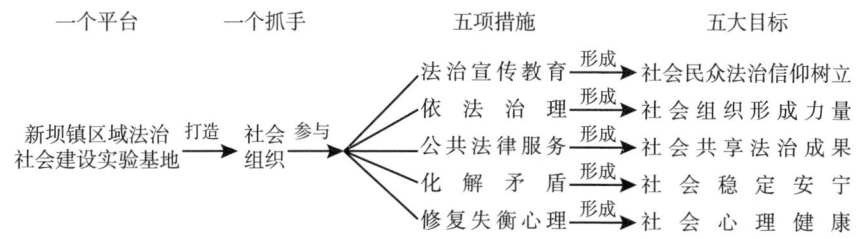

**图1 "一一五五"法治社会实验结构**

扬中市既注重引导法律类社会组织立足自身职能,创新平台载体、机制体制,培育特色服务项目亮点,如小微企业法律服务团"一对一"为企业提供法律服务,印制服务手册,规定服务内容、频次等,又注重法律类社会组织职能发挥的灵活性。以乡贤评事团为例,他们既关注热点,做社情民意信息员,又服务中心,做经济发展助推员;既守护稳定,做矛盾纠纷调解员,又弘扬法治,做法治宣传教育员;既义务巡逻,当好辖区治安安全员,又关爱幼苗,做下一代成长引航员。同时,扬中市在对社会组织的孵化中,特别注重职能融合的灵活性,如结合邮递小哥走街串巷的职业特点,扬中市聘请40名邮递员作为"普法信使"派发法治明信片,开展法治知识进家庭、法治文艺串门等活动。

社会组织不仅与政府职能优势互补,而且为公众参与社会治理提供了广阔的空间和平台,畅通了公众参与社会事务的渠道。扬中市以社会组织作为抓手,调动起公众参与法治社会建设的热情。社会组织的参与将党委和政府从"治理社会"的思路转换到"社会治理"的思路上来,从而实现政府治理与社会自我调节、居民自治的良性互动。这种"精准性+灵活性""专业性

+融合性"形成了多方联合互动治理的合力,构建了上下贯通、左右衔接、互联互动的组织孵化机制,有效提升了社会组织参与法治社会实践的统筹力、协同力和战斗力。以"五老"说和团为例,短短三年时间,该社会组织已由原来的5人发展到现在的136人,由原来一个社区成立扩展到市、镇、村全覆盖,汇聚了大批老党员、老教师、老军人等德高望重的人士(见图2)。

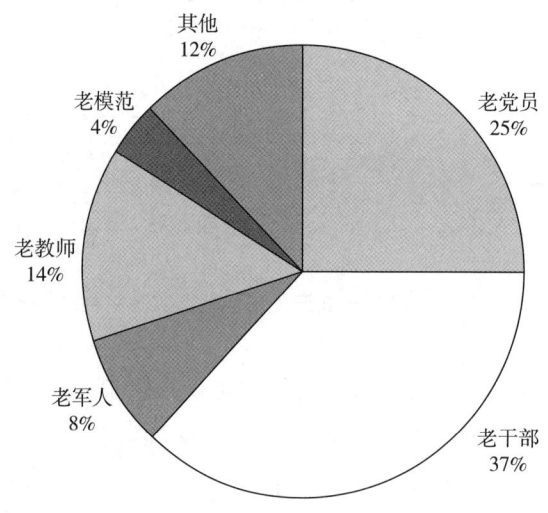

图2 扬中市"五老说和团"成员结构

## 三 当前法治宣传教育工作存在的问题与困难

经过多年来的实践探索和努力创新,江苏省法治宣传教育工作取得了突出成效和重大进展。然而,法治宣传教育是一个长期的系统性工程,当前江苏的法治宣传教育工作仍然存在一些困难。

### (一)普法体制机制有待进一步健全

建立健全普法宣传教育体制机制是贯彻落实党的十九大精神的重要任务,是推进法治宣传教育、打破当前工作瓶颈的必然要求,能够为弘扬崇法尚法精神、敦促全社会知法守法用法提供制度保障。从长期沿用的体制来看，在各地法宣办领导下，各级司法行政机关的法治宣传教育部门始终为专门的普法工作牵头机构，具体执行则需要依靠各地方、各单位、各机构齐心协力、联合推进。法治宣传教育遵循的是"党委领导、人大监督、政府实施、部门负责、全社会共同参与"的领导体制和工作机制，在此过程中，法治宣传教育体制机制是否健全，直接关系到普法工作能否取得成效。当前法治宣传教育体制机制方面存在普法协调机制不够健全、相关主管部门与其他职能机构在普法过程中分工合作不明晰，普法资源、普法人才不能互通有无，不同行业、不同对象的普法力量不对等问题，建议加强顶层设计，建立健全普法统筹协调机制，从部门职责层面规范分工协作机制，同时健全普法社会化运作机制，强化普法保障工作。

### （二）普法工作形式有待进一步创新

近年来，全省各地严格落实普法规划，创新普法载体，丰富普法形式，总体上形成了浓厚的尊法学法守法用法氛围。然而，在一些地区普法形式仍然较为单一，缺乏创新性。普法过程未能与群众的需求精准对接，未能充分运用群众善于接受的方式。传统上的法律宣讲和法治文艺表演的形式被广泛应用到全民普法过程当中，但随着人们信息获取渠道的不断拓展，传统的普法宣传形式已经远远不能够满足受众的需求。目前来看，大部分的社会组织普法还停留在普法的初级阶段，满足于宣讲、演出等传统手段和形式，对微电影、微信息、微动画等新型手段的运用不够，无法满足社会大众的多元化需求。同时，大多数普法活动以输出式普法为主，缺乏受众反馈机制，导致普法宣传与群众需求契合度不高。

### （三）法治宣传教育人才相对欠缺

当前，普法工作面临基层普法专业人才缺乏、普法产品单一等问题。如何培育更多的专业普法人才，提供更多满足各类群众需求的普法产品，从不同的人群去寻找普法切入口，提供多样化、多频次的普法服务是当前普法工作亟待解决的难题。一方面，各市区普法成员单位的普法机构一般设置在宣传或政策部门，具体负责普法工作的往往仅有1人，而且身兼数职，对口多个部门，在时间精力上都无法保证普法工作的充分开展，特别是乡镇（街道）往往没有专门的法治宣传部门，负责普法工作的人员业务能力和专业素质参差不齐，很难适应新时期法治文化建设的新要求。另一方面，由于专业文化团体的产品创作都是基于营利的目的，而法治文化建设成果很大程度上运用于社会公益等方面，经费的不足、专业人员的限制也在一定程度上阻碍了法治文化的发展，因此，进一步在经费上加大投入、积极培育法治宣传教育专业人才，是破解当前基层普法工作难题的可行之道。

### （四）考核评价机制亟须进一步完善

当前，省内各地均已初步建立了法治宣传教育考核评价机制，然而，在具体考核指标的设定过程中，仍然存在较为突出的形式化问题。以法治文化建设的考核为例，多个地区通常仅仅将其作为法治文化实体阵地争创和法治宣传考核的子项目。在法治文化实体阵地考核中，往往更多考察的是实体阵地的规模大小、现代化程度、专业化水平等"高大上"指标，忽略了法治文化与其他行业文化的融合，对法治文化在群众中产生的教化能力评估不够。而法治宣传考核的子项目所占分值非常有限，力度也就非常有限，此种考核标准设定难免有本末倒置之嫌。此外，社会监督、第三方监督也存在缺位现象，难以发挥应有的作用。以启东市为例，启东市司法局作为法治文化产品购买方，对普法微联盟缺少相对专业的考核评价机制，对组织的整体情况缺少可以量化的评估指标，以致不能及时有效地了解社会组织年度完成情况。与此同时，就社会组织本身的监督而言，启东市的"沙地普法名嘴"微联盟作为一个社会普法组织，在日常工作中，缺乏科学有效的考核评价机制，导致不能及时客观评价微联盟成员当下的工作开展情况，无法掌握成员们参加法治宣传活动的数量和质量，对成员工作缺少有力监督。因此，监督机制的不成熟容易使普法组织内部产生松懈懒散、怠慢倦工的情况，外部考核评价机制的缺乏也使得普法机构本身无法准确掌握有效的普法数据，进而无法保证普法宣传活动有效、精准地对外输出。

## 四 深入推进江苏法治宣传教育工作的着力点

2020年是全面建成小康社会和"十三五"规划的收官之年，也是"七五"普法收官之年。根据全国普法办公室印发的《2020年全国普法依法治理工作要点》部署安排，2020年普法依法治理工作要坚持以习近平新时代中国特色社会主义思想为指导，深入贯彻落实党的十九大和十九届二中、三中、四中全会精神，主动适应坚持和完善中国特色社会主义制度、推进国家治理体系和治理能力现代化的新要求，坚持围绕中心、服务大局，坚持守正创新，加大全民普法工作力度，推进依法治理，以做好"七五"普法的收官和"八五"普法的谋划为主线，重点加强社会主义法治文化建设和法治乡村建设，让法治宣传教育强起来、实起来、暖起来，确保"七五"普法规划全面落实。① 就江苏省而言，应当抓住重点环节趁势而上，通过强化法治宣传教育工作制度建设、大力创新普法形式、积极推进社会组织的规范化建设、强化普法保障工作、充分调动社会力量参与普法工作，确保法治宣传教育工作获得实效，圆满完成"七五"普法的工作任务。

### （一）强化制度体系建设

各地区应当结合当前江苏省法治宣传教育工作现状，按照"一体统筹、分类评价、突出重点、共享共治"原则，形成体制健全、内部融通、外部协同、运行高效的法治宣传教育工作新格局。

第一，进一步健全法治宣传教育领导体制和工作机制。把普法成效纳入党委和政府工作考核体系，纳入精神文明考核。建立统一的法治宣传教育考

---

① 参见《全国普法办公室关于印发〈2019年全国普法依法治理工作要点〉的通知》，载中华人民共和国司法部网站，http://www.chinalaw.gov.cn/Department/content/2019-04/03/610_232008.html，最后访问日期：2020年3月14日。

核评估指标体系，探索建立普法效果第三方评估机制。

第二，进一步落实国家工作人员学法用法制度。根据《2020年全国普法依法治理工作要点》的安排，要进一步推动将宪法法律列为党校、行政学院、干部学院、社会主义学院必修课。探索建立领导干部学法清单制度，按分管业务领域分别明确应知应会法律目录，作为领导干部学法基本任务、法治素养评估基本依据和年度述法基本内容。①

第三，进一步完善青少年学生法治教育工作机制。推动法治教育纳入国民教育体系，同时明确法律知识考核办法。统一制定法治副校长工作规范和考核标准，努力推进落实全省中小学校法治副校长聘请率达到100%。

第四，进一步健全法治宣传教育统筹协调机制。应当切实发挥各级普法办的统筹协调职能，通过制定争议协调解决机制、完善联席会议、工作督查等制度，协调解决普法工作中的实际问题。

## （二）创新普法工作形式

当前普法形式较为多样化、前沿化，但仍然存在精准度不够、针对性不强等问题，应当进一步拓展法治宣传教育方式和途径，提升普法的实效性。

首先，要丰富内容形式。要进一步丰富法治宣传的内容和形式，根据人民群众对美好生活的向往更多向民主、法治、公平、正义、安全、环境等方面延展的新形势，大力宣传与群众利益密切相关的教育、医疗、就业、社会保障、食品安全等领域法律法规，努力满足人民群众不断增长的法治需求，增强人民群众的获得感、幸福感、安全感。要针对不同的宣传对象群体、不同的受众法律需求以及不断变化的媒体环境，采取不同的宣传方法、途径，增加互动性强的宣传活动，实现法治宣传从"单向灌输"向"互动沟通"转变。

其次，要突出重点对象。根据法治文化活动受众的特点，突出重点，聚

---

① 参见《全国普法办公室关于印发〈2019年全国普法依法治理工作要点〉的通知》，载中华人民共和国司法部网站，http://www.chinalaw.gov.cn/Department/content/2019-04/03/610_232008.html，最后访问日期：2020年3月14日。

焦关键少数，分别针对处于三观形成阶段的青少年、有再犯罪概率的社区矫正人员、对法治需求不一的普通群众制定不同的普法方案，使法治宣传教育活动贴近并融入不同人群的日常生活学习工作，潜移默化，促进法治文化深入人心。

再次，要加强品牌建设。要持续建设精品工程，将法治宣传教育同当地文化充分融合，做实做强富有本乡本土气息的法治文化品牌，推出人民群众喜闻乐见的法治精品工程，不断扩大社会影响力，传播法治正能量。

最后，要加强科技支撑。要按照《2020年全国普法依法治理工作要点》要求，用好"智慧普法"平台，定期形成数据分析报告，汇集资源；加强大数据应用，充分发挥"智慧普法"平台在"七五"普法总结验收和"八五"普法研究谋划中的作用，还要发挥好普法"两微一端"的作用。

### （三）加强普法工作保障

当前普法工作开展过程当中存在人员、经费、队伍保障不足问题，影响了法治宣传教育工作的深入开展。各地应当摒弃普法过程中"搭乘顺风车"的思维，通过健全法治宣传教育社会扶持机制、普法经费拨付动态增长机制、部门联动机制来解决法治队伍力量不足、经费薄弱等问题，保证普法工作良性运行。

第一，健全法治宣传教育社会扶持机制。各地应当将法治宣传作品、法治宣传活动纳入全省公共文化服务、文化主题活动、文化艺术评比，对其适度倾斜，并逐步提高获奖比例。建立各级专项资金拨付专款，在每个县（市、区）扶持培育一批专业和业余相结合的法治宣传教育团队，推动法治宣传教育作品创作专业化、制作精细化，推动群众性普法活动的常态化。

第二，建立普法经费拨付动态增长机制。要把法治宣传教育经费纳入年度财政预算，建立与经济社会发展水平相适应、与财政收入增长相协调的法治宣传教育经费保障机制，加强对法治宣传教育实施情况、经费保障和使用情况的监督。

第三，加强普法依法治理队伍建设。要加强普法依法治理工作者思想淬炼、政治历练、实践锻炼、专业训练，提高政治素质和履职能力。强化政治学习和法治学习，强化基层调查研究，吃透中央精神和基层实际，实打实地做好各项工作，防止形式主义。此外，在法治宣传教育物质保障方面，各地应结合实际，为一些普法精品工程配备法治宣传车、法治宣传LED大屏、移动投影仪等设施，推进普法装备、设备换代升级，为普法工作顺利开展提供强有力的物质保障。

### （四）发挥社会组织力量

法治型社会组织作为第三方，为公民自我治理创造了良好平台。当前，社会组织普法参与度显著提高，但社会组织内部规范化尚存在不足，应当积极构建政社分开、权责明确、依法自治的现代社会组织体制，推进社会组织规范化建设。要通过加强制度建设进一步强化社会组织在法治宣传教育中的推动作用。

一方面，要完善社会组织内部的科学评价机制。各地要进一步制定明确的规章制度，有效提高社会组织法治宣传教育的实效性，此外，还要对各组织成员工作开展情况进行科学的量化评估，确保评估结果的客观性和准确性，进而打造更加完善、更加符合标准的普法社会组织。

另一方面，要进一步完善社会组织外部考核评价机制。各地要通过建立切合实际的法治宣传教育评估指标体系，将法治社会组织运行情况纳入其中，对社会组织建立相对专业的考核评价机制，通过量化评估，进一步了解社会组织年度普法情况和普法效果，防止组织空转、效率低下、流于形式。

### （五）形成全民普法合力

今后各地应当完善普法力量的社会化建设机制，大力培植一支"社会化"的专兼职普法队伍，强化法治宣传教育社会力量的组织和物质保障。为此，要充分发挥村（居）法律顾问、法治副校长、人民调解员的普法作用，鼓励社会组织和法学专家、法律工作者及其他社会专业人士、义工社工以多种方式参与法治宣传教育活动,支持行业、社团组织开展群众性法治文化活动;要充实专家顾问组、普法讲师团队伍,完善普法联络员、信息员反馈、互动、交流机制。

特别需要强调的是,应当进一步发挥社会组织在法治宣传教育中的作用,吸收多层次、多领域的社会组织参与全民普法活动。通过这些有各自明确功能定位的社会组织对专门法律的普及,形成一个多方协作、法律门类齐全的全民普法格局。在社会组织内部,要注重培养一批业务能力突出、工作认真负责的青年人才;要把具备法律知识和法治素养的人才充实到宣传队伍中,从而会聚一支专业能力强、素质高的普法队伍,使群众能够有机会接受更专业的法律知识传递。各地应当以政府购买服务的形式支持和鼓励社会团体参与普法工作,扩大普法覆盖面。大力扶持购买社会组织服务,吸引社会力量参与到法治文化建设之中,加大对群众文艺团队的扶持,让法治文化建设工作从"静态"到"动态"发展。据此,我们建议以政府采购为手段,以社会化运作为核心,逐步建立政府购买、市场投入、公益参与的社会普法教育运作机制,吸引社会资源积极投入法治宣传教育,推动普法教育项目化、市场化、社会化、专业化。

# B.3 公共法律服务报告*

尹培培**

**摘　要：** 2019年，江苏省积极推进公共法律服务工作，在多个方面取得突出进展：公共服务法律体系制度化建设不断增强，服务体系网格化、智能化管理水平不断提升，社会参与度显著提高，服务保障措施全面到位。与此同时，仍然存在公共法律服务资源配置不平衡，部分群众法治维权意识不强，基层法律服务能力有所欠缺等问题。为此需要进一步整合各方资源，推动公共法律服务资源配置向欠发达地区倾斜；进一步强化制度保障，构建有力的公共法律服务推进落实机制；进一步多措并举，推进公共法律服务供给的多元化和精准化。

**关键词：** 法律服务　服务平台　服务保障

公共法律服务是政府公共职能的重要组成部分，是保障和改善民生的重要举措，是全面依法治国的基础性、服务性和保障性工作。近年来，江苏省各地区各部门加快整合律师、公证、司法鉴定、仲裁、司法所、人民调解等法律服务资源，努力建成覆盖全业务、全时空的法律服务网络，全面推进覆盖城乡居民的公共法律服务体系建设，持续推动乡村公共法律服务体系走在全国前列。

---

\* 除专门引注外，本报告涉及的所有事例、数据均为作者调研所得。
\*\* 尹培培，法学博士，中国法治现代化研究院研究员，南京师范大学法学院副教授，江苏高校区域法治发展协同创新中心研究人员。

# 一 2019年江苏公共法律服务工作成效显著

2019年，江苏省内各部门、各地区紧紧围绕公共服务法律体系建设目标，不断强化公共法律服务体系制度保障，持续提升服务体系网格化、智能化水平，公共服务法律社会参与度显著提高，保障措施全面到位。

## （一）公共服务法律制度化建设持续加强

经过长期的实践探索，当前江苏省公共法律服务体系组织领导机制更为健全、协调机制更加完善、考核机制逐步确立、制度化水平持续提高。

第一，公共法律服务工作的顺利推进离不开强有力的组织领导机制。一些地区出台专门文件，通过将公共服务法律建设成效纳入政府绩效考核，从制度层面推动公共法律服务组织领导机制的建立健全。例如连云港市明确由各县区司法局主要领导主抓公共法律服务体系建设，还成立专门机构负责协调、推进。连云港市司法局提请市政府印发《关于加快推进覆盖城乡的公共法律服务体系建设实施意见》，将公共法律服务纳入市域基本公共服务发展总体规划，将法律顾问、人民调解等纳入法治政府建设规划，将公共法律服务体系建设列入政府目标绩效考核和综治平安目标责任制管理，强化了工作推进落实的抓手。

第二，公共法律服务工作的顺利推进必须建立一套系统完善的协调机制，牵头部门负责抓总、相关部门积极配合，确保各项任务高效、有序完成。2019年，江苏各地逐步建立和完善公共法律服务工作的协调对接机制，为该工作的顺利完成提供了制度保障。例如，无锡市锡山区印发《关于进一步加强"访调对接"工作的实施方案》《关于"访调对接"工作规范化建设的实施意见》，明确了"六规范""三统一"工作制度，为公共法律服务体系的协调运行奠定了制度基础。此外，锡山区还建立了矛盾纠纷合力化解、法律体检报告和舆情预警分析研判报告、社区矫正微法务、家庭法律顾问以及多元化法律援助等多项制度机制，通过系列制度确保各部门综合参与、协调有序推进公共法律服务工作。

第三,考核机制是否建立健全直接影响公共法律服务工作的实效。江苏省各地结合当前工作实际,逐步构建起职责清晰、务实管用的公共法律服务体系建设考核机制。例如,扬州市广陵区通过"三项机制",确保公共法律服务工作落到实处。一是工作机制。逐步建立职责清晰、管理健全、务实高效的法律服务制度体系,健全工作例会、学习培训、岗位职责、服务承诺、限时办结、过错追究等规章制度,形成以制度管人、以制度管事的长效机制,推进法律服务工作制度化、规范化、常态化。二是监督机制。严格落实公共法律服务监督考核机制,完善事件处置流程,确保各部门各司其职,形成处理闭环,让每件事有人管、有人抓,有落实、有实效,做到人与责对应、责与效挂钩。三是激励机制。结合网格长和网格员平时工作的开展情况,分别对其按年度予以评定星级,进行考核奖励、奖勤罚懒,充分调动主观能动性和工作积极性。江苏一些地区将具体的考核机制形成专门文件,强化公共法律服务考核工作的规范性。例如,苏州市吴中区通过制定《吴中区村(社区)法律顾问工作评估办法》,确定了评估主体和对象、标准和要求、程序和方法、等次和奖惩等,明确考核办法,推动考核工作落到实处;连云港市专门出台了《连云港市村(社区)法律顾问工作考核办法》,从考核对象、考核内容、考核等次的运用等方面规范法律顾问工作,提升服务质效。

## (二)公共法律服务网格化水平不断提升

当前,江苏公共法律服务体系依托各级网格化管理模式,充分运用互联网技术,不断提升法律服务体系的便利化、高效化和智能化。譬如,扬州市广陵区司法局积极探索城市中心城区公共法律服务的新路径,借助街道网格化社会治理平台,将公共法律服务嵌入社会治理网格化服务之中,让群众不出网格即可享受到高效、专业、便捷的法律服务;无锡市惠山区综合运用全区117个网格片、630个网络组、2572个网格单元,加强矛盾纠纷网格化管理,近两年来参与调处信访案件110余件,参与化解信访积案47件。

将网格化社会治理与智能化法律服务充分融合，会在公共法律服务供给上起到事半功倍的效果。无锡市惠山区依托网格化治理模式建立"双员"法治楼道长制度，以分片包干为原则，在全区设立了856名由法律服务员、人民调解员组成的法治楼道长；同时以张贴联系卡、公示牌、微信二维码等方式，开通便民服务通道，满足普通群众和特殊人群的法律服务需求。此外，惠山区还与无锡市联掌慧网络公司和无锡电信公司合作，创建楼宇智能门禁机公共法律宣传服务系统，投放"双微双员"、全生命周期公共法律服务清单、"桃娃讲堂"名优律师说法、"桃娃普法动漫"等宣传内容，使百姓通过门禁机就能随时随地享受"温暖的法律服务"。目前，惠山区已在40个小区试点投放了2000余套楼宇智能门禁机系统，做到了将法律服务渠道的供给信息真正传递到社区，抵达老百姓家门口。

智能服务终端能够全方位、有针对性地为广大民众提供便捷的公共法律服务。例如，无锡市惠山区在全区搭建了188个"法润企业"微信群、129个"法惠民生"微信群，通过在微信群中植入"桃娃"智能机器人，实现人工与智能互补，制作推送紧贴百姓的问答、案例、风险提示等公共法律服务产品，受理线上法律业务。微信群运行以来，解答群众法律咨询8.6万余次，接受法律援助线上申请225次，推送法律服务资讯16万余条。惠山区还完善了"桃娃"春播微信公众号服务功能，公众号设有桃娃家园、桃娃行动、桃娃在线3个总栏目，下设15个功能项目，收集汇总与百姓生产生活密切相关的法律知识和法治案例，通过微信AI机器人实时向全社会投放，取得良好成效。

### （三）公共法律服务平台建设实现全覆盖

全方位打造公共法律服务平台是推进公共法律服务体系建设的一项基础性工作。2018年9月，司法部印发《关于深入推进公共法律服务平台建设的指导意见》，从总体思路、基本原则、目标任务、保障措施等方面对深入推进公共法律服务平台建设进行全面规划和部署安排。据此，江苏以打造省市县镇村五级公共法律服务实体平台为主干，以社会联动普法、"城乡半小时"公益法律服务、矛盾纠纷排查调处、特殊人群服务管理"四张网"全覆盖为内容，建成了具有江苏特色的"一条主干""四张网"公共法律服务体系，为江苏高质量发展增添了公共法律服务"软实力"。江苏在全国最先成立公共法律服务领导小组及其办公室，统筹推进全省公共法律服务体系建设，积极构建多元化服务供给体系。① 江苏上线的 12348 江苏法网 2.0 智慧版，集网站、微信和移动 App 三大载体为一体，日均服务量已达到 4000 件次，12348 法律服务热线实现了全天候响应。

2019 年 7 月 30 日，江苏省公共法律服务中心在南京正式揭牌启用，标志着省、市、县、乡、村五级公共法律服务实体平台实现全覆盖。该中心在服务大厅设立对外服务窗口，直接面向公众提供公共法律服务，包括省级司法行政工作职能政策咨询和业务指引等。中心将坚持"保基本服务""创特色服务"，其中基本服务包括法律援助、法律咨询、法治宣传、公证、综合业务指引等；特色服务包括"专家法律服务""名师讲堂"等。该中心将致力于加强全省公共法律服务中心实体平台规划、统筹、指导，全面宣传展示全省公共法律服务体系建设成果，着力打造成枢纽型、智慧型、实战化的省级公共法律服务平台。②

### （四）公共法律服务社会参与度不断提高

公共法律服务体系作为社会治理的重要一环，离不开社会力量的积极参与。党的十九大提出要"打造共建共治共享的社会治理格局"，③ 社会治理体系的共建共治共享机制，必然要求党委、政府、社会组织、社会成员个体等多元主体一同加入治理体系之中，其中公众参与作为一个重要环节，不仅

---

① 参见《江苏探索更高水平公共法律服务》，载法制网，http：//www.legaldaily.com.cn/zfzz/content/2019 - 11/14/content_ 8047330.htm，最后访问日期：2020 年 3 月 20 日。
② 参见《江苏省公共法律服务中心启用》，载中国政府法制信息网，http：//www.moj.gov.cn/organization/content/2019 - 07/31/573_ 3229281.html，最后访问日期：2020 年 4 月 22 日。
③ 《中共中央关于坚持和完善中国特色社会主义制度　推进国家治理体系和治理能力现代化若干重大问题的决定》，人民出版社，2019，第 28 页。

是社会治理共同体的题中之义,也是社会主义民主政治在基层治理中的直接体现。

有效的公众参与并非公众个体行动的简单汇总。作为社会治理的一个重要维度,公众参与应当具有组织性、系统性。推动公众有效参与社会治理,需要整合社区、社会组织、群团组织、企业等多方面力量,发挥其各自的优势和功能,实现多主体联动,这样才能充分发挥群众参与社会治理的作用。[①] 在实践中,江苏许多地方司法行政机关能够借力社会组织,以便提升公共法律服务体系建设的社会参与度。譬如,镇江扬中市司法局积极引导法律类社会组织立足自身职能,创新平台载体、机制体制,培育特色服务项目亮点,建立小微企业法律服务团"一对一"为企业提供法律服务,印制服务手册,规定服务内容、频次。扬中市还善于利用公益类社会组织灵活多样的功能机制。以"乡贤评事团"这一民间社团为例,他们既关注热点,做社情民意信息员,又服务中心,做经济发展助推员;既守护稳定,做矛盾纠纷调解员,又弘扬法治,做普法宣传教育员;既义务巡逻,当好辖区治安安全员,又关爱幼苗,做下一代成长引航员。

### (五)公共法律服务基层覆盖面不断扩大

充分发挥公共法律服务在基层社会治理格局中的作用,需要不断加强与基层党建、治安、自治等网格体系对接,建立融合推进机制,形成基层治理合力。

首先,江苏公共服务法律体系全面实现了向基层下沉。2019 年,省内各地区公共法律服务体系充分下沉基层,发挥公共法律服务的社会治理优势。目前,江苏省公共法律服务按照"覆盖城乡、惠及全民"的原则,全面深入基层,构建起了协调联动的公共法律服务格局,实现公共法律服务体系基层全覆盖。例如,苏州市相城区积极推动法律工作者进网格,贯彻落实

---

① 参见张开云、张兴杰《提高社会治理的公众参与度(治理之道)》,载人民网,http://opinion.people.com.cn/n1/2017/0813/c1003-29466684.html,最后访问日期:2020 年 3 月 10 日。

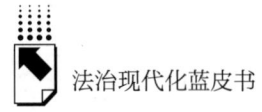

"三官一律"进网格工作的部署要求,全区 76 名法律工作者(律师 57 名、基层法律工作者 19 名)进入二级网格 141 个,进入三级网格 598 个;2019 年以来,为村(社区)提供法律意见 3000 件、法律咨询 5200 人次,参与人民调解 300 多件,通过"法润民生"微信工作群发布法治资讯 1 万多条,为 120 家小微企业提供针对性"法律体检",为全区 686 户低收入家庭提供一对一的精准法律扶贫服务,取得良好的社会效果。

其次,江苏公共法律服务体系建设开始向城乡服务均等化方向大力推进。2018 年中央"一号文件"确立了乡村振兴战略的"四梁八柱",提出了基本实现城乡基本公共服务均等化的目标任务。经过近年来的不断努力,江苏省农村法律服务体系现已基本形成,乡村依法治理工作也在不断完善。调研显示,江苏各级司法行政部门在农村法律服务体系建设方面积极探索,取得了显著成效。譬如,连云港市海州区为充分铺展公共法律服务基层覆盖面,重点抓好乡级平台达标工作。乡级公共法律服务中心是与群众面对面最多的一线平台,其服务能力在很大程度上直接影响着法律服务质量的社会认知度。2019 年,海州区在强化服务指引、资源整合功能等方面下功夫,大力推动公证、法律援助向乡镇中心延伸,在中心设立公证办证室和法援服务点,在县区公证处、法援中心驻点或者提供巡回式服务。同时,加快推进乡级公共法律服务中心(司法所)与律师事务所、基层法律服务所配合联动,实现群众需求的快速响应,在条件较好的乡镇(街道)实现了与县级公共法律服务中心的联通会办、视频交互等功能,特别是在推进远程办理法律事务方面有了很大的能力提升。

### (六)公共法律服务保障工作愈加完善

作为社会治理的重要环节,公共法律服务体系的推进是一项长期的系统工程,需要以充足的人力、财力、物力作为依托展开。2019 年,江苏各地进一步加强公共法律服务体系队伍建设,在投入司法行政机关人力的同时,充分调动社会力量参与其中。另外,各地不断加大财政支出,为公共法律服务体系各项工作的开展提供有力的资金支持。

一方面，公共法律服务体系队伍不断扩大。江苏各地不断强化队伍建设，全面扩充公共法律服务体系队伍，实现法律服务全覆盖。例如苏州市吴中区积极配强法律顾问，积极落实"一村（社区）一法律顾问"要求，全区184个村（社区）法律顾问配备率达100%，并做到一名律师或法律工作者最多担任不超过5个村（社区）法律顾问，确保法律顾问服务质量。当前，该区共有81名律师或法律工作者参与村（社区）法律顾问工作，平均1名法律顾问服务2.2个村（社区），充分发挥法律顾问在基层的积极作用；有效落实村（社区）法律顾问长效服务机制，切实做到村（社区）法律顾问每个月到村（社区）服务不少于1天，每个季度至少举办1次法治讲座，每年进行1次村（居）务法律风险点排查。在扩大队伍力量的同时，吴中区不断采取措施积极促进队伍素质的提高，提升公共法律服务质量。吴中区司法局每年定期举办全区村（社区）法律顾问培训会，邀请法律专业人士和法律顾问做经验交流；组织开展"法律服务在村（居）"主题征文活动，调动全区村（社区）法律顾问积极性；制作下发《吴中区村（社区）法律顾问工作指南》，不断提升全区村（社区）法律顾问履职能力和服务水平；引导村（社区）法律顾问围绕村规民约修订、征地拆迁、股权固化、土地流转、纠纷调处等问题，结合"司法日""法润江苏、春风行动""美好生活、德法相伴"活动等开展专项服务，使群众不出村（社区）即可得到优质的法律服务，不断提高群众对法律服务的满意度、获得感和幸福感。截至目前，江苏全省已经拥有2000家律师事务所、2.9万名律师，110个公证机构、710名公证员，1270家基层法律服务所、5756名基层法律服务工作者，143家司法鉴定机构、1725名司法鉴定人员。全省五级公共法律服务实体平台建成率100%；12348法律服务热线实现"7×24小时"全天候响应，每年接听群众来电30余万个；12348江苏法网日均服务4000余人次；全省村（社区）实现了法律顾问全覆盖，培育发展了4900余个司法行政领域社会组织，建成2万多个法润民生微信群，累计提供法律咨询等服务300余万次，有力增强了人民群众的法治获得感。

另一方面，公共法律服务体系资金趋向充足。公共法律服务体系建设经费是加快推进公共法律服务体系实体、热线、网络三大平台融合发展的前提性保障。《关于加快推进公共法律服务体系建设的意见》明确要求:"强化经费保障。将法律援助经费纳入同级财政预算,做好公共法律服务体系建设各项经费保障。将基本公共法律服务事项纳入政府购买服务指导性目录。建立公益性法律服务激励保障机制,对积极参与公共法律服务的机构和人员,按照国家有关规定进行表彰奖励,并提供必要支持。统筹研究律师行业税收政策和会计处理规定。不断拓宽公共法律服务资金筹集渠道,鼓励通过慈善捐赠、依法设立公益基金会等方式,引导社会资金投向公共法律服务领域。加大对欠发达地区财政支持力度,逐步缩小地区差距,有序推进公共法律服务协调发展。"[1] 2019年,江苏多个地区以制度形式强化经费保障制度,实现经费保障常态化。譬如,连云港市海州区经与财政部门协商,把"每个村(社区)以不低于2000元的标准落实法律顾问专项经费"写进了规范性文件,将律师参与公共法律服务中心、看守所、法院等公益值班活动的经费列入政府购买服务目录。据此,海州区每年财政拨款36万元作为村(社区)法律顾问经费,有力保障了公共法律服务体系建设。

## 二 当前公共法律服务工作存在的若干问题

经过各部门各地区的实践探索,江苏省公共法律服务工作取得了突出成效和显著进展。然而,公共法律服务体系作为社会治理体系的重要组成部分,是一个长期的系统性工程,当前江苏省公共法律服务工作仍然存在若干发展短板。

### (一)公共法律服务资源配置尚不平衡

由于经济发展水平不同,当前省内城乡之间、各地区之间法治资源亦存

---

[1] 《中共中央办公厅 国务院办公厅印发〈关于加快推进公共法律服务体系建设的意见〉》,载中国政府网,http://www.gov.cn/zhengce/2019-07/10/content_5408010.htm?trs=1,最后访问日期:2020年3月12日。

在差异。相对而言,经济发展水平较高的区域,公共法律服务资源供给也较为充足,一些地区则由于法律服务资源不足,公共法律服务体系的推进受限。具体而言,既有的法律服务实体更多地分布在大城市、经济发达城市,经济社会发展相对落后地区的律师、公证、仲裁等机构还不能满足基层公共法律服务的要求。即便在经济相对发达的地区,也存在法律服务资源区域内部配置不平衡的问题。以无锡市惠山区为例,目前全区律师事务所8家,基层法律服务所9家,248名律师、基层法律服务工作者多数集中在城镇,平均每万人拥有不足3名法律服务人员;大部分律师事务所、基层法律服务所规模小、人员少,且需承担其他工作事务,服务效率有待进一步提升,特别是在参与重大疑难案件、复杂矛盾纠纷调处、开展公益诉讼等方面作用发挥不充分。

**(二)群众依法维权观念仍待加强**

在公共法律服务开展过程中,当前仍然存在部分群众通过法治方式和途径维权意识不强的问题。部分群众在权益受到侵害时,倾向于通过上访等渠道解决问题,行政介入的立竿见影与司法救济的旷日持久相比,行政介入更受百姓欢迎。调查显示,在农村地区,大部分群众当出现自身合法权益受损时会在第一时间选择向司法所、律师、法律服务工作者咨询,这一比例高达73.1%;但一旦进入实际维权方式选择阶段,人们综合考虑成本、时间、效果等因素,选择通过提起诉讼等正式渠道解决问题的比例仅占19.3%。此外,多数企业和老百姓面对生产生活纠纷,仍然普遍存在事后解决的行为倾向,而非借助法律手段做好事先预防,同时对于相关领域法律知识的学习还较为被动。以无锡市惠山区前洲街道的统计数据为例,当前前洲街道辖区近千家企业中,企业法律顾问率仅为10.45%,低于既定目标。

**(三)基层公共法律服务能力有所欠缺**

当前江苏省公共法律服务体系基本实现了覆盖城乡、服务全民。但就法律服务的实效性而言，仍然存在基层法律服务效率不高、法律服务队伍能力素质有所欠缺、服务绩效有待提升等问题。这些问题突出表现在基层法律服务机构规模化程度不高、队伍人员数量不足、服务领域不宽、服务品质和效果有待提升等方面。具体而言，当前基层法律服务工作中，诉讼业务多，非诉讼业务少；传统业务多，特色业务少；为企业办理案件多，为企业提供全方位法律服务少。例如，绝大多数服务人员囿于其专业化水平，在企业建立、改制、兼并、破产等方面所能提供的法律服务有限，不具备承办公司上市、涉外法律事务等新型、高端业务的能力，这与法律服务市场的需求仍有差距。

## 三 进一步完善公共法律服务工作的对策建议

当前，江苏省公共法律服务工作需要进一步立足现实基础，紧密结合工作目标，充分整合公共法律服务资源，推动法律服务资源向欠发达地区流动；进一步完善公共法律服务保障制度，构建有力有效的推进落实机制；通过不断创新推进法律服务供给的多元化和精准化。

### （一）推动法律服务资源向欠发达地区倾斜

随着乡村振兴战略在农村的全面实施，农村法律服务体系建设、法治乡村建设在江苏被提上了重要日程。我们认为，当下应做好以下几个方面工作。

首先，通过对口援建方式提升薄弱地区法律服务水平。建议充分整合既有法律资源，通过推动法律服务资源向经济欠发达、法律服务资源不足的广大乡镇农村地区流动，深化覆盖城乡居民的公共法律服务体系建设，促进农村法律服务资源均等化，健全基层公共法律服务体系，从而为建设法治乡村、强化乡村振兴提供保障。在具体做法上，可以通过地区互帮互建、对口支援等形式，积极整合各地基层法律服务资源，充分发挥其贴近基层、贴近实际、贴近群众的优势。比如，可以借鉴南京市浦口区桥林街道"桥大叔工作室"的经验，从市内引入律师等专业人士为群众提供法律咨询，开展法治宣传，参与纠纷调解，零距离开展服务工作。同时，还应当注意着重做好困难群众的法律援助工作，扩大法律援助范围，由低保人群扩大到低收入人群，让法治建设成果惠及于民。

其次，优化农村法律服务队伍配置。建议从省级层面创制进一步完善法律服务体系的相关政策性文件，明确农村法律服务的服务领域、服务主体、服务方式、服务标准、奖惩制度等；建立政府引导、法律服务行业配合、公众参与的服务体系，做好农村法律人才增量和存量优化工作，促进农村法律服务队伍不断优化壮大。具体而言，可以通过优先在农村法律工作者中选取公职人员、选取法律专业大学生担任村官等措施来做好农村法律工作者增量工作；鼓励公职律师、法援律师参与农村法律服务，为农民提供高质量的法律指导和建议；建立有效机制鼓励和倡导高校法学专业学生前往基层司法所实习或社会实践，将所学专业知识运用到农村法律服务实践当中。

再次，进一步加大农村普法宣传力度。建议充分利用现代信息技术扩充宣传渠道，构建具有普惠性的法治宣传教育网络体系；通过建立常态宣讲教育、定期咨询、公益讲座等机制，在农村普及法律知识，帮助农民树立法治理念；优化法律服务渠道、调整法律产品供给，切实围绕农民群众需求分配法律服务资源；推动法律服务终端向基层派出所、司法所、医院等服务需求集中区域投放，全面延伸服务触角；鼓励公众尤其是具有法律知识的社会人士主动参与农村法律服务体系建设；鼓励和支持农民主动学习法律常识，在生产生活中树立正确的懂法、守法意识，提高运用法律的技能。

## （二）进一步强化公共法律服务保障制度

稳定有力的保障机制是公共法律服务顺利开展的前提。除了进一步强化人力、财力、物力及相应的制度保障外，还应当充分调动现有社会力量，如构建律所帮扶机制，同时进一步推进政府购买公共法律服务工作，最大限度强化、扩充公共法律服务的保障力量。

首先，构建律所法律帮扶机制。律师事务所在提供法律服务方面具有最直接的优势。整合现有律师服务资源，充分调动各大律所的力量，通过出台奖励政策调动广大律师积极投身公共法律服务事业，可以最大化地为当前公共法律服务工作提供专业的人力保障。建议在今后的工作中注重激发律师行业的社会公益热情，对于有突出贡献的律师，要给予表扬和奖励，同时大力宣传其事迹，以鼓励更多的律师工作者加入公益性法律服务的队伍。同时，建议对积极参与公共法律服务的律所提供税收优惠保障。要充分考虑律师执业高成本、高风险的特点，出台相应的税收优惠政策，将律师从事公共法律服务工作所付出的成本纳入公益性的减免税范畴，从经济上予以实质性的支持。

其次，进一步推进政府购买法律服务。政府所掌握的资源是有限的，要真正建立起完善的公共法律服务体系，就必须确立倚赖社会资源、市场资源的观念，将政府财力转换为有效的社会供给。为此，必须将法律服务纳入地方党委和政府的规划中，将相关经费开支列入财政预算，通过建立规范的政府购买法律服务制度，打造公共法律服务供给新模式。这样不但可以提供更高质量、更高水平的公共法律服务产品，同时也可以充分利用现有资源实现公共法律服务的多样化、差异化。在具体做法上，要完善基层（社区）法律服务的内容和形式，将其纳入政府购买社会服务项目；要注意吸收具有法律服务资格的退休公职人员、律师参与基层法律服务工作，解决目前律师和基层法律服务工作者不足的问题。

### （三）推进法律服务供给的多元化精准化

在新时代背景下，我国社会的主要矛盾已经发生变化。物质生活的提升使得人们的精神需求不断提档升级，在公共法律服务的供给上，只有着力推进法律服务供给主体多元化建设，聚焦对接群众需求，不断丰富服务内容，持续加大服务供给，才能满足人民对于高质量公共法律服务的期待。

第一，着力推进法律服务供给主体多元化建设。多元社会的发展趋势要求社会治理的理念思路、能力水平、治理方法走向综合多元，实现从被动应对处置向主动预测预警预防转变，从单纯管理向寓管理于服务转变。与之同步的是,社会治理和服务主体也必然发生深刻的变化,要从主要依靠党委和政府向开放共治转变,以服务主体的多样性、灵活性不断提高社会治理的能力和水平,不断适应社会治理的新特征。为此,基层政府应当积极开拓以资源对接、购买服务、政策支持为支撑的社会组织培育发展新路径,积极孵化培育法律服务类社会组织。当前,要把培育发展法律服务类社会组织作为补强补足司法行政工作体系、工作能力缺项短板的重要突破口,积极引入社会组织力量,大力促进社会组织发展。对于一些较为成熟的法律服务类社会组织,应当充分发挥其扎根基层的优势,延伸其法律服务触角,扩展其法律服务领域,提升其法律服务水平,让法治红利真正惠及广大人民群众。

第二,聚焦群众需求升级优化公共法律服务内容。当前公共法律服务体系建设应当紧扣群众需要这一主题,着力在精准、便捷上下功夫。一是打造便民服务硬件,通过继续推进"互联网+公共法律服务"建设,加快实体平台、热线平台、网络平台互联互通,构建多位一体的公共法律服务信息化支撑体系。二是抓好看得见的服务质量,深入推进公共法律服务供给侧改革,通过各级实体平台、网络平台等渠道,加强公共法律服务需求采集和研判,按照目标精确、要素齐全、务实管用、群众满意的标准提供精准服务。三是抓实村(社区)法律顾问工作,这是延伸公共法律服务触角的有效举措,是真正解决人民群众"法律服务难"问题的必由路径。此外,当前公共法律服务工作还应当充分依托本省业已成型的网格化管理系统,组织相关工作人员和法律顾问参加街道网格联动服务日、仪式日活动,有重点、有针对性地为特定人群提供法律咨询和法律援助;借力网格长、网格员深入每户家庭,以便及时、精准、高效地满足人民群众的法律服务需求。

第三,通过整合资源提供标准化法律服务。公共法律服务供给既要精准、高效,又要标准化、规范化。一方面,应当充分整合法律服务资源,提供标准化的法律服务,通过整合网格员、社区干部、司法人员开展法治宣传教育,提供法律帮助,延伸省厅、市局、区(县)局法律服务网,打通街道、社区法律服务网络最后一公里,确保每个网格的法律服务渠道"全覆盖、全时空"畅通,以便为民众提供法治宣传教育、矛盾调解、法律援助、

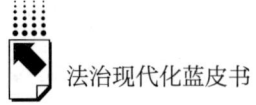

社区矫正、安置帮教等零距离优质法律服务。另一方面，要不断细化工作标准，规范公共法律服务系统的运行流程，形成以标准促规范、以规范促转型的公共法律服务新格局。具体而言，各地要结合江苏省司法厅《镇（乡、街道）公共法律服务中心建设和管理指南》，根据地区、部门的实际情况，制定服务清单、明确公共法律服务的服务主体、服务对象、服务内容、服务方式、办理期限和评价标准，梳理规范公共法律服务流程，制定服务要求、办事要求等服务规范，达到包括平台建设标准化、队伍建设标准化、服务内容标准化、制度建设标准化、台账管理标准化、考核评价标准化在内的公共法律服务"六化"标准。此外，还应当建立标准化工作监督机制，持续进行跟踪督查，定期召开公共法律服务标准化工作推进会，及时对标找差，以标准化提升公共法律服务效能。

# B.4
# 矛盾纠纷化解报告*

韩玉亭**

**摘　要：** 2019年，江苏省严格遵循"把非诉讼纠纷解决机制挺在前面"的基本要求，不断推动矛盾纠纷多元化解机制的构建，逐步探索出一整套分层递进、衔接配套的多元化纠纷化解体系。江苏省从完善多元纠纷化解的对接平台建设、健全对接工作机制、强化对接工作保障几个方面入手，促进了多元化纠纷化解模式的专业化发展，探索形成了运用法治方式化解社会矛盾纠纷的"江苏经验"。

**关键词：** 纠纷化解　诉讼　非诉讼　江苏经验

党的十九届四中全会决定指出，要完善正确处理新形势下人民内部矛盾的有效机制，坚持和发展新时代"枫桥经验"，畅通和规范群众诉求表达、利益协调、权益保障通道，完善信访制度，完善人民调解、行政调解、司法调解联动工作体系，健全社会心理服务体系和危机干预机制，完善社会矛盾纠纷多元预防调处化解综合机制，努力将矛盾化解在基层。[①] 以新时代党和国家纠纷解决新理念为指引，2019年江苏省司法厅携手江苏省高级人民法院，在江苏全省进行非诉讼纠纷解决机制建设试点，打造了江苏诉讼与非诉

---

\* 除专门引注外，本报告涉及的所有事例、数据均为作者调研所得。
\*\* 韩玉亭，法学博士，中国法治现代化研究院研究员，南京师范大学法学院讲师，江苏高校区域法治发展协同创新中心研究人员。
① 参见《中共中央关于坚持和完善中国特色社会主义制度　推进国家治理体系和治理能力现代化若干重大问题的决定》，人民出版社，2019，第29页。

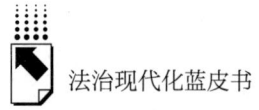

矛盾纠纷的化解对接平台，通过推动分层递进、衔接配套纠纷解决体系建设，促进各类非诉化解方式专业化发展，形成了法治化解决社会矛盾纠纷的"江苏经验"。①

## 一 非诉讼纠纷化解模式的江苏探索

习近平总书记在2019年1月召开的中央政法工作会议上，提出了"把非诉讼纠纷解决机制挺在前面"的重要论断，为推动多元化纠纷化解体系建设、促进诉讼与非诉讼解纷手段有效结合提供了根本遵循。② 相较于诉讼纠纷化解模式而言，非诉讼纠纷化解模式具有诸多优势：其一，速度快，方式灵活，程序简便，处理时间短；其二，花钱少，大部分非诉方式不收费，可以节约成本；其三，社会效果好，以调解为基本手段的非诉纠纷解决方式有益于维护社会关系，不会使双方矛盾激化；其四，保护隐私，非诉纠纷解决方式一般不公开进行，不易泄露当事人的隐私和秘密；其五，法律效力一致，经人民法院确认的人民调解协议同样具有法律约束力。③ 正是鉴于非诉讼纠纷化解模式所具有的比较优势，江苏各级各部门认真贯彻落实习近平总书记的重要指示精神及江苏省委、省政府的重要部署，围绕把非诉讼纠纷解决机制挺在前面的工作主轴，坚持从实际出发，加强系统谋划，汇聚各方力量，不断探索实践，着力构建非诉讼纠纷化解综合体系，进一步完善"诉源治理"机制，逐步形成了新时代多元化矛盾纠纷化解体系创新发展的"江苏样本"，取得了较为显著的成效。④

---

① 参见《打造非诉纠纷化解"江苏经验"》，载澎湃新闻网，http：//www．thepaper．cn/newsDetail-forward_ 5524492，最后访问日期：2020年1月21日。
② 参见《打造非诉纠纷化解"江苏经验"》，载澎湃新闻网，http：//www．thepaper．cn/newsDetail-forward_ 5524492，最后访问日期：2020年1月21日。
③ 参见《江苏法院一站式多元解纷和一站式诉讼服务工作情况》，载江苏法院网，http：//www．jsfy．gov．cn/art/2019/08/30/25_ 98464．html，最后访问日期：2020年1月20日。
④ 《重磅！江苏推进非诉讼纠纷解决机制建设，"大咖们"有话要说》，载江苏司法行政在线微信公众号，最后访问日期：2020年1月21日。

## （一）总体情况

江苏各地各部门认真分析解剖当前非诉纠纷解决机制建设方面存在的突出问题，以切实解决发展状况不平衡、衔接机制不完善、认可程度不够高等重点问题为突破口，坚持"源头治理、预防为主"，确立调解优先工作理念，在打造"党委领导、司法推动、社会参与、多元并举、法治保障"纠纷化解新格局上下功夫、花气力，有力促进了非诉讼纠纷化解综合体系建设的创新发展。江苏省司法厅立足江苏省情，积极探索纵向涵盖省、市、县、乡、村5个层级，横向触及行政机关、专门机构、社会组织、民间人士4个方面的"五纵四横"组织网络架构，以建立非诉分流中心、非诉办理中心、非诉数据中心"三大中心"为重点，形成了多主体参与、多领域汇集、多链条驱动的非诉纠纷化解工作体系。[1] 江苏省委全面依法治省委员会办公室、江苏省高级人民法院和江苏省司法厅高度重视新时代多元纠纷化解相关问题，及时联合制定出台《关于推进诉讼与非诉讼纠纷解决方式对接工作的意见》，进一步加大了非诉纠纷解决机制的工作推进力度，新时代多元化解纷体系建设的"江苏样本"正在展现出蓬勃生机和活力。

2019年，江苏各级司法行政机关秉持问题导向、需求导向、效果导向的基本思路，依照《关于建立非诉讼纠纷解决综合平台的实施方案》的基本要求，全面加强了司法行政机关与各级法院在相关事务上的协同配合，从而推动试点经验进一步普及。此外，江苏各级司法行政机关以全面覆盖的平台、统一规范的制度、衔接融通的机制、专业多元的力量这几个关键因素为抓手，进一步推动江苏省在非诉讼纠纷化解体制机制建设方面取得显著成效。[2] 2019年9月，江苏司法行政机关在多元化纠纷解决平台建设方面积极

---

[1] 《重磅！江苏推进非诉讼纠纷解决机制建设，"大咖们"有话要说》，载江苏司法行政在线微信公众号，最后访问日期：2020年1月21日。
[2] 参见丁国锋等《江苏非诉讼纠纷解决机制建设推进会》，载江苏法院网，http://www.jsfy.gov.cn/art/2019/12/20/23_99246.html，最后访问日期：2020年1月29日。

探索，组织开通"江苏微解纷"这一全国首个线上诉调对接平台。截至2019年底，共有3794件纠纷通过该平台得到有效化解。江苏各级司法行政机关还会同江苏各级法院进一步设立了"诉讼与非诉讼对接中心"，其中江苏各基层法院全部入驻了"网上数据一体化处理"平台，截至2019年底，有19540件交通事故赔偿纠纷成功得到调解。此外，江苏省法院系统立足自身特色开发了诉讼风险智能评估系统，该系统通过深化调解前置试点进一步引导当事人理性地选择纠纷化解方式，截至2019年底，232927件婚姻家庭等八类纠纷案件通过诉前调解的方式实现了案结事了。经过全省法院系统的不断努力，江苏省的诉源治理成效显著，截至2019年底的统计数据显示，新收一审民事案件同比增长数据为0.2%，其增幅下降5个百分点，同时，54家基层法院的收案数据也表现出了负增长的态势。①

江苏省在2019年度矛盾纠纷化解实践中，坚持立足市域、县域这一基层社会治理的关键点，以破解社会矛盾"外溢上行"为突破口，努力构建矛盾风险立体化防控体系。具体而言，其一，通过实施"社会预防工程"，进一步强化了各类社会组织的自治管理能力，真正促进了民事民议、民事民办、民事民管，也在一定程度提升了各类社会矛盾纠纷的源头治理水平。在实践中，江苏各地依托"法律六进"，通过开展"法护人生""法进家庭""法润村居"等形式多样的行动，进一步将无讼的传统优秀文化传播到基层各行各业老百姓家中。其二，通过实施"专业赋能工程"，逐步建立起了法律人沟通对话机制，从而在各类矛盾纠纷化解中能够真正坚持运用法治思维和法治方式来予以化解，从而尽可能地预防和减少各类矛盾的外溢激化。通过逐步推广法律专业代理制度，积极探索行政纠纷法律援助制度，充分发挥破产管理人协会的积极功能，从而真正在涉及企业的各类纠纷化解中实现了法定化、专业化、快速化。其三，实施纠纷化解的"联动共治工程"，坚持一体运行的思路，完善了工作平台的联动机制，加强了纠纷化解多元手段和

---

① 参见夏道虎《江苏省高级人民法院工作报告——2020年1月17日在江苏省第十三届人民代表大会第三次会议上》，载《新华日报》2020年2月19日，第6版。

方法的联动，深化了各方在矛盾纠纷化解中的合作协同，提升了社会矛盾纠纷的综合治理效能。其四，通过实施"责任强化工程"，进一步理顺了市、县、乡镇（街道）、村居（社区）四级之间的权责分配关系，优化了四个层级之间权责明晰、上下贯通工作联动组织架构，进一步提升了社会矛盾纠纷的治理水平。此外，通过大力推行政府权力清单和责任清单制度，对七类非诉纠纷化解方式分别制定了相应的工作清单，并通过向社会公布的方式进一步明确了服务的种类项目、服务的主体、受理的方式以及办理的标准，从而将其纳入社会监督的体系。[1] 此外，江苏各地各部门还基于自身特色进一步深化了多元解纷机制改革，在实践中创新了新时代"枫桥经验"的新模式。2019年，江苏全省中基层法院全部参加了"无讼村居（社区）"的创建活动，并将"万人起诉率"纳入地方综治考核体系当中，通过"审务进基层、法官进网格"全覆盖的方式真正实现了社会矛盾纠纷的源头化解，从而让每个社会个体都能感受到公平正义。[2]

## （二）基层实践

就非诉讼纠纷化解模式探索的基层实践而言，连云港等35个县市区被江苏省高院和省司法厅确定为非诉讼纠纷化解综合平台的试点地区，推动了分层递进、衔接配套纠纷解决体系建设，促进了各类非诉化解方式专业化发展。[3]

例如，盐城市射阳县充分整合各种非诉讼纠纷化解工作的职能和资源，不断拓宽人民群众维护自身合法权益的现实路径，紧紧围绕把非诉讼纠纷解决机制挺在前面，综合运用司法行政系统各项非诉讼纠纷化解手段，着力建点、拉线、布网，大力推动多元化纠纷化解体系建设。首先，射阳县打造了

---

[1] 参见丁国锋等《江苏非诉讼纠纷解决机制建设推进会》，载江苏法院网，http://www.jsfy.gov.cn/art/2019/12/20/23_99246.html，最后访问日期：2020年1月29日。
[2] 参见夏道虎《江苏省高级人民法院工作报告——2020年1月17日在江苏省第十三届人民代表大会第三次会议上》，载《新华日报》2020年2月19日，第6版。
[3] 参见丁国锋等《江苏非诉讼纠纷解决机制建设推进会》，载江苏法院网，http://www.jsfy.gov.cn/art/2019/12/20/23_99246.html，最后访问日期：2020年1月29日。

非诉讼法律服务中心,以人民调解为主体,整合行政调解、律师调解、公证等司法行政系统各项非诉讼纠纷化解职能,确保非诉讼纠纷一站式解决。中心设置统一接案受理前台,分类设置调解、公证、裁决、复议、仲裁以及综合服务等8个岗位,并将非诉讼纠纷化解服务范围清单上墙,后台安排5名调解员调处分流,实现非诉讼服务中心对社会矛盾纠纷"拿得起、解得开"。其次,射阳县在横向上拉长了非诉讼服务平行线,在县法院诉讼服务中心设立诉前人民调解委员会、律师调解室,在市场监督管理局、卫健委、生态环境局等8个部门设立行业性、专业性人民调解委员会,并在矛盾多发的重点部门建立非诉讼服务分中心,确保社会矛盾纠纷横向分流"喊得动、处得快"。再次,射阳县织密了非诉讼服务覆盖网,在纵向上利用人民调解网络全覆盖的优势,在全县15个镇区、236个行政村居普遍设置非诉讼服务站。最后,射阳县还先后成立了4个老兵调解室以及11个个人调解工作室,通过调解室培育工作机制的优化完善,真正实现了社会矛盾纠纷纵向分流的制度预设。正是得益于多向度、多层面的大胆探索,射阳县在非诉讼纠纷化解方面初步取得了明显成效。据统计,仅从2019年5月到9月,射阳县共调处矛盾纠纷3557件,同比增加113.4%,环比增加92.7%,是同时期县法院受理民商事案件数的1.33倍。其中镇区、行专调处矛盾3392件,占95.3%。基本达到了"小事不出村、大事不出镇、行业专业矛盾纠纷本领域内解决、重大疑难复杂矛盾纠纷不出县"的目标。同时,这一成效带来的收益,就是节约了有限的司法资源,降低了法院案多人少的压力,民商事案件受理数环比下降5.1%。

## 二 纠纷化解诉讼模式的江苏探索

以诉讼方式化解纠纷,是指由人民法院依法对当事人之间的矛盾纠纷进行审理,通过特定司法程序来解决诉讼活动当事人矛盾争议的相关活动。我国当前的诉讼活动主要包括民事诉讼、刑事诉讼和行政诉讼三种基本类型。诉讼是解决社会纠纷最后也是最重要的途径,但不是唯一的途径。作为社会正义的最后屏障，诉讼途径发挥作用的程度通常与行政和社会自身之解纷机能存在此消彼长的关系。就此而言，应当理性地正视诉讼模式解决纠纷的有限性，并充分整合行政与社会自身之纠纷调处资源，以促成社会矛盾解决机制的多元化格局。① 从这一认识出发，江苏全省法院坚持以习近平新时代中国特色社会主义思想为指导，以实现"让人民群众在每一个司法案件中感受到公平正义"为工作目标，认真全面地贯彻落实中央、省委、最高人民法院决策部署和省十三届人大二次会议的有关精神，忠实地履行宪法法律赋予法院的神圣职责，通过打造高质量司法为实现建设"强富美高"新江苏的目标迈出了坚实步伐，取得了可喜成绩。②

## （一）总体情况

2019 年，江苏各级法院共受理案件达到 2260045 件，其中新收案件达到 1978667 件，同比分别上升了 4.34% 和 7.99%。2019 年全年共审执结案件 1987489 件，同比上升了 6.73%。其中法官的人均结案量达到了 295.4 件，同比增加了 25.4 件。③ 具体而言，2019 年江苏法院工作具有以下几个方面的亮点。

其一，进一步优化法治化营商环境。2019 年江苏各级法院全面贯彻新发展理念，扎实有序地推进南京江北法治园区的建设，以服务保障重大战略实施为重要抓手，进一步提升了法治核心竞争力。通过大力推行依法平等保护产权的制度举措，进一步营造了公平公正、安全稳定的社会发展环境；通过审慎运用司法保全措施，最大限度地维护各类企业的日常生产秩序；通过稳妥推进各类"僵尸企业"的处置，探索建立简易破产案件的快审机制，全面推广"执转破"工作机制，从而推动各类市场主体的有序退出；2019

---

① 江国华：《常识与理性：走向综合的司法改革》，载《河南财经政法大学学报》2012 年第 2 期。
② 参见夏道虎《江苏省高级人民法院工作报告——2020 年 1 月 17 日在江苏省第十三届人民代表大会第三次会议上》，载《新华日报》2020 年 2 月 19 日，第 6 版。
③ 参见夏道虎《江苏省高级人民法院工作报告——2020 年 1 月 17 日在江苏省第十三届人民代表大会第三次会议上》，载《新华日报》2020 年 2 月 19 日，第 6 版。

年江苏各级法院共审结破产案件达到 2889 件，其中共化解债权达到 920 亿元，安置职工达到 36119 人，盘活土地房产面积达到 2616 万平方米。正是鉴于江苏法院在优化法治化营商环境方面所取得的显著成效，南京中院被选为"执行合同"评价指标唯一代表单位在全国优化营商环境经验交流会上与全国的同行一起分享其成功经验。①

其二，全面纵深推进扫黑除恶工作。2019 年江苏全省法院坚持"打准打狠、打深打透"的基本思路，依照法律规定从严从重打击了一批黑恶犯罪势力，一审共审结黑恶势力犯罪案件 458 件，其中共判处 2824 人。全省法院坚决铲除黑恶犯罪势力背后所依托的经济基础，依照法律规定从严判处罚金、没收财产，通过组织开展"打财断血"等专项执行行动，共执结财产刑案件达到 2318 件，执行到位的财产达到了 2.7 亿元；依照法律规定严惩黑恶势力背后的"保护伞"和"关系网"，共审结恶势力背后的"保护伞"和"关系网"相关案件 61 件，共判处 68 人，其中发现和移送"保护伞"相关线索达到 291 条。正是鉴于江苏法院在扫黑除恶工作中所取得的显著成效，中央政法委连续两年特别表彰并授予江苏省法院全国扫黑除恶先进单位的称号。②

其三，持续推进诉讼服务转型升级。2019 年江苏全省法院以"一次办好"为目标，大力推进一站式诉讼服务中心建设，通过系统集成立案、保全、鉴定等多项诉讼服务，真正实现"一站全办"式诉讼服务；通过全面升级诉讼服务网络平台建设，逐步探索将 32 项诉讼服务链接入驻政务服务网，从而真正实现"一网通办"式诉讼服务。此外，江苏在全省 69 家中基层法院中设立了 24 小时自助式诉讼服务中心，其中在徐州、盐城、泰州三市的中基层法院，其覆盖率达到了 100%，真正实现了"诉讼服务不打烊"的承诺；通过全面推进跨域立案的探索，逐步构建起了案件当事人可以在

---

① 参见夏道虎《江苏省高级人民法院工作报告——2020 年 1 月 17 日在江苏省第十三届人民代表大会第三次会议上》，载《新华日报》2020 年 2 月 19 日，第 6 版。

② 参见夏道虎《江苏省高级人民法院工作报告——2020 年 1 月 17 日在江苏省第十三届人民代表大会第三次会议上》，载《新华日报》2020 年 2 月 19 日，第 6 版。

"家门口起诉"的新模式,网上立案数量达到313680件,其中跨域立案数量达到了1192件。①

其四,多措并举最大限度保障胜诉当事人的合法权益真正得以实现。2019年江苏各级法院继续巩固扩大"基本解决执行难"的攻坚战果,大力推进"基本解决执行难"由阶段性攻坚战向常态化持久战转变,从而真正确保司法实践中执行力度只增不减、核心指标只升不降,最大程度实现"六个巩固、三个提高"这一目标,努力保障胜诉当事人的合法权益真正得以实现。具体而言,通过常态化开展夜间执行、凌晨执行、假日执行达到5949次,其中实施搜查达到17652次、拘留18125人次、罚款达到3099.8万元,以拒执罪判处163人,共发布各类失信被执行人名单28.3万人次,全年共执结各类案件数量达到634028件,执行到位的款项达到1135亿元,②从而真正保护了胜诉当事人的获得感。

### (二)基层实践

2019年,江苏各级法院的纠纷化解工作呈现出以下几方面的亮点。

第一,积极构建全方位审判辅助体系。一年来,苏州中院通过开发集中编目系统,实现了对各类诉讼文档材料进行统一扫描、智能编目、OCR识别,该系统使85%以上的审判流程信息在立案阶段便能够统一录入,大大提高了审判效率,因此该模式在江苏全省得到了推广。当然,该模式得以有效运转还离不开卷宗云柜流转系统的技术支持。得益于此,案件材料流转信息能够即时被各类当事人知悉,流转过程也能够真正实现动态跟踪、全程留痕、高效安全。无锡法院针对送达难的问题开发了电子送达平台,通过设立法律文书送达中心,充分运用科技手段精准找"人",从而让平台的送达成功率达到80.10%。南京高淳等法院立足专业化和精细化,通过吸引第三方

---

① 参见夏道虎《江苏省高级人民法院工作报告——2020年1月17日在江苏省第十三届人民代表大会第三次会议上》,载《新华日报》2020年2月19日,第6版。
② 参见夏道虎《江苏省高级人民法院工作报告——2020年1月17日在江苏省第十三届人民代表大会第三次会议上》,载《新华日报》2020年2月19日,第6版。

工作人员进驻的方式组建了送达专人团队，由专业团队集中办理送达业务，送达成功率明显提升。泰州姜堰法院将导诉、诉讼材料扫描收发、立案信息填报、送达、排期开庭、12368诉讼服务热线等司法事务性工作外包给具有相应资质的企业集中办理。①

第二，积极优化完善案件速裁分流机制。江苏各地基层法院进一步完善速裁团队建设，以个案在诉讼主体身份、案由的类型、诉讼的标的以及案件平均审理时间等方面所存在的差异为重要判断标准设定简单与复杂案件的分流规则以及案件繁简分流智能识别系统，从而让司法实践中的个案能够及时实现繁简分流。如无锡、常州、淮安、宿迁等地中级人民法院积极探索二审案件的快速审理工作机制，对于那些一审过程中适用速裁机制的相关案件到二审阶段一般分配到速裁团队组织相关案件的审理。此外，江苏法院系统还尝试建立了分类明晰、权重科学的考核标准，通过适度区分案件类型以及难易程度，从而对办理简单案件与复杂案件的法官以及审判辅助人员分别设定不同的考核指标以及考核关注的核心点；同时对诸如物业服务、劳动争议等批量呈现的纠纷试点开展示范式诉讼，逐步取得了"快审一个、化解一片"的良好社会效果。②

第三，积极构建全覆盖立案服务体系。2019年江苏全省法院积极落实立案登记制改革的各项要求，案件当场登记立案率得到显著提升。此外，在跨域立案方面也取得了显著成效，如南京市六合区法院与上海徐汇法院合作成功实现全国首例长三角"一网通办"跨域立案，该创举在全国产生了广泛影响。2019年全省法院网上立案和跨域立案的案件比例突破了50%。③

---

① 参见《江苏法院一站式多元解纷和一站式诉讼服务工作情况》，载江苏法院网，http://www.jsfy.gov.cn/art/2019/08/30/25_98464.html，最后访问日期：2020年1月20日。
② 参见《江苏法院一站式多元解纷和一站式诉讼服务工作情况》，载江苏法院网，http://www.jsfy.gov.cn/art/2019/08/30/25_98464.html，最后访问日期：2020年1月20日。
③ 参见《江苏法院一站式多元解纷和一站式诉讼服务工作情况》，载江苏法院网，http://www.jsfy.gov.cn/art/2019/08/30/25_98464.html，最后访问日期：2020年1月20日。

## 三 诉讼与非诉讼纠纷化解模式的对接

社会矛盾纠纷从来就不可能全部通过诉讼方式解决。尤其在社会转型时期，社会矛盾的多样性、复杂性和新型化更加凸显了法律的滞后性以及审判体系内部的张力。因此，必须着力培育和发展多元化的纠纷解决机制，并增强诉讼与非诉讼纠纷化解模式的衔接，从而有效地缓解当前法院普遍存在的案多人少困境，同时提升社会其他力量的秩序化能力。2019年，江苏省在纠纷化解模式的诉讼与非诉讼对接工作上敢于创新，省司法厅与省高级人民法院合作打造了江苏诉讼与非诉矛盾纠纷化解对接平台，形成了以下几个方面的实践经验。

首先，打造诉讼与非诉矛盾纠纷化解对接平台。在纠纷对接平台建设中，江苏省充分运用互联网技术和智能化手段，全面整合法院各类审判调解资源以及司法行政机关多种非诉解纷力量，全面打通线上线下多种纠纷化解渠道，从而将矛盾化解搬到线上，将纠纷化解工作的重点放在前端预防化解上。诉讼与非诉矛盾纠纷化解对接平台通过提供在线咨询、在线评估、在线调解、仲裁裁决、在线诉讼五方面的服务，将各类矛盾纠纷逐级分层过滤，尤其注重借助矛盾纠纷过滤机制将那些细小且容易解决的纠纷分配至诉前调解渠道，将适合通过诉讼外渠道解决的纠纷分配至法院外部，借助行政部门、专业调解委员会或人民调解委员会等外部力量来化解相应纠纷。最后使过滤剩余的少量需要通过法院裁判解决的重大疑难案件进入审判程序，形成"非诉在前、诉讼断后"的漏斗式矛盾纠纷解决模式，从而尽可能实现将非诉讼纠纷解决机制"挺在前面"的制度功能预设。目前，江苏所有驻法院人民调解工作室、律师工作站的人民调解员以及值班律师均已入驻矛盾纠纷化解对接平台，其基本实现了与法院案件管理系统、司法行政机关调解管理系统相互之间的无缝对接。[①]

---

[①] 参见《江苏诉讼与非诉多元矛盾纠纷化解平台上线》，载江苏高院官方微信公众号，最后访问日期：2020年1月21日。

其次，优化完善诉讼与非诉讼衔接的制度和体系。江苏省委依法治省办、省法院、省司法厅多部门联合下发了《关于推进诉讼与非诉讼纠纷解决方式对接工作的意见》。该意见进一步整合了人民调解、行政调解、律师调解、仲裁、公证、行政裁决、行政复议这七种非诉讼模式的纠纷解决模式，进一步搭建起了创新型的多元纠纷化解"府院联动"工作机制，在多方合力之下多元化纠纷解决机制的体系化格局初步成形。就总体数据来看，江苏全省法院分别设立了168个律师工作站以及316个人民调解工作室并将692名人民调解员编入速裁团队，进一步实现了案件分流、调解、速裁以及快审四者间的有机协调。此外，江苏省法院与省司法厅还联合出台了关于加强诉前调解程序前置试点的相关意见，该意见进一步明确了对起诉到法院的八类民事纠纷在原则上应先进行诉前调解。近年来，各派驻法院的人民调解工作室充分发挥其职能作用，共调解各类矛盾纠纷案件数量达到163722件，其中调解成功数量为61888件，调解成功率达到了37.80%。同时江苏各地法院也进一步加强了对非诉纠纷解决方式的推介，通过在诉讼服务中心对非诉解纷渠道其便利性和有效性进行适当的宣传引导，进一步便利当事人通过非诉的方式来解决各类纠纷。①

最后，加强诉讼与非诉矛盾纠纷化解对接工作的保障机制。江苏全省立足自身特色，进一步加强了诉讼与非诉矛盾纠纷化解对接工作的组织领导、指导监督以及沟通协调，提升了诉讼与非诉矛盾纠纷化解对接平台的运行实际效果；探索建立了联席会议制度，进一步完善了各类对接机制，通过深入分析本地区各类矛盾纠纷的性质及特点有针对性地提出了相应的防范建议，从而有效协调解决了对接过程中所出现的各类问题；进一步加强诉讼与非诉衔接工作机制经费的支持保障，同时加强了诉讼与非诉衔接工作机制的宣传引导，进一步提高了非诉讼纠纷解决方式的社会知晓率、接受度、参与度，从而积极引导广大群众自觉将非诉讼纠纷解决方式作为

---

① 参见《江苏法院一站式多元解纷和一站式诉讼服务工作情况》，载江苏法院网，http：//www.jsfy.gov.cn/art/2019/08/30/25_98464.html，最后访问日期：2020年1月20日。

解纷的首选。①

从诉讼与非诉矛盾纠纷化解模式对接的基层情况来看，江苏各地按照中央关于推进社会治理现代化的基本要求，坚持把非诉纠纷解决方式挺在前面，探索建立了以预防为基点，自下而上、分层递进，功能互补、多元高效的纠纷解决机制，诉讼与非诉纠纷化解模式对接工作机制逐步成熟。② 例如，苏州市姑苏区制定了《姑苏区关于加强司法审判与人民调解对接机制建设的意见》《关于开展诉讼与公证对接合作的意见》《关于深化诉调对接、引入律师参与中立评估工作的实施意见》等工作制度，明确人民调解、中立评估、法律援助、公证以及行政复议等在对接工作中的任务内容，细化了对接工作流程，明确了各个参与主体的责任。再如，连云港市为贯彻江苏省三部门《关于推进诉讼与非诉讼纠纷解决方式对接工作的意见》，在实践中特别注重落实司法行政与法院审判工作对接机制、七种非诉纠纷解决方式的相互衔接处置机制、调解协议的司法确认机制等。该市还进一步制定了双向评价督促考核制度，加强对非诉讼纠纷解决体系运行的监督评价，并坚持群众满意标准，将其纳入法治社会建设指标体系。

---

① 参见《省三部门发文加强诉讼与非诉讼纠纷解决方式对接工作》，载江苏政府法制网，http://sft.jiangsu.gov.cn/art/2019/7/23/art_ 48513_ 8634693.html，最后访问日期：2020年1月20日。
② 参见《2019年全省司法行政工作要点》，载江苏政府法制网，http://sft.jiangsu.gov.cn/art/2019/2/22/art_ 48582_ 8175834.html，最后访问日期：2020年1月21日。

# B.5
# 社会基层治理报告＊

韩玉亭＊＊

**摘　要：** 2019年，江苏省在推动基层社会治理体系和治理能力现代化方面取得可喜成绩。梳理江苏基层社会治理实践的成功经验，主要表现为五个方面：以政治党建工作引领社会治理；以道德价值追求促进社会治理；以法治规范路径保障社会治理；以基层民主自治激活社会治理；以共治多元参与推动社会治理。

**关键词：** 基层治理　社会治理　江苏经验

党的十九届四中全会决定对共建共治共享的社会治理体系进行了深刻阐释，也对新时代的社会治理创新提出了更高要求。① 在党的十八届三中全会提出进一步加快形成科学有效的社会治理体制和党的十九大提出"完善党委领导、政府负责、社会协同、公众参与、法治保障的社会治理体制"的基础上，党的十九届四中全会进一步明确提出："必须加强和创新社会治理，完善党委领导、政府负责、民主协商、社会协同、公众参与、法治保障、科技支撑的社会治理体系，建设人人有责、人人尽责、人人享有的社会治理共同体。"② 这一表述不但对社会治理体制增加了"科技支撑"的新内

---

＊ 除专门引注外，本报告涉及的所有事例、数据、图表均为作者调研所得。
＊＊ 韩玉亭，法学博士，中国法治现代化研究院研究员，南京师范大学法学院讲师，江苏高校区域法治发展协同创新中心研究人员。
① 参见《中共中央关于坚持和完善中国特色社会主义制度　推进国家治理体系和治理能力现代化若干重大问题的决定》，人民出版社，2019，第29~30页。
② 《中共中央关于坚持和完善中国特色社会主义制度　推进国家治理体系和治理能力现代化若干重大问题的决定》，人民出版社，2019，第28页。

涵、新举措,使社会治理获得了时代感和方法要素,而且第一次提出了"社会治理共同体"的全新命题。"社会治理共同体"是一个形塑于基层、运行于基层、收益于基层的社会治理格局,社会基层是实现社会治理现代化最为真切的现实场域。江苏作为东部发达地区省份,有责任在推动基层社会治理能力现代化过程中当好先锋、做好示范。[1] 为此,系统梳理江苏在基层社会治理领域的实践样态,有重要参考意义。

## 一 政治领航:以党建工作引领社会治理

2019年5月中共中央办公厅印发了《关于加强和改进城市基层党的建设工作的意见》。该意见指出:"城市基层党组织是党在城市全部工作和战斗力的基础。随着新型城镇化快速推进,城市社会结构、生产方式和组织形态深刻变化,人民对美好生活的需要日益增长,迫切要求充分发挥党的组织优势,不断提升党的城市工作水平。加强和改进城市基层党建工作,把城市基层党组织建设成为宣传党的主张、贯彻党的决定、领导基层治理、团结动员群众、推动改革发展的坚强战斗堡垒,对于坚持和加强党对城市工作的全面领导,夯实党在城市的执政基础,推进城市治理体系和治理能力现代化,具有重要意义。"[2] 为全面贯彻落实中央部署,江苏省积极探索通过党建工作引领社会基层治理的体制机制,在诸多方面取得了显著成效。

为进一步加强基层党组织的政治领航功能,江苏省委部署实施了基层党建"五聚焦五落实"三年行动计划,即聚焦基本组织、基本队伍、基本活动、基本制度、基本保障,把党的全面领导、党的坚强力量、党的号召要求、党的纪律规矩、党的关心服务落实到基层。该行动计划一揽子推出了

---

[1] 参见徐冠英等《"三整合",提升乡镇街道效能》,载《新华日报》2019年12月18日,第2版。
[2] 参见《中共中央办公厅印发关于加强和改进城市基层党的建设工作的意见》,载《人民日报》2019年5月9日,第4版。

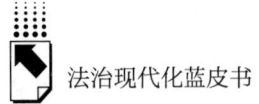

30个重点项目,集中破解基层党建的难点、薄弱点,着力通过三年"大抓基层"实实在在提升基层党组织的组织力。① 江苏省委经过蹲点调研、专题调研,把"五聚焦五落实"细化为具体的项目,聚焦问题,靶向施策;突出"有效管用",提出20多个量化指标,将相关内容纳入党建考核,以考核倒逼落实。

江苏省委通过"五聚焦五落实"三年行动计划,将目光瞄准了基层党建的难点薄弱点,通过重点项目"做实"基层党建,通过资源政策向基层倾斜来扶持基层党建等一系列的制度设计进一步加强基层党组织的政治领航功能,在很大程度上实现了以党建工作引领社会基层治理的目标。在基层党建的财力和人力保障方面,针对社会基层治理中"没钱办事、没人办事"这一难点,江苏省委以问题为导向,进一步完善了基层党组织经费的投入增长机制。从2019年开始,全省村级党组织运转经费的保障标准每年不低于38万元,对一些困难地区省财政给予适当的补助;此外还进一步落实了社区党组织为民服务的专项资金,并保证每年专项资金不低于20万元。在干部队伍建设方面,江苏坚持重视基层、关爱基层的鲜明导向,在实践中重用基层党务干部,从而为基层干部干事创业营造了良好的外部环境;此外,聚焦基层队伍建设,明确要求县级组织部门要确保1/3以上人员从事基层党建工作,配齐配强乡镇街道组织委员、组织员和组织干事;配强用好乡镇街道党(工)委书记,建立乡镇街道干部"3个20%"激励关爱机制,即经济待遇一般高于县级机关同职级干部20%、公务员年度考核优秀比例提高到20%、3年内符合条件的优秀党务干部提拔不少于20%,让基层干部有干劲、有奔头。此外,江苏省立足自身特色,进一步开展乡土人才"三带"活动,努力培育"定制村干",从高中毕业生中定向培养2000名左右大学生毕业后回乡任职,通过专门设立乡村振兴特聘岗位,优先选聘那些有创业

---

① 参见《江苏实施基层党建"五聚焦五落实"三年行动计划》,载《中国组织人事报》2019年7月29日,第1版。

经验、有创业项目的返乡大学生和退伍军人回乡参与社会治理。①

基层党组织的领导力、组织力是确保党的路线方针政策和决策部署得以贯彻落实的基础。2019年，江苏各地认真贯彻落实省委提出的基层党建"五聚焦五落实"三年行动计划，在立足自身地方特色的基础上分别开展了多种形式的探索。

在江苏扬州，邗江区双桥街道康乐社区把基层党建贯穿于社区治理的全过程和各方面，依照"党建带社建"的基本思路，努力彰显新时代基层党组织的战斗堡垒作用和党员先锋模范作用，尽可能把群众组织起来，努力将基层党建的政治优势转化为基层社会治理的工作优势，其主要表现如下。（1）党建基础工作强而实。基层社区党委严格落实在党建工作中"党委书记第一责任人"的责任要求，每年通过与街道党工委签订党建工作责任书、制订党建工作计划等多种方式切实履行抓党建工作的职责要求；严格按照发展党员标准和程序，把好党员入口关，不断壮大党员队伍，依托社区现有215名党员，设立9个党支部，划分9个党员服务责任区，建立党建睦邻点23个；健全完善理论学习和党员联系群众等制度，严格落实"三会一课"、民主评议要求，规范党员教育管理。（2）党员示范作用全而实。社区党委积极开展"我是党员、我做模范、我当先锋"承诺践诺活动，围绕"不忘初心、牢记使命"主题教育、"党员示范岗""十带头、十不许、十必须"要求，立足自身能力提出个性承诺内容；落实党员干部"三访"制度，利用节假日和空闲时间，听民声、访民意、解民忧；建立"居民点单、支部下单、党员和党组织接单"的服务流程，全力打通联系服务群众"最后一公里"，真正做到服务群众"零距离"、破解难题"零积压"。（3）党风廉政建设细而实。社区党委认真履行"一岗双责"职责，严格落实党风廉政建设责任制，切实将党风廉政建设作为社区党的建设重要内容，经常对社区党员干部进行党风、党性、党纪教育；组织社区两委党员干部学习《廉政

---

① 参见《江苏实施基层党建"五聚焦五落实"三年行动计划》，载《中国组织人事报》2019年7月29日，第1版。

准则》《中国共产党纪律处分条例》等党内法规，动员党员居民写廉语、读廉文、观廉片，营造人人讲廉说廉的良好氛围；细化完善社区党务、居务、财务公开工作，拓展社区网上居委会、社区论坛等监督渠道，自觉接受居民群众监督。

在江苏无锡，江阴市坚持党建引领，把建设坚强有力的基层战斗堡垒作为基层民主法治建设的首要任务，围绕夯实基层战斗堡垒这一中心，实施"'暨阳红色先锋'基层党建质量全面提升三年行动计划"，全面推进基层村（社区）党组织"领头雁"建设、党支部标准化规范化星级化建设、基层党建工作指导站建设、党建品牌"333培育"等"四项工程"，以促进基层党组织在基层社会治理工作中发挥强有力的领导作用。在推进基层村（社区）党组织"领头雁"工程中，江阴树立"信念坚定、为民服务、勤政务实、敢于担当、清正廉洁"的选人用人导向，指导各镇（街道）依托"德法讲堂""江上清风"等阵地平台，举办村（社区）两委干部培训班，加大对村（社区）干部的教育培训、监督力度，增强村（社区）班子整体功能和工作合力，缩小与"头雁"的贫富差距，使各村（社区）干群关系融洽，村民连枝同气，政令一呼百应。目前，江阴全市基层各村（社区）通过党建工作的创新，筑牢了红色引擎，引进了绿色产业，助推了乡村振兴，带动了百姓富裕，并以扎实的工作成效打通了基层党组织联系服务群众的"最后一公里"，让老百姓切实感受到党组织的贴心。

## 二 德治导航：以价值追求促进社会治理

在当前的基层社会治理实践中，全国各地普遍注重发挥思想道德引导社会风气和凝聚社会人心的重要作用，尝试把思想道德宣传教育活动全面融入基层社区治理的多个环节，努力解决社区治理当中"法律手段太硬、说服教育太软、行政措施太难"这一系列的难题，努力形成风清气正、向善向上的社会氛围。2019年，江苏省严格遵循"守初心、担使命，找差距、抓落实"的总要求，在社会基层治理中将"五深入五确保"作为工作开展的总抓手，将解决实际问题的成效如何作为重要的衡量标准，将开展主题教育与深化解放思想、学习先进典型、落实重点工作这几者紧密结合起来，在各个方面取得了显著的成效。正是得益于此，江苏全省500多万名党员学习贯彻新思想的自觉性和坚定性进一步增强，以人民为中心的发展思想得到深入落实，党员群众的精神面貌及能力素质均得到了显著提升，这些都为基层社会治理工作注入了强大的动能。[①]

自2019年6月开始，江苏省级领导班子、81家省级机关单位、112家省属企事业单位以及13个设区市、96个县（市、区）、25.3万个基层党组织先后分两批开展了"不忘初心、牢记使命"的主题教育。江苏全省各地把学习新思想作为当前的重要任务，在江苏省开展主题教育过程当中坚持以新思想统一思想、解放思想是其显著的特色。各级党员干部通过学习，深刻领悟新思想的重大意义、科学体系、丰富内涵、实践要求，从而积极从思维理念、思路举措、工作推进等多个方面找差距、校方向、纠偏差，通过不断学习进一步破除了各种与新思想不相适应的思维定式及路径依赖。同时，学习新思想的过程也是学习先辈先进典型、传承红色基因的过程。在开展主题教育过程中，江苏省立足自身特色积极开展了领导干部学"周恩来精神"、基层干部学赵亚夫、广大党员学王继才的"三学"活动，从而让全体党员学有榜样、行有示范。为进一步做好"三学"活动，全省政法系统先后从本系统获省级以上表彰的优秀共产党员、立功英模当中遴选出了136名先进和英模，进一步组织全体党员向这些先进模范学习。

为实现党建引领、德法合治，江苏省以分类指导为原则，以抓实支部活动为突破口，积极推动党员全面参与各类学习。经过不懈努力，江苏全省500多万名党员坚持读原著、学原文、悟原理，在学懂弄通做实上下真功，从而真正将理论学习作为"必修课"和"基本功"。如盐城市立足自身特色，深入挖掘了128个烈士命名镇村、1600多名新中国成立前入党老党员

---

[①] 参见郁芬《践初心担使命，写好"强富美高"新答卷》，载《新华日报》2020年1月13日，第1版。

的感人故事，选树了一批时代先锋，在引导党员铭记先烈、学习先进、赶超先进方面形成了自身的特色。南通市通过组织外出流动党员在线学习，党员领导对外地105个流动党组织上门送学，组织党员骨干与高龄党员、患病党员就近结对帮学等多种方式进一步提升了基层党员活动的实际效果。连云港市通过深入开展"两新"党组织单独组建"百日攻坚"行动以及园区"党员归家"行动等多项举措，将党的领导全面嵌入"两新"党组织工作的各个方面，真正提升了其实际效果。此外，常州市还通过"党员义工365"的活动，组织市属87家机关部门、2万多名在职党员在主题党日、固定学习日积极开展各类志愿者服务。统计显示，自主题教育开展以来，常州市各单位党委（党组）普遍组织集中学习达5次以上，此外还举办各类读书班、研讨班、学习会等多种活动1.3万场次。①

江苏各地在通过道德引领促进社会治理方面具有不少工作亮点。例如，盐城东台市开展了基层道德评议机制，将"德法同行"列入法治建设和精神文明建设考核内容，在全市部署推进"道德评议全覆盖工程"，重点要求各镇村在已有的尊老敬老道德评议机制基础上，对评议人员进一步充实、评议范围进一步拓展、评议制度进一步健全，并提倡有条件的企业、事业单位自主建立道德评议会，使道德评议成为新时代推进基层德治、法治、自治"三治融合"的全新载体、有力抓手。目前，东台市近400个村居全部建成道德评议会，部分企业、事业单位也探索建立了道德评议会，实现了道德评议广泛覆盖。

东台市进一步完善和规范道德评议过程。一是健全评议组织，按照"为人正直、办事公道、威信较高、说理能力强"的基本要求，由群众推进7~9名老党员、老干部、老教师和其他群众代表担任评议员，村支书亲自担任评议会会长。二是健全评议标准，对照《公民道德建设实施纲要》和宪法等法律法规要求，进一步细化村居民道德规范，修订完善评议

---

① 参见郁芬《践初心担使命，写好"强富美高"新答卷》，载《新华日报》2020年1月13日，第1版。

标准，使评议活动紧贴时代要求，发挥教育引领作用。三是充实评议内容，在原有尊老敬老相关内容的基础上，新增村务公开、家庭矛盾、邻里纠纷、土地流转、债务纠纷等与村居民生产生活密切相关的内容，不断提升评议活动的针对性。四是健全评议制度，坚持释法评议和论理感化相结合、正面教育和侧面引导相结合、评论问题和解决难题相结合，要求因事制宜、因人而异开展评议，尊重人格、保护隐私，确保评议活动的合法性、有效性。从以上举措不难看出，道德评议作为一项道德建设抓手，实际上成为搭载基层社会治理工作的有效路径，使道德建设与社会治理实现了有机融合。

以道德建设融入社会治理在江苏并非东台市这一个例。宿迁市沭阳县大力加强农村精神文明建设，定期开展"十大好人"等评选活动，并利用"小村问政"平台加强宣传，充分发挥道德模范带头作用，加强社会公德、职业道德、家庭美德和个人品德教育，弘扬崇德向善、扶危济困、扶弱助残等传统美德，存续了当地原本就具有极高显示度的淳朴民风。特别值得一提的是，沭阳县有的社区开展了"文明对话"活动，组织居民围绕某些社会议题展开对话交流，使得社区成员在这种民主商谈过程中提高了公共意识、道德素养和理性能力。诸如此类灵活多样的道德建设举措，在江苏各地广泛开展。以道德滋养法治精神、支撑法治文化，追求法治和德治相辅相成，成为基层社会治理的重要实践内容。

## 三 法治护航：以法律规范保障社会治理

坚持运用法治方式解决社会基层治理面临的问题，通过法治方式促进矛盾纠纷化解程序正当化，推动基层社会治理纳入法治化轨道，不仅有利于防止社会矛盾由于执法不当而进一步激化，而且有利于促进基层法治社会和法治政府的建设。在不断完善基层治理方式过程中，应坚持以人民为中心，通过法治化手段不断拓宽群众参与社会治理的渠道，激发群众参与治理的热情，提高群众的获得感和满意度，促进传统社会治理经验与法治建设的交融，逐渐由粗放式管理向精细化治理转变，进一步提升基层治理法治化水平。[1] 伴随着基层治理法治化水平的不断提升，全国已逐步形成公共法律服务网络平台、实体平台、热线平台三大平台融合发展模式，2019年建成省、地（市）、县（区）、乡（镇）四级公共法律服务平台4.1万余个，常驻实体平台法律服务人员8.1万余人；各地共建立商会或行业调解组织1100余个、个人调解工作室6780个、人民调解中心953个；2019年全国共排查矛盾纠纷405.6万次，调解矛盾纠纷931.5万件。[2]

江苏省将实现基层治理法治化作为其基本目标，通过织牢权利保障的严密法网等一系列举措将法治江苏建设进一步推向纵深。2019年，江苏率先探索非诉讼纠纷化解机制建设，通过综合运用调解、公证、裁决、复议、仲裁等多种方式全面化解各类社会纠纷，初步形成了"非诉"和"诉讼"有序衔接的纠纷解决机制。就司法运行实践的视角来看，在民事纠纷化解领域，江苏省通过开展调解程序前置试点，在各级人民法院先后设立了人民调解工作室以及律师工作站，借助这些力量尽量通过诉前程序推动社会治理的法治化。在刑事犯罪领域，江苏省积极探索社区矫正工作的新方式，通过坚持惩罚犯罪与教育矫正相结合、专门机关与社会力量相结合、维护社会稳定与促进社区服刑人员再社会化相结合原则，将社区服刑人员改造成为普通守法公民，从而进一步维护基层社会秩序的稳定。截止到2019年5月底，江苏全省累计接收社区服刑人员达到40.1万余人，按期解除矫正人员达到36.3万余人，登记在册社区服刑人员达到3.8万余人，重新犯罪率保持在全国较低水平。[3]

在通过法治方式推进基层社会治理方面，江苏各地开展了诸多有益的探

---

[1] 詹丹妍：《基层社会治理法治化路径探究——以检察机关运用"枫桥经验"为视角》，载正义网，http：//www.jcrb.com/xztpd/ZT2018/201809/GDCZXQ/JCLL/201809/t20180911_1906574.html，最后访问日期：2020年1月23日。

[2] 参见白阳《2019年我国法治政府和基层社会治理建设成效显著》，载中国政府网，http：//www.gov.cn/xinwen/2020-01/19/content_5470725.htm，最后访问日期：2020年1月23日。

[3] 参见倪方方《江苏创新打通基层治理"最后一公里"：筑牢底线，让公平正义阳光普照》，载新华报业网，http：//www.xhby.net/fz/dtyw201911/t20191107_6394679.shtml。

索。例如，宿迁市沭阳县通过"小村问政"模式，大力推进规则之治，要求各类基层治理参与主体切实尊法守法，以规范化手段展开各项治理工作，形成依法依规办事的行为习惯；村居两委通过"小村问政"征集社情民意，对村（居）规民约进行全面修改，以符合社会主义法治理念；基层社区广泛宣讲"扫黑除恶""美丽乡村""污染防治"等各级各类政策法规，大力宣传宪法知识、常用法律常识等，形成"家家学居规、户户遵纪律、人人守法律"的局面，增强了人民群众自我管理、自我教育、自我约束、自我服务的能力。又如，扬州市邗江区双桥街道康乐社区以社区法治工作室为载体，整合法律专业队伍、社区志愿者、社会知名人士等力量，积极推进平安法治志愿者工作站、杨庄警务室、调解室、武捍东工作室等站点建设；坚持开展"一月一走访、一月一宣讲、一月一服务、一月一宣传"等"1+1"活动，在基层社区打造"十分钟法律服务圈"，直面社区居民提供法治宣传教育、矛盾调解、法律援助、社区矫正、安置帮教等零距离法律服务。再比如，扬州高邮市菱塘乡通过"3+3"模式不断推进社会治理创新工作，活动搭台、创建唱戏，将法治融入和谐社区、和谐村庄、和谐部门、和谐企业、和谐家庭的系列创建活动。为实现"依法打击整治"向"法治与德治并重"转变，菱塘乡一手"以打开路"，一手"以防为主"，一手"以德润心"，组建了30人的专职巡逻队，成立了送法宣讲队，打造了"百米法治画廊"，落实乡村干部、政法干警、家庭成员"3+1"帮教措施，将精神文明建设、塑造和谐文明乡风与发展经济紧密结合起来，团结引领村（社区）党组织、群众自治组织、广大村（居）民投身于社会治理的各项工作之中。

## 四 自治续航：以基层民主激活社会治理

就基层群众自治的核心内涵来看，其目标就是要让人民群众在基层公共事务上真正实现自我管理、自我服务、自我教育和自我监督。通过在城乡社区治理中进一步落实基层群众自治制度，努力实现基层社会的治理与善治，

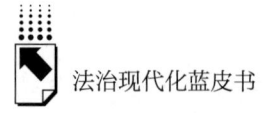

不仅是中国特色社会主义民主政治制度的内在要求，也是顺应新时代社会发展进步的客观需要。通过进一步加强基层社会治理中的群众自治，赋予"人民当家作主"这一政治原则新的时代内涵。当下，江苏通过在城乡社区制定"社区公约""村规民约"，组建"社区居民议事会""村民协商议事会"等自治性民主协商机构等多种方式，不仅拓宽了人民群众反映各种意见及建议的相关渠道，也进一步增强了基层社会成员进行自我管理、自我服务的能力，从而在基层社会治理中发挥了重要的作用，其成功经验值得深入研究、积极推广。

村民委员会选举是实现基层群众自治的重要途径，是中国特色社会主义民主政治的生动实践和充分体现。2019年9月27日，《江苏省村民委员会选举办法》经过修订重新颁布。[①] 新的选举办法进一步健全了基层群众自治制度、保障了村民民主权利，不仅是对中央关于实施乡村振兴战略、加强乡村治理大政方针的积极回应，也是适应江苏省经济社会新形势和总结固定江苏省实践经验成果的内在需求。新修订的选举办法具有江苏特色，兼顾区域发展差异，在基层群众自治层面体现了坚持党的领导、人民当家作主和依法治国的有机统一，对于推进江苏省农村基层政权建设和社区治理工作规范化、法治化具有重要的意义。[②] 此外，完善城市基层居民委员会的制度规范体系，同样是通过加强基层民主激活社会治理潜力的一个重要方面。江苏各地城镇社区发挥地方优势，充分总结提升既有经验，创新居民自治工作机制，拓宽居民自治参与渠道，提高居民自治工作效率，保障居民对自治范围内事务当家作主的权利，通过多种多样的活动激发了广大群众参与社区治理的积极性、主动性和创造性，逐步形成社区治理人人有责、人人尽责、人人享有的基层社会治理新风尚。

在通过基层民主建设激活社会治理方面，江苏各地涌现出一批可复制、

---

[①] 参见于文霖《贯彻党的领导 加强基层自治——〈江苏省村民委员会选举办法〉解读》，载《人民与权力》2019年第11期。
[②] 参见《〈江苏省村民委员会选举办法〉贯彻实施座谈会召开》，载《新华日报》2019年11月30日，第2版。

可推广的实践样板，其中徐州市贾汪区马庄村就是典型之一。马庄村积极探索以参事制、票决制和双票制为主体的"三制"模式，有效提升了村民对村级事务的知情权、参与权、决策权和监督权。其一，以"参事制"强化村民对村务管理的参与权，使民主管理有代表。具体做法是，村委会聘任8位德高望重的村民作为参事，任期两年。参事们参加村"两委"季度情况通报会，并列席其他重要村务会议，同时走村串户广泛征集村民意见，被誉为村"两委"的"智囊团"、群众的知心人。近年来，全体参事共参与完成公厕改建、废弃矿坑填埋、河道管护等重大事项决策13项，全程介入项目监督。其二，以"票决制"强化村民群众对村务决策的表达权，使民主决策有基础。马庄村组织成立村民代表大会，每10户选出1名村民代表，凡是村级重大事务，涉及群众切身利益的重大事项、重大决策，须经村民代表大会讨论票决通过并公示。村里包括老年补贴、垃圾收运、太阳能沼气站建设等在内的20多件重大村级事务都是通过票决制进行决策的。每月25日是"民主理财日"，村委必须逐笔上墙公示各项集体财务收支。其三，以"双票制"强化村民对村干部的考评权，使民主监督有实招。马庄村实行"干部和群众联合考评、上级和基层联动打分"的"双票制"，对村干部的工作态度、能力、业绩和社会反响等方面实行双向式考评，测评分作为村干部奖惩、任用的重要依据，列入干部的个人档案。其四，以电子信息手段保障村民对村务项目的知情权，使两务公开有平台。近年来，马庄村打造的大数据信息公开平台和手机App客户端先后推出，共设置了"党务公开我知情""我的资金我知道"等六大版块，基本实现了村民对村务和干部民主监督的日常化、便捷化。

党的十九届四中全会提出的"社会治理共同体"是一个以民主协商为基本联结机制的社会合作状态，是一种"有事好商量、众人的事情由众人商量"[①]的制度化实践方式。社区作为最小单元的社会治理共同体，规模小、利益明

---

① 《中共中央关于坚持和完善中国特色社会主义制度　推进国家治理体系和治理能力现代化若干重大问题的决定》，人民出版社，2019，第12页。

确、问题集中，具有社会协商的独特优势，属于党的十九届四中全会决定特别列明的"基层协商"。在扬州市邗江区双桥街道，康乐社区探索建立了"康乐民生茶馆"这一公共场域，为社区居民提供了切实参与社区事务协商的实体平台。"康乐民生茶馆"将组织建设、事务管理、小区发展建设规划以及涉及群众切身利益的其他事项列入民主协商内容，根据事务性质、涉及群众数量、影响力大小等实际情况，区分社区、小组、个人三个层级，依循提出议题、确定议题、组织协商、决策实施、公示公开等程序，构建以会议讨论为主，以个别走访、约请面谈、听证会、质询会等当面协商以及书面协商、网上协商等为辅，分层设计民主协商议事机制，真正实现了协商议题群众知晓、协商过程群众明了、协商结果群众清楚，使民主协商成为社区治理的基本工作底色。

## 五 共治远航：以多元参与推动社会治理

党的十八届三中全会决定明确提出要加快形成科学有效的社会治理体制，党的十九大进一步指出要打造共建共治共享的社会治理格局，党的十九届四中全会决定将新时代社会治理现代化的建设愿景进一步表述为"建设人人有责、人人尽责、人人享有的社会治理共同体"。[①] 系统梳理新中国社会治理变迁史不难发现，逐步建立并进一步完善共建共治共享的社会治理制度，是中国共产党对社会治理规律认识不断深化的结果。当然要真正建立共建共治共享的社会治理制度，其基本前提就在于真正让多元化社会治理主体参与到社会治理活动当中去，通过汇聚多方力量从而真正推动政府治理与社会调节、居民自治之间形成良性的互动。此外，它要求必须通过加强基层党组织、基层政府、市场主体、基层社会自治组织、公益性社会团体和社会成员个体等多元社会主体之间的互动、协商、合作，真正实现多元主体对社会

---

① 《中共中央关于坚持和完善中国特色社会主义制度、推进国家治理体系和治理能力现代化若干重大问题的决定》，人民出版社，2019，第28页。

公共事务的共同治理。也唯有真正让各类主体完全参与到基层社会治理当中去，才能全面发挥各类社会资源优势以及社会资本效能，从而最终实现社会系统的有机整合。① 2019年，江苏各地各部门不断创新工作方式方法，探索打造共建共治共享的社会治理新格局。

激励、引导广大人民群众广泛参与社会治理，特别是鼓励志愿者加入社会治理主体队伍中，是建立人人有责、人人尽责、人人享有的社会治理共同体的关键。以网格化社会治理为例，江苏近两年设立12万个网格，配备近30万名专兼职网格员，在全国率先实现了网格化治理省域全覆盖。江苏在推进网格化治理实践过程中，从一开始就注重打破传统自上而下的线型社会治理模式，特别注意吸纳社会力量的参与，有意识地避免党政部门及其工作人员在网格化治理中唱"独角戏"。为此，江苏探索建立市场主体、社会力量广泛参与的网格化社会治理新模式，鼓励各地积极创新组织群众、发动群众的机制，把各行各业尤其是基层群众调动起来，形成"人人都是网格员"的生动局面。在建立由网格长、网格员、督察员、联络员、巡查员、信息员组成的队伍之初，各地就特别注重引入志愿者、退休党员、热心群众的力量，使网格化治理真正成为社会自治的重要路径。同时，江苏在网格化治理的制度创制过程中，有意识地加大群众意见在绩效考评中的权重，真正把评判治理效果的"表决器"交到群众手中；建立网格化社会治理评价公开机制，充分保障网格内居民的知情权、建议权、监督权、评议权，以此增强人民群众主人翁意识，夯实基层社会治理的群众基础。

城乡基层社会治理的基本场域在社区，在社区内成立或运行的社会组织是最能为社区提供公共服务供给的有生力量，在社区治理中扮演着提升社区服务功能、协助社区日常管理、丰富社区居民生活的重要角色。为发挥社会组织力量的协同治理作用，江苏通过降低准入门槛、简化登记程序、完善孵

---

① 参见周盼《推进基层社会多元主体协同治理》，载《中国社会科学报》2019年1月30日，第6版。

化机制、加大政府购买等措施，培育发展了一大批公益互益类、文化娱乐类、辅助管理类社会组织，其中公益互益类志愿者组织是参与社区治理工作最为重要的力量。

江苏各地在推动社会多元力量参与社会治理方面涌现出不少值得总结提炼的工作亮点。例如，南京市栖霞区仙林街道通过"136"体系建设，变"社区管理"为"自我服务"。首先，打造"一个系统"，即加快"智慧社区"建设，实施街道、社区、小区三级联网工程，建立联动的信息采集、数据共享和公共服务综合受理系统。其次，构建"三大支撑"，即平台支撑——建设小区"居民之家"，搭建协作治理主平台，作为社区提事、党员议事、群众定事的常设机构；队伍支撑——建立由3000多名网格长、楼栋长、党小组长、宣传员、治安员、卫生员、物管员、文体员组成的"三长五员"志愿者队伍；机制支撑——各小区成立居民志愿者服务团，设党小组、法治组、宣传组、妇联组、治安组、环境组、互助组等7个小组，明确各项制度和机制。再次，落实"六项服务"，即政策宣传服务、"一站式"服务、精神文化服务、法律援助服务、健康卫生服务、矛盾调解服务。同时，通过学习和实践培训，强化社区干部和小区骨干的法治思维、服务思维、政社互动思维、多元参与思维，提升了社区多元共治的氛围和能力。

又如，无锡江阴市下大力气为志愿者组织入驻社区提供场所或工位，建立社区志愿服务站68个、社区志愿服务岗219个，实现社区志愿服务站（岗）的市区全覆盖，有效发挥了社会力量的协同作用。特别值得一提的是，江阴市借力"'恩派'公益组织发展中心"，通过居民提出需求、孵化中心开发设计、社会组织竞相承接、社工团队执行实施的流程，打造"社区发掘需求、孵化培育项目、政府购买服务、公益实施创投"的良好治理机制。

再如，苏州太仓市依托"1+4+N"网格工作站运行模式，依靠党员干部引领垂范，充分调动"老娘舅志愿者服务社""启航青少年事务所""光辉志愿者之家""平安舞爸舞妈"等公益性社会组织和群众互益组织，参与矛盾化解、治安巡防和特殊人群帮扶等家门口的"微治理""微自治"。该市"联动娄城"公众版 App 的推广，不仅聚合了信息推送、热点交流、民生服务、交通管理等应用，还赋予每个市民"事件爆料"的选项，通过流量红包、积分兑换等奖励，引导激励广大市民成为治理参与者，共建共治共享的社会治理格局正在当地逐步形成。

# 专题报告

Special Reports

## B.6 新时代"枫桥经验"在余杭社会治理中的展开[*]

余钊飞[**]

**摘　要：** 杭州是新时代"枫桥经验"实践、创新和推广的主阵地，作为杭州市新兴城区，余杭区是城市"枫桥经验"、网上"枫桥经验"等一系列典型经验集合群及工作模式重要发源地。随着城乡一体化进程加速，余杭区社会发展进程中凸显的矛盾与问题不仅存在于经济发展过程中，还集中展现在社会治理层面。如基层政府社会治理手段和管理方式方法的单一与匮乏、基层组织社会治理能力发展的滞后、在经济利益矛盾不断激化时束手无策等问题愈加明显。作为杭州市域社会治理现代

---

[*] 本文系国家社科基金一般项目"枫桥经验与自治、法治、德治相结合的乡村治理体系研究"（18BFX001）的阶段性成果。除专门引注外，本报告涉及的所有事例、数据、图表均为作者调研所得。
[**] 余钊飞，法学博士，杭州师范大学教授，枫桥经验与法治建设研究中心主任。

化的先行区，余杭区需就基层政府社会治理和基层组织社会治理的手段多样化和能力提升进行探索，提升基层党委政府、村居民委员会、社会组织等多元主体的合作与协同效果，优化村居民自治活动与乡镇街道政府管理职能之间的协作与配合机制，构建共建余杭区共治共享的社会治理新局面。

**关键词：** 新时代"枫桥经验" 城市治理 余杭区"全域治理" 基层治理

当前，新时代"枫桥经验"正在从乡村走向城市，从县域走向市域，"在内涵上、格局上和空间上都发生了重大的变化与革新，不仅可以为中国基层社会治理在理论和实践两方面提供智识和典范，同时也能够为世界其他发展中国家的社会治理提供经验和样本"。[①] 杭州是新时代"枫桥经验"实践、创新和推广的主阵地，也是把"枫桥经验"从乡村治理经验转型成大城市治理经验的第一座大城市。新时代"枫桥经验"的杭州实践，必将为全省乃至全国创新发展"枫桥经验"提供新样本、新思路、新方法。特别是在互联网时代的平台治理、大城市中的社区治理、大都市圈多层次合作治理等方面，杭州积累了丰富的实践经验，可以为新时代"枫桥经验"在城市的运用提供丰富的样本。余杭区社会发展进程中凸显的矛盾与问题不仅存在于经济发展过程中，还集中展现在社会治理层面。[②] 如基层政府社会治理手段和管理方式方法的单一与匮乏、基层组织社会治理能力发展的滞后、在经济利益矛盾不断激化时束手无策等问题愈加明显。[③] 杭州市余杭区是长三

---

① 余钊飞：《新时代"枫桥经验"与宪法的基层实施》，载《人民法院报》2018年12月21日，第5版。
② 参见余钊飞《新时代"枫桥经验"：乡村治理中的"三治融合"》，载《人民法治》2018年第12期。
③ 参见余钊飞、罗雪贵《"枫桥经验"视野下的乡镇政府管理与村民自治良性互动研究》，载《山东科技大学学报》（社会科学版）2017年第6期。

角地区最发达的区县之一，当前正处于大规模城市化建设与产业转型升级时期，相应的社会治理压力也明显上升。余杭区的经济社会发展水平较高，基本达到了发达国家的水平，同时也面临"中等收入陷阱"等种种挑战。由于区域范围内农村城市化、城市国际化、区域一体化进程的加快，余杭区的社会建设呈现出明显滞后于经济建设的状况，存在内在的紧张。随着我国社会主要矛盾发生了重大变化，发展中的不平衡不充分问题在余杭区表现得也比较突出，社会矛盾也日益复杂化和多样化。在推进基层社会治理现代化过程中，作为东部地区发达城市新区，余杭区社会治理也面临着几对较为复杂的问题，如省会杭州的重要区域职能与城市新区功能在余杭区叠加后如何优化组合；又如政府管理权与居民自治权如何良性互动，社会控制与社会自治两种理念如何取舍，条块分割与属地管理两种管理机制如何优化，户籍人口、新余杭区人、流动人口间如何融合，重大风险如何预测预防化解等，都是必须考虑的问题。

## 一 作为城市新区的社会治理境遇

当前，我国已经进入了国家发展社会改革的关键时期，从经济体制到社会结构，从利益格局到思想观念都产生了深刻的变革。这种剧烈变化为我国社会的持续发展进步注入了巨大的活力，但也带来了各式各样且非常棘手难以解决的矛盾冲突和难题。[1] 在我国经济不断发展的同时，社会整体矛盾和个体纠纷也明显增加。这种压力和挑战对处于转型升级时期的长三角地区而言，具有现实普遍性，作为城市新区的余杭区也不例外，面临着社会治理新情势。

### （一）社会结构多元多变

社会转型期的长三角地区社会结构复杂多元且处于不断转变中，基层社

---

[1] 参见余钊飞《城市化进程中的县域社会管理研究》，载《中国浦东干部学院学报》2013年第1期。

会治理的场域从相对稳定走向动态变化，社会治理对象从"单位人"转为"社会人"，社会治理的范围也从现实生活延伸至虚拟空间；"人（流动人口）、屋（出租屋）、车（机动车）、场（重点场所）、网（互联网）、会（社会组织）"等社会治理和管理要素多元多变，新情况、新矛盾和新问题层出不穷。① 余杭区是杭州的都市新区，1994年撤县设市，2001年撤市设区，现辖14个街道、6个镇，共有建制村184个、社区159个，区域面积1228平方公里，户籍人口接近100万人，在册流动人口约160万人。不难发现，作为一个迅速城市化的新城区，余杭的社会结构不但是复杂的，而且是高流动性的。

近年来，余杭区从本地复杂的社会结构特点出发，顺应社会成员多元态势，发挥社会要素多元优势，全面推进"全域治理""全域创新""全域美丽"建设，"产、城、人"融合化发展的路径更加清晰，经济社会整体呈现良好发展局面，主要经济指标增幅持续居于浙江省内同类区（县/市）前茅。但是，作为浙江省省会的重要组成部分、杭州都市化发展的主阵地之一，余杭区在快速推进城市化和调整经济产业结构的同时，也面临着陡然增加的社会治理压力。显然，相较于经济欠发达地区和传统积淀型城市，余杭区的社会治理基础和面向有着较为明显的特殊性。在城乡社会治理实践中，余杭区充分汲取新"枫桥经验"的精神实质，将其"以人民为中心"的要义引入日常治理工作，积累了不少有益的经验，也遇到了一些新问题和新挑战。

## （二）城镇化与国际化提速

近年来随着余杭区农村城市化、城市现代化、区域国际化进程的快速推进，劳动力的流动、所有制结构的调整带来了社会结构的巨大变化。以职业为基础的新的社会结构逐渐取代以往以政治身份、户口身份、行政身份为依

---

① 参见余钊飞《新时代"枫桥经验"：乡村治理中的"三治融合"》，载《人民法治》2018年第12期。

据的单位制。当前的社会阶层结构已经从"两个阶级、一个阶层"的结构，转变为由国家和社会管理者阶层、经理人员、私营企业主、科技专业人员、办事人员、个体工商户、商业服务业人员、产业工人、农业劳动者和失业半失业人员等十个阶层构成的社会阶层结构。自2001年撤市设区以来，余杭区原有的县级行政资源与功能难以承受现代化大都市主城区的现实发展需求，公共服务和制度的供给情况出现了相对现实发展需求较为滞后的局面，住房、就业、上学、看病、养老等社会问题和困难依然突出。余杭区在城乡人民生活水平、保障水平显著提高的同时，社会保障覆盖程度和层次仍有待提升。余杭区人民群众的总体生活水平已位于全国前列，但城乡差距仍然十分明显。所以，对余杭区政府而言，缩小城乡差距、合理调整收入结构的压力依然巨大。此外，余杭区社会保障水平在近些年来取得了长足的发展，特别是参加养老保险的职工和离退休人员、参加失业保险的人数、得到政府支持的城乡居民最低生活保障的人员总数显著增多，户籍居民社会保障程度高。社会保障水平的提升以及覆盖面的扩大，标志着余杭区社会"安全阀"初步建设成功，但与高层次的社会保障水平还有差距。

### （三）社会矛盾复杂多样

余杭区社会矛盾化解机制有所创新，但社会矛盾不断复杂化、多样化。尽管是人民内部矛盾，但其处理难度也越来越高，稍有不慎则后果严重。由于信访制度自身局限性明显，难以有效化解社会矛盾，"信访超市"建设快速提上日程。余杭区不断优化矛盾纠纷多元化解决机制，抑制"诉讼爆炸"趋势。最近十年，随着区域城市化进程的全面加速以及商品房建设的超速发展，余杭区物业纠纷无论是数量还是解纷难度都呈现快速上升的趋势。近年来，余杭区物业纠纷呈现以下特点：案件数量增长迅猛；案件类型复杂多样，涉案人数众多，形成大量集团诉讼；在审判过程中被告缺席严重；公开审理时，旁听群众较多、矛盾易激化、审理难度大。由于该类案件涉及众多业主的日常生活和切实利益，因长期协调不成双方矛盾很大，很多业主将积怨集中发泄在庭审过程中，所以审理此类案件难度较大。余杭区正处于城市化建设的关键时期,物业纠纷在短期内必然处于高位状态,一方面突出了社区融合建设的滞后,一方面暴露了社会治理中存在的薄弱环节。

## 二 基层社会治理能力的提升之道

余杭区作为杭州城市建设的新兴区域,目前是"街道为主、乡镇为辅"的基层党政管理体系。街道办事处作为政府的派出机关,连接着区政府和社区,长期以来在城市管理、经济发展、社区建设、社会治安综合治理等方面发挥着重要作用,是城市管理的基础。街道办事处在行使管理职责时以2004年修订的《各级人民代表大会和地方各级人民政府组织法》为主要法律依据,具体按照"派出机关的性质,一级政府的任务"来确定职责范围。在全国人大将1954年《街道办事处条例》废止后,街道办事处行使职责发挥作用的法律制度资源严重匮乏,导致实际工作中同时出现功能"缺位"和"越位"两种情况,体现了基层工作人员在法律制度供给滞后时进行探索和发挥主观能动性的思想历程和实践路径。但这种探索无法从根本上系统解决基层社会治理在解决辖区发展问题过程中出现的统筹能力不强、责权不对等、指导辖区建设乏力等现实问题。[1]

### (一)厘清乡镇政府治理职能

相对街道办事处而言,乡镇人民政府享有的职权和相应的法律依据比较完善。首先,1982年颁布施行的现行宪法将我国农村行政区划分为乡、民族乡或镇,还恢复了乡镇人民代表大会和乡镇人民政府体制。其次,中共中央、国务院先后于1983年10月和1986年9月发布《关于实行政社分开,建立乡政府的通知》和《关于加强农村基层政权建设工作的通知》,明确了

---

[1] 参见余钊飞、罗雪贵《"枫桥经验"视野下的乡镇政府管理与村民自治良性互动研究》,载《山东科技大学学报》(社会科学版)2017年第6期。

各地乡镇政权在整个八九十年代要把发展乡镇企业、做好计划生育工作和指导村民自治作为工作重心，进一步对乡镇政权改革的具体任务和要求进行了明确。①

近20年来，乡镇基层政府的职能在多次改革活动之中得到明确、规范和进一步完善。乡镇职权机构的基本定位也随着农村税费改革的完成逐步清晰，其中最关键的职能就是公共服务职能与社会管理职能，此外还包括一定的经济调节职能与市场监管职能。浙江省乡镇政权的内设机构随着2006年前后一系列政策和法规的出台进行了全方位的调整，根据这些法规和政策中明确的乡镇政权八项职能归口设置了多个综合性办公室及中心。② 这种改革和调整为乡镇政府管理带来的不仅是职责清晰与内设机构科学合理，还成为其管理活动进一步提高透明程度和工作效能的坚实基础。近年来，政府的自我革新能力随着"有限政府、服务政府、法治政府"的建设在不断提升，具体表现为管理科学化与权力行使透明化。中共中央办公厅和国务院办公厅于2015年3月24日联合印发《关于推行地方各级政府工作部门权力清单制度的指导意见》，要求各级政府从合法性、合理性和必要性三方面对行政职权进行全面彻底的梳理；逐项列明设定职权的法定依据并及时取消缺乏依据的行政职权。早在2014年，作为首个通过网络公开发布"权力清单"的省份，浙江省完完整整发布了本省省市县三级政府的全部"权力清单"。其中，乡镇街道权力清单改革的主要任务就是对具体权力属性按照行政许可、

---

① 参见余钊飞《新时代"枫桥经验"：乡村治理中的"三治融合"》，载《人民法治》2018年第12期。
② 当时规定，一般乡镇综合性办公室设置不得超过五个，主要是党政办、经济发展办、社会事务办、村镇建设办、综治办等。综合性办公室一般不作为乡镇一级的中间层次，其负责人可以由乡镇分管领导兼任，并根据职能设置若干职位。对于承担社会公益事业的乡镇事业单位，则按照其承担的职能进行分类改革，让各事业单位的行政审批监督职能回归行政机关，将农机推广服务、动植物防疫、计划生育服务、社会保障服务、文化体育服务、社区卫生服务、村镇建设服务、环境保护服务、村级会计代理等社会公益性服务职能进行整合，强化服务职能。将其他经营性事业单位从行政序列剥离出来推向市场，乡镇不再设立自收自支的事业单位。乡镇公益性事业单位可以称作中心，其设置与乡镇党政机构的设置统筹考虑。每个乡镇可以设立三个中心，如便民服务中心、驻村指导中心、综治工作中心等。

行政给付、行政确认、行政征收、其他行政权力等分门别类。然而，作为发达县市之一的余杭区并未止步不前，而是在"权力清单"改革的基础上趁热打铁，迅速推进简政放权，在深化权力清单和责任清单的同时坚持"放管服"相结合，在多方面取得了"最多跑一次"的突出成就。但仍要注意到的是，尽管乡镇权力职能改革取得了一系列突出进展，"事务大量增加，责任不断加强"的客观压力仍普遍存在于乡镇和基层的工作活动中。①

## （二）强化街道办事处治理功能

这种客观压力具体表现为基层所掌握的行政资源与行政权力较少，但是这些改革导致的任务下沉使得基层较低等级城镇的管理资源匮乏，无法满足公共服务的实际需求。根据我国现行体制，就地方政府的权力配置而言，乡镇政府主要承担的是执行职能，决策权限相对有限，而县一级政府才能享有完整的行政管理权限。在当前经济发展的驱动和财政体制的限制下，为了谋求快速经济增长，乡镇政府呈现出政府功能公司化趋势；在"属地管理"和"一票否决"机制下，乡镇政府呈现出政府工作碎片化趋势；在各项短期目标和严格的考核压力下，乡镇政府呈现出政府行为运动化趋势。这表明，乡镇一级政府本身因为权力资源有限，加上日常事务的繁重复杂，自身改革空间较为有限，基层政府只能进入相对封闭的运行空间。此外，在我国体制和结构双重转型的复杂时期，基层政府职能转变滞后或者不准确，都会带来政府职能"越位"和"缺位"的突出问题和明显弊端。因此，乡镇政府的改革和发展必须与基层自治体系的构建和完善紧密联系并高度结合起来，只有二者高效联动，乡镇一级政府才能高效发挥其承担的政治功能和行政功能。根据《地方组织法》第68条第3款的规定，作为地方政府的一级派出机关，作为能够发挥执行作用的行政单位，街道办事处在我国行政体制中是最基础的一级。在法律赋予街道办事处的职能以外，其还要在实际工作

---

① 参见余钊飞、罗雪贵《"枫桥经验"视野下的乡镇政府管理与村民自治良性互动研究》，载《山东科技大学学报》（社会科学版）2017年第6期。

中承担区政府的大量事务性工作。街道办事处承担如此繁杂的行政任务，其权力无法满足需要，事权与财权严重失衡，导致职能落实效果不尽如人意。各类新型社会矛盾也在市场经济的迅速发展和城市化进程推进的背景下层出不穷，社会利益多元化趋势日益明显，"平安社区""和谐社区"建设任务日益繁重。尤其是近年来社会服务职能的加强，以及建设"服务型"政府的举措，加剧了街道办事处工作中的紧张局面。街道的行政职能和行政任务从质与量两方面都提升了要求，其权限却没有相应的调整，"两级政府、两级管理"的体制留下的"条块分割"局面更是影响了街道行政任务的完成和有限权限的行使。街道职能这种权责脱节、事权与财权失衡的情况亟须重新定位与调整。

## （三）建设基层治理"四个平台"

习近平总书记指出，应将人作为我国社会治理的核心，将重心放在城乡社区，关键任务是体制创新。余杭区全面贯彻落实浙江省"四个平台"建设目标，积极探索符合余杭区实际的具体的方式和方法，全面推进基层治理现代化。加强余杭区各区综治工作、市场监管、综合执法、便民服务等四个平台（以下简称"四个平台"）建设，完善基层治理体系，全面贯彻党的十九大和十九届四中全会精神，深入学习贯彻习近平总书记系列重要讲话精神，围绕推进基层治理体系和治理能力现代化，深化乡镇（街道）"四个平台"建设，加快建成边界清晰、分工合理、权责一致、便民高效的基层政府职责体系和组织体系。[①]

第一，建设综治工作平台发挥安全保障的重要作用。综治工作平台以乡镇（街道）综治办（科）为主体，统筹乡镇（街道）人武部和司法所、公安派出所、派出法庭、派出检察室等单位力量，充分发挥乡镇（街道）社会服务管理中心的综合协调作用，承担基层平安建设与综合治理等功能。综

---

① 参见王剑侯《浙江：以"基层治理四平台"改革推动基层治理体系现代化》，载《社会治理》2019年第12期。

治工作平台协调组组长由乡镇（街道）党（工）委副书记担任，成员应包括乡镇（街道）综治办（科）、人武部、司法所、公安派出所、派出法庭、派出检察室等单位负责人，日常管理协调工作由乡镇（街道）综治办（科）承担。平台工作任务主要包括：完善基层社会治理"一张网"体系，逐步固化网格；实现"浙江省平安建设信息系统"与"网格化管理、组团式服务"的融合，协调处理网上网下各类信息，做到一网联动、限时办结，推进社会共治；组织开展排查化解社会不稳定因素和矛盾纠纷、排查整治社会治安顽疾与公共安全的突出问题，推动基层平安建设。

第二，建设市场监管平台加强重点领域治理和完善日常监管。市场监管平台以乡镇（街道）食安办为主体，加强与派驻乡镇（街道）市场监管所和农业、卫生等站所的联动，承担面向市场主体的行政监管和执法功能。市场监管平台协调组长由乡镇（街道）分管领导担任，乡镇（街道）食安办、市场监管所以及农业、卫生等站所负责人为成员，乡镇（街道）食安办承担日常协调管理工作。平台工作任务主要包括：建立和完善"双随机"抽查机制，制订并实施与综合行政执法相结合的联合抽查计划，加强抽查结果运用，规范事中事后监管；推进随机抽查与社会信用体系建设相衔接，依托政府企业信用联动监管平台，将随机抽查结果纳入市场主体的社会信用记录，建立健全市场主体诚信档案、失信联合惩戒和黑名单制度；强化生产经营者主体责任，加大对食品药品、儿童用品、建筑材料等重点商品的市场检查和质量抽检力度，强化重点领域治理和日常监管。

第三，综合执法平台统一协调执法力量。综合执法平台以派驻乡镇（街道）综合行政执法中队为主体［综合行政执法中队未覆盖的乡镇（街道）以综合行政执法办公室为主体］，统筹乡镇（街道）综合行政执法办公室、国土资源管理所、环保监察中队、交通运管中队（所）等方面力量，承担一线日常执法巡查和现场监管职能。组建综合执法平台协调组，组长由乡镇（街道）分管领导担任，乡镇（街道）综合行政执法办公室、派驻乡镇（街道）综合行政执法中队、国土资源管理所、环保监察中队、交通运管中队（所）等与综合执法关系密切的基层派驻机构负责人为成员，派驻乡镇（街道）综合行政执法中队［乡镇（街道）综合行政执法办公室］承担日常管理协调工作。平台工作任务主要包括：建立乡镇（街道）行政执法统筹协调指挥机制，统一协调指挥、统一考核监督，加强联合执法、加强应急配合，实现与上级统筹协调指挥机制的全面对接；建立行政执法定期会商制度，通报工作情况；依托浙江政务服务网，建立统一的行政执法信息平台，强化执法部门、各平台之间及与刑事司法部门的配合协作。

第四，便民服务平台将各类公共服务和便民服务功能延伸至基层。便民服务平台统筹乡镇（街道）民政、计生、人力社保、城镇村镇建设、社区服务、行政审批等方面力量，加强与医疗、卫生、文化、农技、司法行政等基层站所的协作联动，承担基层各类公共服务和便民服务功能。组建便民服务平台协调组，组长通常由乡镇（街道）分管领导担任，乡镇（街道）社会事务管理办公室（科）、社区公共服务中心（便民服务中心）、进驻窗口部门（站所）等公共服务机构负责人为成员，乡镇（街道）社会事务管理办公室（科）承担日常管理协调工作。平台工作任务主要包括：办好乡镇（街道）便民办事（服务）大厅，拓展便民服务功能，实行集中办公、集约管理、集成服务；建立健全服务窗口运行管理制度，一窗受理、协同办理、限时办结；全面梳理公开乡镇（街道）、村（社区）服务事项，将浙江政务服务网向乡镇（街道）延伸，推进网上审批。

余杭区在各个街道进行社会治理创新探索的这几年，街道治理体系和治理能力得到全面提升。比如，临平街道在"平安余杭区"和"大党建"考核中均排名全区首位，相关工作经验在全市政法工作会议上得到推广，辖区内保健品会销、非法办学、老旧小区车库出租经营、"三合一"场所以及消防安全隐患整治等难点问题得到根本性解决。全区首例国有土地征收补偿决定程序执行案例通过"基层治理四平台"执行到位，临平群众的获得感、满意度得到前所未有的提高。

**（四）探索基层社会治理新机制**

近年来，余杭区各个街道均以党建统领治理大局，构筑一个"中枢大脑"。因地制宜,充分发挥自主性和积极性,探索出多种多样的基层治理方案,呈现出以下各具特色的经验做法。

其一,临平街道始终把加强基层党的建设、巩固党的执政基础作为贯穿社会治理体系建设的红线,充分发挥街道党工委在社会治理中总揽全局、协调各方的领导核心作用,成为治理工作的"中枢大脑"。一是"一核多堡"加大治理力度。依托"一社区一机关"党组织结对共建、在职党员"双报到"等载体,弥补社区资源不足、权小责大的短板;建立网格支部,网格支部书记兼任网格长,街道机关干部兼任网格指导员,一格一人配强专职网格员,规范"一格一阵地"。二是"民主协商"推进治理深度。街道、社区、网格三级党组织主动牵引,将民主协商作为基层自治的重要手段。将基础设施、环境卫生、工程施工等居民最关心的事作为协商重点,通过"民事民提、民事民议、民事民管、民事民决"工作机制,逐渐使群众从"站着看"变为"跟着干"。三是"民生导向"提升治理温度。深入群众、关心群众、服务群众、依靠群众,通过扩大服务内容,将治理模式与群众所需无缝对接,破解联系群众的"最后一公里"难题。街道在全国率先建立街道社会服务管理中心,结合"最多跑一次",集中办公、集约管理、集成服务。

其二,运河街道全面打造"网格铁军"。一是因地制宜设置网格。街道辖14个行政村、5个社区,目前户籍人口4.07万人,流动人口4.03万人,共计8.1万人。现设置87个网格,每个网格均配备网格长、网格指导员、专职网格员。二是现场教学提升技能。该街道开展多层次、多维度的现场教学,由派出所安排专业人员带队,3~5名网格员作为组员,分组分片小班化开展出租房消防安全和寄递行业检查的现场教学,通过"传帮带"的形式,上门实地检查,熟悉和掌握专项检查的流程、注意事项和问题处置等环节,提升专职网格员实际操作技能。三是封闭培训提升素质。组织61名村社专职网格员开展为期三天的封闭式集训,除专门的军事训练外,还安排7个部门相关负责人就网格实绩工作、两正人员管理和矛盾纠纷化解、企业消防安全生产检查等工作进行了业务培训。通过集训,努力打造一支素质过硬、纪律严明、作风优良的专业化网格铁军队伍。

其三，东湖街道创新思路推进社会治理工作。一是实行流动人口服务外包试点，创新管理服务模式。东湖街道确定了辖区顺达小区（东区、西区）、朱家角社区康乐、康盛小区为流动人口服务外包工作试点地区，对区域内近80%的房屋完成排查工作，沿街店铺已全部排查完毕，并对存在消防安全隐患的房屋进行梳理。双实系统进一步完善。通过试点，积极探索创新流动人口服务管理新模式。二是实施"虚拟社区"试点，探索社区精细管理。东湖街道探索实施"虚拟社区"先行试点，通过社会组织建立党组织，探索建立"党组织管党建、社会组织管事务"的精细化专业化管理服务模式，推进试点区域范围内的网格管理、流动人口管理、安全管理以及社会保险、教育等各项公共管理、公共服务工作。

其四，余杭区街道稳妥推进社会治理创新。一是加强组织建设。成立以街道主要领导为组长的创新基层社会治理工作领导小组，同时组建五个工作组，分别牵头推进五大专项行动。二是强化责任落实。出台街道"社会治理创新年"活动实施方案，明确牵头领导、牵头部门和配合部门，确保工作落实有抓手、有方向。三是创新开展工作。首个"余杭区百姓日"当天，组织安排感恩缅怀、企业创新之旅、美丽乡村大家谈、网格热议等10大类活动，吸引街道3.4万余人参加。同时，组织赴星桥汤家社区、良渚七贤桥村参观学习"旅馆式+星级化"工作，并召开座谈会，全面推进辖区"旅馆式+星级化"管理工作。

其五，仓前街道扎实开展五大专项行动。一是开展"党建+社会治理"专项行动，首抓网格支部书记建设工作，组织村社网格支部书记交流会，64位网格支部书记共同交流、探讨网格党建工作，助推村社治理。二是开展"扫黑除恶专项"斗争。网格排查与专业打击同时进行，摸排重要线索百余条，并取得了阶段性成果。三是开展"智慧治理体系建设"专项行动。重抓全科网格队伍建设，进行了队伍管理机制调整，进一步理顺队伍体系、工作流程、责任清单。四是开展"社会力量多元参与社会治理"专项行动。进一步强化便民服务建设，整合科室资源，在便民服务大厅设置综合受理窗口，将社会事务、计生、党群、城管等线上简单现场处置事项统一由专人受理及反馈,最大限度体现"最多跑一次"服务理念。五是开展"预防和化解社会矛盾机制建设"专项行动。重抓辖区互联网金融企业的风险排查及管控工作,排查涉稳风险企业100余家,建立组织机制,通过减增量控存量等方式,逐步降低风险,确保辖区面上稳定。

其六,中泰街道加强"党建＋村级治理"夯实根基。该街道充分发挥"党建＋村级治理"作用,在南峰村试点推行"五大工作机制",成效明显。一是抓好"全科网格",打牢源头基础。以网格为基础治理单元,实行每位班子成员包干管理,充分发挥网格包干、党员带头作用。二是坚持"议事会商",推动民主自治。推行每月实绩交流议事会商制度,从班子成员扩大到联村干部、部分党员、老干部、村民代表,从内部交流扩大到代表交流,从汇报总结扩大到专题讨论协商。三是健全"草根宪法",促进自我管理。修订《村规民约》,对村民行为和村务工作制度进行重点规范,对内容用语进行梳理精简,做到通俗易懂。四是推行"清风和韵",实现公开透明。编发了村报《清风和韵》,一月一期,并发放到户。村报如实公布村干部每月实绩档案、"美丽余杭区"网格评比结果、固定主题党日开展情况、先锋指数考核排名以及新增低保、集体资产运营等情况,主动向村民公开,主动接受监督。五是创建"五星考核",共建幸福家园。开展了"网格微治理、家庭争五星"活动,每户亮牌公示,每月亮分评比,每月绩效捆绑,并将"五星家庭"创建作为村民享受村级各种福利和资源的前置条件。

其七,五常街道加强网格建设助力社会治理创新。一是加强党建工作。该街道通过开展网格支部书记专题培训会,将社会治理内容融入社区党组织和网格支部的日常工作,推进社区党组织建设和网格党建,提高网格民主协商程度。对党员队伍加强教育管理,推动党员全面深入参与社区公共事务管理。二是建设全科网格。街道设立综合信息指挥室,配置工作人员6人,选调专职网格员25名,交办和联动机制基本形成,基础信息数据目前已初步建立。

其八,良渚街道积极开展社会治理创新年活动。一是强化党建引领。将村社治理内容纳入村(社区)党组织和网格工作,深入推进民主协商机制,重点在良渚文化村探索建立了自治、法治、德治相结合的基层社会治理模式。二是加强扫黑除恶。通过专业力量和网格力量"双管齐下",开展扫黑除恶面上宣传和线索排摸工作,同时由属地派出所进行深度研判,依法严惩黑恶犯罪。三是推动智慧治理。充分发挥综合信息指挥室的"枢纽"作用,依托联动周例会载体,实现了事件快速流转和问题有效解决。同时,进一步优化网格队伍建设,完善考核机制,形成全科网格建设合力。四是发动多元参与。积极发动企事业单位职工、志愿者、工青妇以及社会组织参与社会治理工作。同时用好"百姓通"便民服务平台,大力开展具有良渚特色的"余杭区百姓日"活动,取得预期效果。五是加快矛盾化解。完善社会矛盾预防和化解机制,较好地推动了矛盾纠纷的源头预防、排查预警、多元化解、善后处置工作。健全街道、科室、村社三级信访工作机构和信息网络,积极申报省级信访示范窗口。

其九,仁和街道成立基层民主协商议事中心,积极探索"新云会"模式。一是总结经验,成立民主协商议事中心。总结"美丽余杭区"建设的有效经验,包括妇女圆桌会、业主微信群等征集群众意见和建议的方式,固化方式方法,形成工作机制,成立为百姓谋实利、办实事的基层民主协商议事中心。二是公正推选,议事代表身份广泛。议事代表们由各个层面的群众推选而出,身份广泛,现有议事代表65人。三是积极探索,搭建群众参与社会治理平台,例如,云会村每月针对不同的议题进行专题协商。此外,该村以网格为单位,设立4个民主协商议事室,协商网格内的事务工作、邻里纠纷等,搭起百姓群众参与公共事务管理的平台,有效破解社会治理的重点难点问题。

### (五)提升乡镇政府治理能力

我国乡镇政府的权责定位和职能构成长期以来处于不断的变动与发展之中。国务院于2009年对我国乡镇政府的职能进行了明确定位,其不仅需要承担促进经济发展、增加农民收入、强化公共服务、着力改善民生的任务,还要致力于加强社会管理、维护农村稳定,推进基层民主、促进农村和谐。当前我国乡镇政府的法定职责由巩固基层政权、促进经济发展、提供公共服务、加强社会管理、维护社会稳定和办理上级政府交办的其他事项等六部分构成，基本上涵盖了巩固基层政权、促进经济发展、提供公共服务、加强社会管理、维护社会稳定等各个领域，兼有对辖区内（主要为农村区域）公共事务的管理和公共服务职责。要对乡镇政府的性质及职责内容有一个总体性把握，就需要从法定职责切入。但要想直观全面深刻了解我国乡镇政府在实际工作过程中所担负的具体职责，把握乡镇政府职责的真实状况，就必须透过对法定职责较为粗略的划分和原则性的规定深入基层。当前乡镇政府纳入考核范围的工作可大致划分为职能工作、中心工作、专项工作及加减分项等四个项目，内容涵盖了经济建设、平安法治建设、生态建设、招商引资、重点项目推进、社会保障、教育卫生事业建设等公共服务和社会管理的各个领域。① 近年来，余杭区在提升乡镇政府治理能力方面有以下工作亮点。

第一，黄湖镇运用"枫桥经验"深化"警调衔接"改革。该镇"警调衔接"机制自2015年建立运行至今，聚集公安、司法行政、人民调解组织等多方力量，充分整合并发挥司法行政和公安机关职能优势，成为社会矛盾纠纷调解的"缓冲区"，提高了该镇治理现代化水平。一是调解效能明显提升。该机制使矛盾纠纷调解工作更加专业化、社会化、规范化，有利于减少"民转刑"案件的发生。二是警民关系更加融洽。"警调衔接"成为广大民警了解民情、倾听民意、化解民怨的新渠道，警民关系更加和谐融洽。三是减压增效十分突出。该机制有效地减轻了量大面广的矛盾纠纷调解给基层民警带来的繁重负担，使民警从烦琐的纠纷处置和事务中解脱出来，更好地开展治安防范和打击犯罪工作。

第二，百丈镇推动全民参与社会治理工作。该镇结合自身农村网格实际，致力于创新全科网格建设，在全镇范围内广泛宣传、积极动员，争取做到全民共同参与基层社会治理。一是户户发动兼职网格员。该镇在27个网格内挑选3个网格作为试点，以党建带群建，通过召开网格支部会议、妇女圆桌会，户户发动，争取让网格内每一户都有人自愿成为兼职网格员，共同

---

① 参见张文显等《新时代"枫桥经验"大家谈》，载《国家检察官学院学报》2019年第3期。

参与网格事务协商处理。二是一专多兼提升平安三率。一名专职网格员带多名兼职网格员,由镇综合信息指挥中心进行指导,以三个月为时间周期,跑遍全镇3000多户人家,上门进行平安建设调查问卷,对完成调查问卷的家庭发放印有平安建设内容的实用性物品,加强宣传引导,提升全镇老百姓的安全感,提高知晓率、参与率和满意率。

第三,塘栖镇积极开展社会治理创新试点。一是以党建为抓手、以善治为基础,发展社会组织。确定塘栖村为社会组织发展运行培育工作试点,充分发挥基层党组织的先锋引领作用,动员群众参与社会治理。二是以治理为抓手、以网格为基础,开展民主议事。确定宏磻村开展村三级智能化民主议事协商(八小八联)工作试点,以深耕网格、强化治理为抓手,建立一张从网格长到党小组长(村民小组长)到农户的信息收集、处置、反馈网络,广泛收集村内邻里矛盾纠纷线索,抓小抓早,实现治理全覆盖。三是以村规为抓手、以民约为发展,建立自治机制。确定河西埭村开展完善修订实施村规民约试点,推动建立以"村规民约"为基础、以"民事民议、民事民办、民事民治"为内容各方广泛参与的新型城乡自治机制。

## 三 基层社区群众自治的推进举措

2017年6月,为"实现党领导下的政府治理和社会调节、居民自治良性互动,全面提升城乡社区治理法治化、科学化、精细化水平和组织化程度,促进城乡社区治理体系和治理能力现代化",中共中央、国务院印发了《关于加强和完善城乡社区治理的意见》,提出"到2020年,基本形成基层党组织领导、基层政府主导的多方参与、共同治理的城乡社区治理体系……再过5到10年,城乡社区治理体制更加成熟定型,城乡社区治理能力更为精准全面"的建设目标。这正好契合了余杭区社会治理改革实践的基本思路。

### (一)余杭的复杂治理环境

余杭区是一个快速城市化的都市新区,已从20世纪90年代的县级市完全转型成一个现代化城市新区，但是由于发展的不平衡，组团式开发带动了临平、良渚、仓前、五常、老余杭区等街道的快速发展，加上电商巨头阿里巴巴集团的入驻，余杭区的经济社会结构受到了重大影响：一批世界级企业、大型高校等单位相继进入，深刻改变了余杭区的治理结构，脱胎于老余杭区的新余杭区党政资源，在快速城市化进程中显得力不从心。由于余杭区"东西距离远、南北边界多"的特殊行政区划特点，原临平组团、良渚组团、老余杭区组团呈现出点式分布的格局，余杭区委、区政府所在地临平组团位于全区东北边界，在经济发展和社会服务功能方面难以对西部广大乡镇街道有足够的辐射和支撑。特别是各个组团中间基本是尚未实现城市化的农村区域，"中间塌陷"特征明显，不利于全域治理的系统性和协调性，容易造成社会治理的难点和盲点。与此同时，余杭区东北侧紧邻嘉兴、北侧紧邻湖州，边界地区的社会治理也成为难题，特别是余杭区临平等街道与北侧海宁许村几乎全面交叉；隶属不同行政区的不同产业形态的边界乡镇街道社会治理难度极大，对社会治理提出了一系列新问题新挑战。

当前的余杭区，乡镇街道、开发区、功能区交叉，大运河、高铁、高速、村道错综复杂，农村社会与工业社会、信息社会同步发展，农民与市民混居、老社员与新居民同住、城市与农村交错、国际化与乡土气并存、大集团与小企业共生，经济社会异质性明显，区域一体化程度不高，经济发展程度不一和行政区范围过大昭示着统一的余杭区行政区划将有"被撕裂"的趋势；社会治理在区内不同辖区之间有断层趋向，在交界地区有断裂趋势。这种极其复杂的经济发展现状，直接挑战余杭区现有的社会治理体系和治理能力。故欲治余杭区、必先治村社。在城市化浪潮席卷下的余杭区，已显示出"城区为主、农村为辅"的显著特征，余杭区内社区治理是全区社会治理的重中之重。

## （二）加强制度配套建设

余杭区在制度配套建设方面，先后制定了《关于进一步创新基层社会治理深化"平安余杭区"建设的意见》《余杭区开展社会治理创新年活动实施方案》《关于完善"党建+社区治理"体系的实施意见》等政策文件,其核心精神如下。一是加强社区党组织领导。建立健全以居民为主体,以社区党组织为领导核心的社区治理架构。在具体工作中以居委会为主导,加强居务监督委员会、群团组织、驻社区单位等的共同参与。二是发挥居民主体作用。严格按照社区重大事项"五议两公开"的要求,鼓励居民积极参与居民联席会议与居民代表会议,并切实做到表决结果与实施情况的依法依规公开,规范居民自治制度。三是提升社区治理能力水平。全面推行民主协商议事工作机制,落实邻里协商议事平台实体运作,广泛开展专题协商,破解基层社会治理中存在的痛点和受到广泛关注的热点问题。四是深入推进"三社联动"发展。调动镇街级社会组织平台的自身建设的机制,发挥其推进社区发展协会、社区社会组织联合会、社企共建理事会、社区发展基金会的培育孵化功能,帮助建设有关志愿服务、文体活动、居民自治、特殊群体关爱等内容和目的的社区社会组织,丰富社区自助互助的供给主体。五是提升社区治理精细化。[①] 充分利用各类服务设施与业态资源,以提高居民日常生活便利程度、提供精细化服务为目标,探索社会化运营模式,建立满足全体社区居民群众多层次、多样化需求的社区服务网络。六是加强撤村建居社区科学管理。因地制宜探索国际化社会建设模式,科学设计社区规模布局,统筹考虑社区功能和地方习俗,营造既富有特色又互不干扰的社区文化空间和邻里生活空间,有效激发和提升社区共同体意识,进一步推动以社区结构开放化、建设模式特色化、交往空间融合化、公共服务精准化、治理空间多元化和社区环境宜居化为重要内容的普惠型国际化社区建设机制的形成。七是推进法治社区建设。全面深入开展法治宣传教育和法律进社区活动,完善公共法律服务体系,完善矛盾纠纷调处机制,引导人民调解员、基层法律服务工作者、社会工作者、心理咨询师等专业队伍,在社区物业纠纷、家事纠纷、邻里纠纷调解和信访化解等领域发挥积极作用。将社区的人民调解与司

---

① 参见余钊飞《夯实市域社会治理现代化的基层基础》,载《浙江工业大学学报》(社会科学版)2019年第6期。

法调解、行政调解有机对接，完善大调解制度，社区可以根据自身条件聘请驻社区法律顾问。建立健全公共安全体系，加强社区警务、警务辅助力量和群防群治队伍建设，拓展网格化服务管理。

余杭区在城乡社区治理实践中也积累了不少可圈可点的工作经验。例如，在大型商品房社区万科良渚文化村，2011年2月经过良渚文化村大多数业主的共同努力，制定了城市社区中著名的良渚文化村村民公约，开启了余杭区城市社区自治规范的创新历程。又如，闲林街道北山社区共有17个小区，社区治理任务艰巨，为此该社区全面打造"三方协作"的居民自治品牌，整合了社区居委会、业委会、物业公司、共建单位、居民志愿者等五种力量，配强网格长、支部委员、调解员、巡逻员、卫生管理员、社区民警组成的"一长四员一警"队伍，既为物业党建联建搭建了平台，更唤醒了社区居民的自治意识。

### （三）同步完善村民自治

尽管余杭区城市化进程迅速，但农村腹地依然巨大，山区村庄依然远离城市化。所以在社区自治不断得到推进的同时，村民自治也在同步发展。余杭区坚持村情村民知、村策村民定、村事村民议、村务村民理的村民自治机制新路径，以农村社区"五事治理"模式推进基层组织治理水平提升。一是深化村务公开规范，实现"制度管事"。发布全国首个《村务公开和民主管理规范》，细化党务、财务、事务、服务公开内容，改进村务公开内容全面性、公开方式多样性和公开结果有效性。二是规范民主决策机制，实现"协商谋事"。实现协商民主组织机构区、街道、村（社区）三级联动。三是依法制定村规民约，实现"民主理事"。根据相关法律法规，经过基层群众共商、共享、共治，修订完善村规民约、村民自治章程，从"注重管理"向"参与式治理"转变。四是深化治理联动机制，实现"共商治事"。建立社会治理大联动工作机制，通过条块结合、部门联动，深化驻村单位资源共享、协商共建。五是创新"1+3"协商体系，实现"多方参事"。以"完善基层协商、增强社区自治功能"为主题，明确协商主体、协商内容、形式、

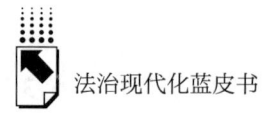

程序三要素，普遍建立农村社区邻里协商议事理事会。由村党组织书记或威望较高的乡贤担任理事长，吸纳网格员、社会工作者、群团组织、社区社会组织、党员、村民代表、人大代表、政协委员、业委会负责人、法律顾问、乡贤等为理事会成员，协商讨论农村社区建设热点难点问题。

## 四 余杭社会治理中存在的问题

在取得突破性成效的同时，余杭区的基层社会治理还存在一些问题，在基层社会治理体制、机制建设、制度落实等方面仍存在很多需要完善的地方。

### （一）基层党组织统领作用有待进一步提升

当前基层党组织建设方面还存在不少薄弱环节和突出问题。如乡镇党委统筹能力薄弱，对辖区内党建活动与社会治理活动的一体化推动作用不尽如人意；区域化党建程度低，社区各单元党建工作明显滞后，融入社区的程度比较低；社区党建明显落后于农村党建的状况没有根本性转变，社区"大党委制"推进缓慢，党组织在社区治理中缺乏开拓创新意识和能力；社区中大量在职党员缺乏亮明身份的意愿，社区党组织引领社区建设的能力较低，社区居民中在职党员参与社区治理的积极性比较低；社区党组织和居委会、业委会、物业公司、居民在社区治理中缺乏良好的互动机制；"两新"党组织对村（社区）党组织工作的支持和配合力度不够；网络党建工作处于空白状态，互联网世界里"党的领导"和"依靠群众"缺乏有效的载体和工作机制。以上问题不仅反映了基层党组织的统领能力不够，还影响基层社会治理整体合力的形成。

### （二）"四个平台"统筹互动机制有待深化

镇街综合信息指挥室代表镇街统筹协调指挥"四个平台"及区域内各条块的管理服务力量，其地位、权威性及在社会治理工作中的作用本该得到充分体现。但从实际运行情况看，综合信息指挥室的权威性还不够明显，事件流转督办、指挥协调还不够有力。综合信息指挥室主任岗位重要，但是对其职责权限、任免程序、任职资格等尚没有明确的文件规定。基层治理"四个平台"体系建设依然处于起步阶段，还有很多需要探索完善之处。省市目前尚未出台下沉人员属地管理办法，党团工会关系、考勤、任免、考核、激励、奖惩等标准不够明确，网格员队伍定位和管理体制也不明确。"四个平台"涉及多个条线，但目前多由综治在牵头，其他条线参与度不够、发挥作用不明显，且存在线上线下"两张皮"运行。下层站所力量担责不够，拿钱的比干活的多，对"四个平台"下沉力量的管理和考核还需进一步加强，下沉运作机制还需进一步完善。

### （三）社区自治与融合共治收效不够明显

社区做陌生人工作的能力尚未全面跟进，沟通渠道还不畅通，引导能力还不够强，社区的自治能力，特别是对新型小区的治理手段不足。政府、开发商、居委会、业委会、物业公司在新小区建设和管理方面的职责和分工还不明确，导致社区融合度不够，自治水平不高。小区物业公司和业委会在基层治理中理应发挥重要作用，但目前业委会在组建过程中容易被一些心怀不良用意的挑头人员操纵，经常煽动组织业主与相关管理部门作对。物业公司对小区的管理责任也尚未有效压实，政府、开发商、居委会、业委会、物业公司在新小区建设和管理方面的职责和分工机制还需进一步理顺。

### （四）网格化治理体系运行成效不够突出

网格化治理体系和新社区居委会、业委会、物业公司之间的融合机制还需进一步探索完善。对网格长的激励机制太少，只有政治待遇，没有经济待遇，导致网格长工作积极性不高，发挥作用不明显。网格员队伍管理中，镇街与村社管理权限和界限不明，网格员队伍管理方式还在探索中，网格任务清单、网格员考核办法还需进一步细化完善。针对专职网格员任务清单多的

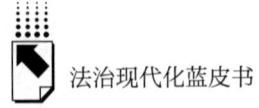

现状,对专职网格员的业务培训还不够系统、全面、及时。网格员队伍做群众工作、发动群众参与以及排查化解矛盾纠纷的业务能力参差不齐。

## 五 持续探索基层社会治理新思路

以中央提出的政治、自治、法治、德治、智治"五治"为引领,以浙江省委"一体两翼"工作体系建设和杭州市委市域社会治理"六和塔"工作体系为指导,以解决社会治理突出问题为导向,余杭区应当进一步加强社会治理创新,健全社会治理体系,提升社会治理能力,构建乡村(街社)的社会治理基本框架,尽快形成共建共治共享的社会治理格局。

### (一)全面加强基层党组织和政权建设

乡村(街社)基层党组织和基层政权建设是国家治理体系和治理能力现代化的重要环节。加强新时代城市基层党建工作,是推动全面从严治党向基层延伸的重要举措,是推动城市改革发展的重要保证。当前,城市化进程不断加快,体制机制改革日益深化,城市经济社会结构深刻调整,社会需求更加多元,利益关系更加多样,城市基层党建引领基层社会治理的任务更加繁重,必须在党的领导下,加强党建。巩固党的执政基础、促进民生,保持党的长期执政能力、先进性和纯洁性。基层党建工作应牢牢团结在街道社区党组织周围,提升党组织的统筹能力和融合作用,促进街道社区党建、单位党建和行业党建互联互动,提升包括区、街道和社区党组织在内的"三联动"体系,强化基层党组织的政治属性和服务功能,更加凸显政治领导力、思想引领力、群众组织力和社会号召力。

### (二)加大社会治理领域制度供给力度

加强市级立法权对基层社会治理的职能供给和支持作用。首先以《中华人民共和国各级人民代表大会和地方各级人民政府组织法》为主要法律依据探索推进有关街道办事处职责的市级立法,尽力解决和弥补《街道办事处条例》废止后造成街道办事处工作中功能"缺位"和"越位"并存的问题。其次,尽快将网格化治理的基本原则和核心举措写入相关立法。网格化治理已成为当前基层社会治理的主要方式,但其发展逐渐受到制度供给的局限,法律主体地位不明,不仅影响职责划分,还会造成经费保障和人力保障的缺乏。虽然《浙江省社会治安综合治理条例》已开始关注网格化治理的制度需求,但相对于逐渐消失的治保员队伍,网格治理群体法律依据极为薄弱。如果能将治保组织的法律依据创造性地利用在网格化治理中,融合新旧制度,满足新情况新需求,将会是地方立法的重大创新,也是市域社会治理法治保障的重要任务之一。[①]

### (三)以改革创新精神推进"政社互动"

在基层社会治理中政府与基层群众自治组织权限不明、职责交叉的弊端日益突出。"上面千条线,底下一根针",各种检查、评比、考核应接不暇,基层自治能力弱化和缺失。"政社互动"不仅能够扩大基层依法自治的平台和空间,还可以通过激活群众自治制约与规范基层政府权力,促进基层群众自治组织功能回归,最大限度地把矛盾化解在初期。首先,以形成"政社共识"为基础,消除基层政府大包大揽、不放心或者不敢放权的思维惯性和思想阻力。同时要破除自治组织的"行政依赖",提升其自治意识与自治能力;其次,以权责明确为界限,通过列权责清单的方式界定行政权力与自治权利的界限与范围,并以清单内容为依据出台配套政策和制定配套制度。可通过"政社"双方平等协商签订协助管理协议书的方式,明确双方的职责范围、履约评估和违约责任。同时,要正确处理基层政府与自治组织的法律关系、自治组织承担法定职责与配合政府工作的关系、民主管理与村居干部自行管理的关系。最后,要以协助管理协议双方进行"双向评估"的方式替代行政考核,同时对基层政府和自治组织的履

---

① 参见张文显等《新时代"枫桥经验"大家谈》,载《国家检察官学院学报》2019年第3期。

职情况进行考察。政府部门要依据协议内容评估村居组织的履职情况，村居组织也可以依据协议内容在行政指导、专业服务支持和经费保障等方面对政府履约情况进行评估。这种方式既可以通过限制政府权力来实现自治组织与政府的相对平等和独立状态，也能体现协议双方权利与义务的平等与公正。①

---

① 参见余钊飞《新时代"枫桥经验"：乡村治理中的"三治融合"》，载《人民法治》2018年第12期。

# B.7
# 社会转型中的人民调解制度*
## ——基于D市人民调解工作的社会学分析

孙书彦 孟星宇**

**摘　要：** 人民调解是我国基层矛盾纠纷解决体系的重要组成部分，对社会的和谐稳定发展具有重要意义。社会转型背景下基层社会矛盾纠纷的基本样态相对十年前发生了一些细微的变化，识别这些变化有助于把握社会发展趋势和方向，有助于人民调解工作更好地适应社会发展需要。市场经济带来矛盾纠纷的复杂化和多样化，传统村庄解体带来人民调解合法性疑虑，以及法律服务市场高度割据导致人民调解地位尴尬等问题，既需要理论的分析也离不开实践的探索。D市在人民调解队伍建设、调解规范化和灵活性相结合、人民调解组织网络体系构建、基层法律服务良好生态系统打造等方面做出了积极探索。D市人民调解工作经验给出的启示是，明确坚持人民调解的公益性定位，进一步拓展人民调解的内涵，推进人民调解参与多元化纠纷解决机制建设。

**关键词：** 社会转型　人民调解　矛盾纠纷　大调解　多元化纠纷解决机制

---

\* 本文系中国人民大学"统筹推进世界一流大学和一流学科建设"专项经费的支持项目"中国农村社会变迁与治理转型——河北定县农村百年演变的调查研究"（15XNLG04）的阶段性成果。除专门引注外，本报告涉及的所有事例、数据、图表均为作者调研所得。

\*\* 孙书彦，中国人民大学社会学专业硕士研究生；孟星宇，法学博士，中国法治现代化研究院研究员，南京师范大学法学院讲师。

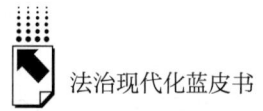

社会转型给社会治理带来了新的机遇和挑战,尤其给复杂的基层工作提出了更高的要求。长期以来基层政权的两大任务是发展经济和化解矛盾。①社会矛盾纠纷的化解与社会稳定息息相关,在基层工作中采取有效措施积极化解矛盾纠纷是基层政权的重要任务之一。矛盾纠纷的化解往往需要动员多方面的力量参与,相关责任主体涵盖了地方政府、公安部门、检察院、法院、司法行政机关等机构,纵向牵连村级自治组织、乡镇政府、司法所和县级政府。基层法律服务的提供者包括律师、法官、基层法律工作者、司法助理员乃至乡镇干部和村干部,他们共同构成一个相互联系、内部结构层级分化的职业系统,从而形成一个县城、乡镇、村落三级且相对完善的纠纷解决体系。② 其中,以民间性纠纷解决为核心的人民调解制度逐渐成为纠纷解决机制的重要环节。

人民调解制度是在传统民间调解基础上发展起来的一项具有中国特色的、解决民间纠纷的法律制度。该制度最早在土地革命时期的苏区实行,并发展为现在人民调解制度的雏形,既吸纳了传统调解制度讲究说服教育、化解矛盾、提高效率、节约成本等优势,又赋予了其群众动员、政治教育甚至社会再组织等新的社会治理功能,③是中国共产党在实践中创造的基层工作方法。由于人民调解以"合意性"作为纠纷解决的内核,调解结果的基础是双方当事人的合意,因此能够从根本上解决矛盾纠纷。人民调解长期以来作为一个低成本高收效的纠纷解决办法,对维护基层社会的和谐与稳定发挥了重大作用。党的十八大以来,全国各地创新发展新时代"枫桥经验",把矛盾纠纷化解在基层,创新社会治理,维护社会和谐稳定。近年来河北省D市在这方面进行了一系列积极的尝试和探索,充分发挥人民调解在维护社会稳定中的"第一道防线"作用,充实农村民调、法律顾问队伍,抓早抓小抓苗头,建立人民调解、行政调解、司法调解"三位一体"大调解体系和"三调衔接联动"工作机制,形成全方位、立体化矛盾纠纷排查调处化解大

---

① 参见傅郁林主编《农村基层法律服务研究》,中国政法大学出版社,2006,第4页。
② 参见刘思达《割据的逻辑》,译林出版社,2017,第40页。
③ 参见董磊明《宋村的调解:巨变时代的权威与秩序》,法律出版社,2008,第16页。

格局，将社会矛盾化解在基层，努力打造人民调解"新枫桥经验"的 D 市升级版。D 市一方面开展人民调解组织网络建设，由政法委牵头成立 D 市第三方调解中心，主要面向医疗纠纷等专业行业纠纷；另一方面进行公共法律服务体系建设试点，在每个村都设立了公共法律服务站，落实法律服务热线 12348 和"民调通"的建设。D 市作为一个县级市，以县城为依托，以农村社会为基本盘，所呈现的纠纷形态更能反映中国基层社会的实际情况。人民调解是人民群众在实践中的发明创造和智慧结晶，只有在实践中才能积累经验。近年来 D 市在人民调解制度改革、社区建设、纠纷解决和法律服务等方面做出了积极探索，为人民调解制度的改进提供了宝贵的经验借鉴。本文在对 D 市进行多次调研和大量一手资料的基础上，以 D 市人民调解工作的经验为视点，尝试在较宏观的理论层面上分析我国社会转型期人民调解制度的现状和发展趋势。

## 一 社会转型期农村纠纷的基本样态

社会转型带来社会方方面面的变化，现代化、市场化和城市化打破了传统村庄的封闭性，也打破了原有乡土社会的格局，传统村庄从过去那种紧密内聚的"熟人社会"更多地转化为"半熟人社会"，[1] 并逐渐向"陌生人社会"过渡。尤其是 20 世纪 90 年代以来，农村劳动力大规模的离土离乡流动，对农村生活方式造成了非常强烈的冲击。中国乡村社会长期稳定的社会结构和较为封闭的生活状态有其特定的社会关系和特殊的行动伦理，主要表现为伦理本位观念、差序格局等特殊的行为原则。但在中国当下，村庄普遍呈现出传统性与现代性混合交融的局面。村庄社会基础、社会关系、生活方式、价值观念等等方面的变化，使社会纠纷的基本样态也发生了一些变化，主要体现在纠纷的数量和内容上。

---

[1] 参见贺雪峰《论半熟人社会——理解村委会选举的一个视角》，载《政治学研究》2000 年第 3 期。

整体而言，农村纠纷呈现出结构性变化。一方面，由于近些年送法下乡等普法活动，农民法律意识得到提高，农民对于法律的边界有了一定程度的了解，违法犯罪行为的发生数量有所减少；同时，农村劳动力大规模流动，外出打工人口的增加也直接造成村庄纠纷数量的减少。但另一方面，伴随着社会经济的发展，人际交往中大量注入了物质利益关系的内容，涉及经济赔偿的纠纷数量明显增加，涉及经济利益的纠纷最多也最难调解。农民法律意识总体提高，对于农村纠纷的发生和解决既有正面的积极影响也有负面的消极影响。农民在法律意识提高的同时，依法维权意识也提高，这的确有助于利益纠纷的依法解决。但公共生活的萎缩、个人主义观念的兴起和产权的私有化，使得农民对自己的权利格外重视，丝毫不容许权利被侵犯。① 但是，农民对法律的认识往往是支离破碎的，停留在一知半解的程度，常常基于自身的立场和利益援引"只言片语"的法律条文，从而出现"强词夺理"的现象，给人民调解工作带来了更大的挑战。它要求调解员不仅要以情动人、以德服人，更要熟练掌握法律，做到以理、依法服人。

相对于传统的封闭型村庄，开放性无疑成为当今村庄明显的趋势。随着工商业的发展和人口的流动，村庄的现代性特征日益凸显。一些与现代生产生活方式相联系的纠纷日益增长，农村纠纷内容发生了很大变化，呈现出复杂化和多样化的样态。纠纷类型的变化主要源于新的社会环境和制度安排。我们以婚姻纠纷为例来观察纠纷的历史变迁。新中国成立以来我国农村曾经出现了三次离婚纠纷数量上升的高峰期：第一次是20世纪50年代到60年代初期，是集体化时期反封建婚姻的婚姻法运动的产物，当时不少妇女在离婚标准相对宽松的大环境下抓住了机会要求离婚；第二次是1980年，新出台的婚姻法对离婚相对宽松的规定掀起了新一轮离婚纠纷的高潮；第三次是20世纪90年代以来，农村劳动力的大规模流动、夫妻长期分居异地生活，导致离婚纠纷的上涨，直到今天这种现象依然存在，离婚率一直居高不下。

---

① 参见郑杭生、黄家亮《论现代社会中人民调解制度的合法性危机及其重塑——基于深圳市城市社区实地调查的社会学分析》，载《思想战线》2008年第6期。

现在农村婚姻纠纷数量上升的原因主要有以下几个方面：一是传统婚姻更多考虑家庭的传宗接代和赡养老人的社会功能，而年青一代独立性提高，更强调爱情和感觉，减少了对家庭责任的强调；① 二是妇女解放的社会观念得到普及，加之离婚法律标准相对宽松；三是外出打工的生活方式导致夫妻长期分离，进而影响家庭关系和睦。需要指明的是，农民进城打工使得一部分离婚纠纷与村庄调解机制脱离，直接进入城市的法庭系统。

每个村庄都有自己独特的村情村貌，任何村庄的情况都不可能代表整体情况。不过 D 市各村庄的纠纷类型总体上具有较强的一致性，即主要围绕婚姻家庭、赡养关系、交通事故、人身损害、土地宅基地使用权、债务问题等引起的纠纷。同时可以发现，虽然各村纠纷类型整体一致，但各种类型纠纷的比例可能有差别，各村具体纠纷类型根据村情不同而有所差异。不同地域的经济活力和经济发展水平很大程度上决定了经济纠纷的数量和纠纷类型，集体经济体量、土地流转比例、外出打工人口规模等因素都会影响纠纷的数量和类型。总体而言，除经济纠纷外，现在农村占比最大的纠纷类型当属婚姻家庭纠纷。

根据 D 市司法局以案定补的汇总材料，最近十年 D 市纠纷数量没有大的波动，在 2014 年、2015 年、2018 年纠纷数量基本维持在 2000 余件，平均每个乡镇每年纠纷数量在 100 件左右。② 基于乡土社会的差序格局，我们按照当事人双方关系划分出以下基本纠纷类型：家庭内部纠纷、村民之间的纠纷、村民和村集体之间的纠纷、村民与村庄外部的纠纷。在这些类型之间比较，不难发现农村纠纷的主要类型仍为家庭内部纠纷和本村村民之间的纠纷。其中，家庭内部纠纷以婚姻和赡养纠纷最为突出；村民之间的纠纷类型比较庞杂，涉及农村生活的方方面面，主要包括邻里纠纷、宅基地纠纷、经济（借贷、生产经营）纠纷、人身伤害（打架）、土地纠纷等。随着村民对经济活动参与程度的加深，涉及经济利益的纠纷数量呈现明显上升态势，人

---

① 参见董磊明《宋村的调解：巨变时代的权威与秩序》，法律出版社，2008，第110页。
② 资料来自 D 市司法局以案定补汇总材料，其中 2016 年、2017 年响应国家民调通政策，以电话费的形式下发补贴，故没有统计，2018 年第四季度开始恢复统计。

身伤害（打架）数量相对减少。由于计划生育政策的改变和农业税的取消，与之对应的村民与村集体之间的纠纷也随之消失。但是，随着农村城镇化的发展，村务管理和征地拆迁成为村民与村集体之间的主要纠纷来源。此外，近年来土地确权导致土地纠纷和宅基地纠纷数量呈现下降态势，但仍占有一定比例，其中农村宅基地纠纷普遍多于其他土地纠纷。同时，随着社会流动的加剧，村民越来越多地与村外社会发生关联，出现了一些新的纠纷形态，譬如劳动纠纷、交通事故纠纷、经济（合同、生产经营、债务、借贷、租赁等）纠纷、医疗纠纷等，其中经济合同纠纷和借贷纠纷最为突出。

根据以上纠纷样态的概览，我们可以得到以下启发：近十年 D 市矛盾纠纷数量没有发生大的波动，农村社会面貌以稳定为基本情势；在纠纷类型上，家庭内部纠纷始终是矛盾纠纷的主要类型；村民之间的矛盾纠纷呈现分散化、多元化特征，没有特别集中的矛盾纠纷类型；乡村居民与城市或其他社区的交往关系越来越密切，与外部社会的矛盾纠纷开始增多，但以经济纠纷为主。

## 二 社会转型期人民调解的结构性张力

我国社会转型处于全球范围的现代化背景之下，主要体现为从传统到现代的转变。早期经典社会学家对这一社会转型进行了充分讨论，从滕尼斯的《共同体与社会》对"礼俗社会"和"法理社会"两种不同社会形态的区分，到涂尔干在《社会分工论》中的"有机社会"和"机械社会"的社会分类理论，都对这一社会转型进行了理论构建。中国作为一个传统大国，在社会转型变革的浪潮之中衍生出许多问题。概括而言，从社会学角度观察，社会转型主要体现在以下两个维度：一是市场经济打破了传统的自然经济和原来的计划经济；二是社会关系由熟人社会迈向陌生人社会。[1] 一个社会共

---

[1] 参见郑杭生、黄家亮《论现代社会中人民调解制度的合法性危机及其重塑——基于深圳市城市社区实地调查的社会学分析》，载《思想战线》2008 年第 6 期。

同体在这两个维度上的深刻转变，使我们原有的人民调解制度的社会基础发生了根本性变化，进而使人民调解制度及其实践产生了一系列问题。一些学者基于对社会转型期纠纷调解数量的减少和民事诉讼案件大规模增加的现象观察，甚至得出了人民调解制度将会逐渐萎缩直至消失的结论。但这一观点是缺乏数据支撑的，它忽视了在农村社区纠纷调解实践中占有很大比例的未记录在册的非正式调解。[①] 笔者基于对D市实践经验的观察，认为以地域（社区）组织为依托的人民调解制度在今天乃至未来很长一段时间里都会是一种富有生命力的纠纷解决机制。

### （一）矛盾纠纷复杂多样与人民调解队伍建设水平的张力

随着市场经济的发展，农村社会矛盾纠纷逐渐复杂化和多样化，从小纠纷升级到大纠纷，牵扯到的社会关系错综复杂，新的纠纷类型层出不穷。市场经济使传统的封闭型村庄走向开放，流动性快速提高，随之而来的跨地区矛盾纠纷数量逐渐上升。此外，市场经济带来社会分工的专业化，出现了新兴市场和职业，新的纠纷类型也随之出现。可以看出，社会转型期矛盾纠纷的复杂化和多样化对人民调解工作提出了更高的要求，单纯依靠社区权威、依托地域组织的纠纷解决机制已无法满足社会需求。传统人民调解制度只能应付自然经济或计划经济下简单的纠纷形态，在处理一些新的纠纷类型时往往"心有余而力不足"。

矛盾纠纷的复杂化和多样化对基层人民调解队伍建设提出了迫切需求。在社会维稳需求的压力下，人民调解工作的重要性日益凸显。但实地调研发现，目前D市人民调解队伍规模较小，调解力量相对薄弱，老龄化现象严重，新的调解力量无法及时补充。如何扩充人民调解队伍以实现人民调解队伍的年轻化和专业化是人民调解工作下一步需要着力解决的问题。以D市为例，目前人民调解制度很大程度上还是依靠以当地老年人为主的人民调解

---

① 参见范愉《社会转型中的人民调解制度——以上海市长宁区人民调解组织改革的经验为视点》，载《中国司法》2004年第10期。

员对维护村庄秩序和谐安定的责任自觉。但是，这种基于传统"长老统治"的人民调解已然不能适应新的社会变化。由于目前基层纠纷化解仍旧离不开村庄传统权威的参与，这对人民调解队伍专业化建设提出了挑战。从这个意义上讲，大部分村庄并没有完全脱离传统社会的宗族化解纷机制，难以有效实现现代化意义的转型。所以，人民调解队伍还无法达到人民调解专业化、规范化的发展需要，相关激励政策不能起到很好的作用。例如，"以案定补"制度中相对繁杂的程序设定，导致人民调解员在工作中难以操作，从而影响调解补贴的发放，也就使激励机制失去效果。为此，人民调解队伍的扩大还需依靠来自外部的法治化权威力量。

### （二）乡村社会结构改变与人民调解合法性保障的张力

市场经济的发展使乡村社会结构从熟人社会、乡土社会向陌生人社会、契约社会转变，导致以自治为基础的纠纷解决机制相对弱化。[①] 传统村庄的解体带来社会关系的陌生化、传统社区权威的弱化、集体道德约束力下降，农村社区共享的价值观念遭遇挑战。然而，"基层调解最大的特点是利用地方资源，包括人际关系、公共道德、习惯和乡规民约等规则，以及特定的人际关系及环境等条件促成和解的氛围，一旦这些因素对当事人失去了约束力，基层调解自然会随之受到冷落"。[②] 目前，乡村社会所处的国家整体社会经济条件和法律环境都发生了重大变化，一方面我国法律体系日渐完善，法律条文的增多对人民调解员提出了专业化的要求；另一方面，互联网时代高度发达的信息传播通道使村民可以随时随地利用"法律的武器"捍卫自己的利益，这些改变给人民调解工作带来了困难。以往，人民调解工作依靠援引人情事理即可化解矛盾纠纷，但随着传统村庄在文化和结构意义上的双重解体，传统的人情、面子等机制在化解矛盾纠纷上失去了原有的效力，传

---

[①] 参见范愉、李浩《纠纷解决——理论、制度与技能》，清华大学出版社，2010，第172～173页。
[②] 范愉、李浩：《纠纷解决——理论、制度与技能》，清华大学出版社，2010，第172～173页。

统权威不再具有独一无二的决断权。因此，人民调解组织及人员的专业化和规范化进路应成为解决人民调解合法性危机的关键。过去"动之以情、晓之以理"的调解方式固然重要，但同时，在新的环境下需要更多地依赖法律的权威性，加强依法调解，提高人民调解员的法治观念和法律专业技能。

### （三）法律服务市场多元化与人民调解功能实现的张力

在我国近年来致力构建的多元化社会纠纷防范化解体系中，多个行动主体都负有调解的责任和义务，同时多个主体之间又一直存在功能界定不清的问题。人民调解作为我国调解制度的一个重要组成部分，也面临着主体责任不清、地位尴尬等问题。概括而言，我国的调解制度主要由司法调解、行政调解和人民调解三个部分组成，是一体化的多元纠纷解决机制。但是，在基层具体的矛盾纠纷化解工作中，三者在角色定位上缺乏必要的功能分化，进而也就缺乏互补式的有机协调。这主要表现在行政调解与人民调解之间的关系问题上。首先，人民调解制度本来意在调动人民群众自治的主动性和积极性，但在实践过程中受制于农村现实情况，往往由村干部兼任人民调解员，虽然村干部在身份上不能归为行政角色，但其"官方"的背景使得人民调解在村民眼中就有了一定的行政调解色彩。其次，在实践中基层政府机关的行政调解往往与法院的（诉前）司法调解一体化实施，参与调解的人员既包括基层政府司法所的工作人员，同时也可能有其他行政职能机关人员，甚至包括法院的工作人员。进而，行政调解不仅仅是一种解决农村纠纷的手段，也成为防止农民上访的重要方式。[①] 由于纠纷解决过程中涉及政府、综治、社会自治等多种元素的交叉，许多地方的法律服务资源供给和纠纷解决机制出现了"雷声大雨点小"的局面，最典型的就是基层司法所"一套人马、几块牌子"的状况非常普遍。另外，在农村，法律服务市场的"地方割据"情况还比较普遍，城市的律师事务所等优质资源没有为村民们提供法律服务，农村的基层纠纷绝大多数是在乡镇或村一级干部调

---

① 参见刘思达《割据的逻辑》，译林出版社，2017，第60页。

解下解决的。这意味着农村矛盾纠纷的化解更多还是依赖政府权力或传统权威，依法解纷的基调尚未真正得到确立。因此，目前需要重新整合纠纷解决机制及配置法律服务资源，明确人民调解的责任主体，树立法律在人民调解实践中的权威地位。

## 三 社会学视野中的D市人民调解实践

在中央政策的指引下，D市十分重视人民调解工作的开展。2019年，D市司法局建立了人民调解员的培训制度，编制了《人民调解工作手册》，出台了《矛盾纠纷例会制度》，将人民调解员管理进一步制度化，推动了人民调解工作的规范化开展。2019年4月24日，D市司法局组织召开D市人民调解工作暨培训会议，深入学习习近平总书记关于"新枫桥经验"的重要指示精神，总结2018年以来全市人民调解工作。总体而言，D市人民调解工作在实践中取得了较为明显的绩效，对我国基层社会治理具有一定的借鉴意义。社会学视野中的D市人民调解实践经验，可以从以下几个方面加以概括。

### （一）注重优化人民调解队伍构成

人民调解员是化解社会矛盾纠纷的工作主体，调解员的职业素养直接影响矛盾纠纷的化解效果。在调解员的选择上，D市的做法是提倡由两委干部兼任民调委员。这一举措的社会背景是，村干部不仅是村庄自然内生的社会声望较高的人，也是得到国家政权认可的村庄治理人员，因此权威高于一般村民。在"小事不出村，大事不出乡镇"政策逻辑导向下，所有的乡镇干部和村干部，包括公安人员和司法行政人员都承担着化解矛盾纠纷的责任，从而使人民调解向"大调解"方向发展。村干部作为农村社区的"当家人"，掌握本村各方面情况，纠纷化解工作一般离不开村干部的参与。但目前人民调解员的选任模式仍存在一些问题需要进一步思考。村干部本身肩负维护村庄和谐稳定的责任，把人民调解的补贴直接发给村干部，虽然有利于调动村干部工作的积极性,却减弱了其他民间社会力量参与纠纷解决的积极性。由于村干部在村民眼中往往代表的是基层党政力量,而不单纯是村庄内生的权威力量,这在一定程度上降低了人民调解的自治性。

D市十分重视对人民调解员的培训和管理,《矛盾纠纷例会制度》和《人民调解工作手册》的制定,以制度化的方式提高人民调解员的调解水平。通过培训,促进了人民调解员对法律知识的学习,提高了人民调解队伍的整体职业素养,激发了人民调解员对调解纠纷工作的责任感与主动性。我们在调研中接触到许多有经验的人民调解员,发现他们对调解工作充满着热情和积极性。这种工作态度直接决定了人民调解员在化解纠纷时是否具有权威,能否取得老百姓的信任,从而最终影响调解的实效。

D市人民调解委员会在指派人民调解员时还特别注意考虑纠纷类型和当事人的实际情况,兼顾性别、年龄等因素,根据纠纷类型、纠纷的复杂程度、社会影响大小和事态缓急,指派合适的人民调解员。比如,对于婚姻家庭纠纷,安排已婚、生活经验丰富、德高望重、具有社会影响力的人民调解员,邻里纠纷则安排对双方都比较熟悉和能够得到双方认同的人民调解员。此外,还要考虑纠纷当事人的性格特点,做到"一把钥匙开一把锁",因人因时因地制宜,有针对性地化解矛盾纠纷。针对不同类型的纠纷安排相对合适的人员参加调解工作,能够使调解工作得以顺利开展,并且更容易收到良好的调解效果。注重当事人对人民调解员身份的认同,应当说是人民调解机制的内在逻辑,符合人民调解制度所立基的社会条件,有助于充分利用调解的"情理"优势化解社会矛盾。

## (二)实现规范化与灵活性相结合

调解的规范化有利于提高农民法律意识,树立法律的权威。但是,由人民调解的"非正式"解纷手段的性质所决定,在实际调解工作中又需要更为充分地兼顾情理,灵活化解纠纷。基层农村社会纠纷的解决主要遵循两个基本原则,一是符合老百姓的公平价值观念;二是以解决实际问题为导向。在老百姓心中,情和理往往要大于法,为此实际操作中要注意情和理的重要性，但同时也需明确情理必须在法律的框架下发挥作用。随着近年来普法活动的开展，农民的法律意识逐渐提高，在发生矛盾纠纷时也越来越多地学会利用法律，以法律为尺度维护自身权益。因此，人民调解员既要从习俗视角来评判是非对错，也要从法律角度审查合法性。调研发现，人民调解员在实践中普遍遵循一个原则：在双方无过错或双方都有过错，同时双方都有合法主张和相应义务的事实情况下援引情理，而在单方存有过错和侵犯权益时则采用法律，即所谓的"小事从理，大事从法"。

调解的规范化和灵活性相结合还体现在人民调解登记表的落实上。由于农村矛盾纠纷化解具有即时性的特点，日常生活中经常出现纠纷"即发即调即了"的情况。这一客观现实与登记程序的烦琐之间存在矛盾，往往导致人民调解登记制度落实不到位，影响调解工作流程的规范化和人民调解员补贴的落实。为此，D市推广了口头协议登记表制度，简化登记内容，落实人民调解员的补贴，从而更好地激励了人民调解工作的有效开展。此外，基层矛盾纠纷化解很多时候依赖于人民调解员的工作经验，需要根据实际情况灵活处理。比如有的纠纷需要采取多元化的策略、动员家族的长老出面调解，或是利用当事人其他社会关系、人情关系的力量，因此人民调解制度在基层农村的展开需要更大的灵活性，不可被僵硬的所谓规范化"自废武功"。

### （三）调解组织网络体系正在构建

人民调解是维护基层社会和谐稳定的第一道防线，具有排解基层社会矛盾纠纷的明显优势。大部分群众愿意将人民调解作为解决纠纷的第一选择，对人民调解工作的认可度比较高。近年来，D市每年都会进行优秀人民调解员的评选活动，以鼓励人民调解员在实践中探索工作思路，创新工作方法。

目前，D市正在构建纵横交错、相互补充的人民调解组织网络体系，力图打造网格化纠纷化解机制。一方面，加强纵向管理机制，以乡镇司法所为核心，由乡镇人民调解委员会牵头，联合各村级人民调解委员会，整合各村调解资源，集中发挥人民调解优势，扩大人民调解力量；另一方面，加强横向协同机制，加强各村调委会之间的沟通交流，互相分享人民调解的工作经验，建立各村调解员之间良好的合作关系。此外，D市还积极打造公共法律服务体系，在每个村建设法律服务站，落实法律服务热线12348和"民调通"的建设，构建人民调解的网络化硬件平台。在实践中，具有专业性问题的矛盾纠纷主要由D市第三方调解中心承接化解，目前以医患纠纷为主，逐渐尝试建立其他行业性专业调委会；对于一般的婚姻、家事、债务、邻里等方面的纠纷，则由村级法律服务站承接，交由人民调解员处理。人民调解组织网络体系的建设，旨在实现各机构之间相互补充、相互配合的工作机制，逐步形成系统化的调解网络。

### （四）基层法律服务的一体化运行

人民调解是基层矛盾纠纷化解的重要渠道，是基层法律服务的补充和延伸。D市不但注重充分发挥人民调解的纠纷排解作用，还重视由此衍生的法律服务引导、分流功能，为当事人提供法律咨询、法律援助、诉讼服务的渠道，建立人民调解与其他法律服务主体的良性互动关系，把较小的矛盾纠纷尽量化解在基层。其中，最典型的例子是建立人民调解与司法诉讼的联动机制。D市人民调解委员会与律师事务所等法律服务机构形成了良好的合作关系，律师和其他法律服务工作者积极参与人民调解活动，在矛盾纠纷调解中提供法律咨询服务，保证人民调解过程和结果的合法性。同时，律师和其他法律工作者担任村级法律顾问，可以丰富纠纷解决的多元化渠道，当事人可以根据需要选择人民调解或司法诉讼的方式解决纠纷。值得一提的是，D市还在人民调解制度与法院诉讼程序之间建立起联动机制。这一机制的建立，不仅在诉前实现了大量纠纷由诉讼向人民调解分流，节约了司法资源，而且在当事人进入法院之后，仍有设立在法院的人民调解窗口为其提供诉讼前调解的机会。总之，D市人民调解委员会在各乡镇司法所的指导下，与律师事务所、法律服务所、法院、派出所、法律援助中心等建立起广泛的协同合作关系，各主体在实践中加强沟通和配合，产生了排解社会矛盾纠纷的集约化效果，对D市社会和谐稳定发挥了重要作用。

## 四 社会治理新时代人民调解的发展趋势

长期以来,党和国家高度重视人民调解工作在基层社会治理中的重要作用,连续出台相关文件推进和发展人民调解制度。2002年9月,司法部制定发布了《人民调解工作若干规定》,紧随其后,最高人民法院通过了《关于审理涉及人民调解协议民事案件的若干规定》。这两部重要的规范性文件可以视为人民调解制度的法治化起点。到了2010年,全国人大常委会通过《中华人民共和国人民调解法》,标志着人民调解制度正式进入国家法律体系。

2018年3月28日召开的中央全面深化改革委员会第一次会议,通过了《关于加强人民调解员队伍建设的意见》(以下简称《意见》)。《意见》指出,人民调解是公共法律服务体系的重要组成部分,在矛盾纠纷多元化解机制中发挥着基础性作用,对于维护社会和谐稳定具有第一道防线的功能。《意见》强调,人民调解员队伍建设要坚持党的领导、依法推动、择优选聘、专兼结合、分类指导,优化队伍结构,着力提高素质,完善管理制度,强化工作保障。这对于推进平安中国、法治中国建设,实现国家治理体系与治理能力现代化具有重要意义。《意见》明确了人民调解员的职责任务,强调要加强人民调解员思想作风建设和业务培训,指出应强化对人民调解员的工作保障。① 这个《意见》可以视为在今后相当长时期内我国人民调解制度的发展指南,鲜明地体现了人民调解制度在国家治理实践中的重要意义。

从D市基层社会治理实践中,我们管窥到人民调解制度在基层社会的发展现状,并总结了一些工作思路和经验,有助于在未来人民调解制度实践中获得方向性纠偏。以D市基层人民调解工作的实证考察为基础,笔者尝试对新时代人民调解制度实践的发展趋势做如下分析。

---

① 参见《六部门印发意见要求加强人民调解员队伍建设》,载中国法院网,https://www.chinacourt.org/article/detail/2018/04/id/3284143.shtml,最后访问日期:2020年2月27日。

第一，人民调解的公益性定位进一步强化。人民调解属于公共服务事业，不向当事人收取任何费用，免费提供法律服务和政策咨询，免费为当事人排解纠纷。为了保障人民调解的公益性，政府需要给予人民调解以必要的财政支持。目前人民调解的补贴由地方财政支付，但在实践中存在地方资金不到位的情况，影响了人民调解工作的正常开展。因此，地方政府需要设立专项资金支持人民调解制度建设。专项资金补贴能够使无须任何费用的人民调解与诉讼、仲裁等其他纠纷解决机制相区别，也能够避免与市场化的法律服务形成不应有的"竞争"关系，避免律师事务所等市场化法律服务机构过早地将社会纠纷带入诉讼、仲裁等正式解纷程序，从而有利于人民调解充分发挥自身优势，既满足社会矛盾纠纷解决的需要，又降低了社会成本。因此，各地政府要充分认识到人民调解公益性质的重要意义，切实支持人民调解工作的开展，保障应有的财政投入。这是实现地方人民生活祥和、社会安宁有序的基础性工作。

第二，人民调解制度的内涵和形式进一步延展。通过梳理有关人民调解的法律文件可以看出，近年来国家对原有的人民调解在主体上进行了扩充，即从以村民委员会和居民委员会下设的人民调解委员会为主兼顾企业、事业单位，[①] 到把乡镇、街道以及社会团体或者其他组织的人民调解委员会也纳入人民调解的范畴中来。[②] 这一变动体现了人民调解的制度形式得到了丰富，并且在一定程度上强化了其行政化、正式化、法律化性质。[③] 随着国家建立健全人民调解、行政调解和司法调解相互衔接配合的大调解工作体系的提出，人民调解工作正向"以人民调解为基础，实现人民调解、行政调解、司法调解、仲裁调解、有关行业协会调解及社会各方力量共同参与、相互配合的大调解工作格局"的方向发展。[④] 人民调解内涵和形式的延展有助于推

---

① 参见《人民调解委员会组织条例》第 2 条、第 15 条。
② 参见《中华人民共和国人民调解法》第 8 条、第 34 条。
③ 参见范愉、李浩《纠纷解决——理论、制度与技能》，清华大学出版社，2010，第 172～173 页。
④ 参见史德保主编《纠纷解决：多元调解的方法与策略》，中国法制出版社，2008，第 6 页。

动建立以纠纷解决功能为中心的大调解格局，有效预防和化解矛盾纠纷，提高基层社会的自治化程度。可以预见，随着大调解体系的完善，人民调解制度将不再限于以人民调解委员会为单一主体的纠纷排解方式，而将进一步与其他社会力量的调解功能相融合。

第三，有机融入社会矛盾纠纷多元预防调处化解综合机制建设。多元化纠纷预防调处化解综合机制是相对于依靠法院诉讼解决纠纷的一元化纠纷解决机制而言的，是指"一个社会中多样的纠纷解决方式（包括诉讼与非诉讼两大类型）以其特定的功能相互协调、共同存在，所构成的一种满足社会主体多种需求的程序体系和动态调整系统"。① 新时期社会矛盾纠纷的主体多元化、类型多元化、诉求多元化特征，决定了需要采取多元化的纠纷解决机制来应对日益复杂的社会利益诉求和利益关系。党的十九届四中全会发布的《中共中央关于坚持和完善中国特色社会主义制度 推进国家治理体系和治理能力现代化若干重大问题的决定》提出了"完善社会矛盾纠纷多元预防调处化解综合机制，努力将矛盾化解在基层"的要求，并且明确指出要"完善人民调解、行政调解、司法调解联动工作体系"。② 可见，人民调解制度作为我国调处社会矛盾的特色和优势制度，必须参与到多元预防调处化解综合机制建设之中。多元化的纠纷解决机制涵盖了公益性、市场性、行政性等多种纠纷解决力量，既重视社会自治能力的提升，又强调国家司法权威的终局性，是我国社会转型时期必要的治理方案。毫无疑问，这一多元综合机制建设的重心恰恰在于人民调解等非诉讼解纷制度，唯有人民调解等社会自我秩序化功能的实现，才能体现出社会纠纷解决机制之多元化的意义。在这个多元综合机制中，各类纠纷解决机构通过优化协作，实现资源共享，共同维护公平正义，构建和谐美好社会。

---

① 范愉：《纠纷解决的理论与实践》，清华大学出版社，2007，第221页。
② 参见《中共中央关于坚持和完善中国特色社会主义制度 推进国家治理体系和治理能力现代化若干重大问题的决定》，人民出版社，2019，第29页。

# B.8
# 新时代"枫桥经验"与网格化社会治理[*]

雷 奥[**]

**摘 要:** 网格化治理是新时代我国社会治理领域改革的重要方法之一,其创新性表现在由传统的一元管理向现代化的多元治理转变、精细化治理手段的运用和信息化技术的引入等方面。在新时代枫桥经验不断发展的背景下,网格化治理的内涵也不断丰富。从基层治理法治化的视角审视,网格化社会治理的法治化程度还存在一定的不足,治理主体的法治理念有待进一步强化,社区居民的法治意识有待进一步提升,网格化治理相关立法较为滞后,社会监督机制还不健全,考核机制也有待完善。对此,应当加强法治宣传,塑造社区法律文化;推进网格化治理立法工作,建立健全网格化治理的制度体系;完善监督考核机制,健全责任追究制度;提升基层组织自治优势,激发基层组织发展活力。

**关键词:** "枫桥经验" 网格化 社会治理 法治化

## 一 网格化社会治理的兴起及其创新

社会治理现代化是新时代完善和发展中国特色社会主义制度,推进国家

---

[*] 本文系国家社科基金一般项目"枫桥经验与自治、法治、德治相结合的乡村治理体系研究"(18BFX001)的阶段性成果。除专门引注外,本报告涉及的所有事例、数据、图表均为作者调研所得。
[**] 雷奥,法学硕士,杭州师范大学枫桥经验与法治建设研究中心研究院研究人员。

治理体系和治理能力现代化的重要环节之一。党的十八届三中全会决定为新时代社会治理现代化提供了基本遵循，指明了总体方向，做出重要部署，并对改进社会治理方式的科学方法进行了系统说明，提出要"坚持源头治理，标本兼治、重在治本，以网格化管理、社会化服务为方向，健全基层综合服务管理平台，及时反映和协调人民群众各方面各层次利益诉求"。① 近年来，网格化治理成为新时代社会治理改革创新的重要方法之一。在我国治理体系的宏观架构中，推进国家治理体系和治理能力现代化是国家层面对社会治理进行的顶层设计和目标设定，网格化治理则是推进社会治理改革的基层实践和具体抓手。二者互相呼应，共同创新和发展了新时代我国基层社会治理的理论、制度与实践。

网格化治理形成和发展的社会背景是我国基层治理模式的创新式发展。这是针对传统社区管理模式的不足而形成的新型治理模式，其本质是"国家－社区－个人"之间的新型联结机制。在传统社会管理模式下，部门职能的交叉、管理的碎片化等问题由来已久，针对这些问题，网格化治理模式提出了新的解决方案，从而在方法层面上对传统基层社区管理进行了重构。相对于传统模式，网格化治理在管理目标上，从维稳中心的控制型管理朝着管理与服务兼备、增进参与功能的方向发展；在管理内容上，从对物管理逐渐向人群行为与信息管理的方向发展；在管理技术上，从政府部门间科层式联动朝着管理前移、资源下沉、激活社会力量的方向发展。② 网格化治理将现代治理理念和运行模式运用到社区管理当中，推动社会治理重心向基层下移，辅以信息化平台的全面运用，推动社会治理的精准化，并最终形成条块结合、专群结合以及社群结合的立体治理模式。

网格化治理作为基层社会治理的新型实践样态，主要表现为三个方面的治理创新。一是从传统的一元管理模式转型为现代化的多元治理模式。网格化治理以实现全民共建共治共享的社会治理格局为目的，相较于传统管理模

---

① 《中共中央关于全面深化改革若干重大问题的决定》，人民出版社，2013，第50页。
② 参见孙柏瑛、于扬铭《网格化管理模式再审视》，载《南京社会科学》2015年第4期。

式,网格化治理旨在实现对社会多元力量的充分调动,扩大社会参与面和提升社会参与度,发挥广大群众和社会组织的能动性,从而最终实现全民参与治理,治理成果由全民共享。二是注重加强精细化治理手段的运用。网格化治理模式之所以相对传统模式更能实现基层治理的精细化和精准化,其主要方法是通过管理单元的明细化、职责权限的规范化、管理流程的标准化,从而在很大程度上提升基层治理的质量与效率。三是充分利用现代信息技术支撑社会治理。传统治理模式下的治理媒介主要依靠的是管理者与管理对象之间、管理主体内的上下级之间的文牍化、程序化沟通,此种渠道下的信息传递速度较慢、信息共享密度较低,从而使得社会治理效能的上限被约束了。网格化治理模式积极运用现代互联网技术,建立信息平台,极大地便利了治理体系内的信息流动,从而有效地提升了社会治理能效。

近年来,网格化社会治理的内涵与形式在浙江省得到充分拓展,同时与原有"枫桥经验"中的精神实质相融合,形成了网格化治理的"新枫桥经验",使得"枫桥经验"在理念、内涵和方法上实现了进一步的丰富和发展。

## 二 网格化社会治理的"枫桥经验"

"枫桥经验"是我国社会基层综合治理的样板。这一模式以"小事不出村,大事不出镇,矛盾不上交,就地解决"为目标,以"依靠群众化解社会矛盾"为主要工作方式,其基本方法是充分发挥行政机关和社会力量两方面的积极性,强化基层纠纷解决的组织网络,将纠纷化解的重点环节前移,以提升治理效能。"枫桥经验"作为一种本土化的治理经验探索,持续回应变迁的社会治理需求,不断拓展和丰富自身的时代内涵,形成了转型升级版的"新枫桥经验"。

"新枫桥经验"的形成源自社会治理创新在浙江的生动实践。浙江省早在 2004 年就在全国率先提出平安浙江建设,创新发展"枫桥经验"正是平安创建的重点内容之一。在平安浙江建设全面开展过程中,创新社会治理工作成为各地的重点工作内容之一。诸暨市作为"枫桥经验"的发源地，启动了综治网格化、"八创八进"平安创建等机制创新工作；绍兴市开展了创建"枫桥式平安乡镇（街道）"行动；舟山市在"枫桥经验"实践创新的基础上，形成"网格化管理、组团式服务"的重要经验。2009年，"网格化管理、组团式服务"在浙江全省推广，社会治理网络形成了横向到边、纵向到底的新格局。由此，浙江的综合治理"一张网"成为"枫桥经验"创新发展的典型做法。2010年，浙江省宁波市、诸暨市被中央综治委确立为"全国社会管理创新综合试点单位"。

党的十八大以来，习近平总书记就社会治理问题提出了一系列新理念新思想新战略，并提出要把党的群众路线坚持好、贯彻好，把"枫桥经验"坚持好、发展好。正是在此背景下，浙江全省积极创新发展社会管理体制，深入推进"网格化管理、组团式服务"、信访和综治信息平台建设、矛盾纠纷"大调解"机制等系列机制创新工作，以确保各类矛盾纠纷早发现、早调处为目标，积极探索"一条龙"受理、"一站式"服务、"一揽子"解决矛盾纠纷的新型机制建设。应当肯定，"网格化管理、组团式服务"在浙江成效明显，坚持和发展了"枫桥经验"，完善了综合治理机制，提高了党在基层的执政能力和领导水平，是"枫桥经验"在新时代社会治理实践领域的重要发展成果。概括而言，"网格化管理、组团式服务"的主要目标是加强社会风险预测预警预防工作，推动关口前移、力量下沉，通过"网格化管理、组团式服务"，确保问题隐患及时发现、及时处置，绝大部分纠纷在乡镇以下解决；① 基本特征是人本化的工作理念、扁平化的工作格局、整合化的工作资源、现代化的工作手段；基本要素包括党建统领、人民主体、"三治"结合、"三共一体"、平安和谐等内容。② 随着党和国家提出建立共建共治共享社会治理机制，网格化社会治理的"新枫桥经验"在浙江诸暨等地的基层实践中不断创新推进和深化发展。

---

① 参见马卫光《坚持和发展新时代"枫桥经验"》，载《求是》2018年第23期。
② 参见张文显《新时代"枫桥经验"的理论命题》，载《法制与社会发展》2018年第6期。

## （一）枫桥镇的探索

浙江省诸暨市枫桥镇是"枫桥经验"的发源地，新时代"新枫桥经验"的不断发展成熟源自对既有经验的积淀和升华。近年来，枫桥镇在"新枫桥经验"逐步成熟发展的过程中，以实现共建共治共享为目标，广泛动员社会各方面理论参与基层社会治理工作，有效提升了基层社会治理工作的效能。"新枫桥经验"的这一发展思路契合了网格化社会治理模式的内涵，从某种意义上来说是对网格化社会治理模式的先行先试，具有典型的标本意义。

第一，重视党委总揽全局和统领各方的作用。枫桥镇党委在网格化社会治理机制中的关键性作用主要体现在如下几个方面。（1）加强组织保障。枫桥镇对组织体系的完善非常重视，专门成立社会管理创新领导小组，由镇党委书记兼任组长，设立了专门办公室，并进一步分设相应的督查指导组、资料收集组、后勤保障组、经验总结组等，借此形成统揽全局的工作系统，实现对社会管理创新工作的统领与统筹。在组织体系完善的基础上，枫桥镇以落实工作责任制为抓手，强化对社会管理工作成效的监督和考核，并通过定期召开党政班子联席会、研讨会等形式，对具体工作情况进行及时介入。（2）加强制度保障。为保证社会治理工作各环节的开展效果，枫桥镇探索建立了较为完善的工作制度，具体表现为对社会综合治理的形势开展定期的分析研判制度，在重大事项方面建立相应的风险评估制度。此外，针对农村社区矫正工作构建起"三帮三延伸"与"5+1"发展模式，形成了卓有成效的制度创新。① 枫桥镇还积极指导各社区制定符合自身情况的相关制度，实现制度衔接、工作联动。（3）强化综治网格化管理。枫桥镇积极创建"网格"以优化治理工作，强调多网协同、互相配合，具体包括：以"综治网"实现综合治理工作管理网格化，以"党建网"实现对党建工作的管理

---

① 参见卢芳霞《乡镇社会管理格局的建构——基于浙江省枫桥镇的调研》，载《中共浙江省委党校学报》2013年第4期。

网格化,以"土管网"实现对土地执法监察工作管理的网格化,以"劳管网"实现对劳动用工事项管理的网格化,以"消费网"实现农村消费者维权事项管理的网格化。通过以上一系列"网格"系统的建立,将社会治理工作整合到相互关联的"网格"系统之中,从而实现基层社会治理工作的横向到边、纵向到底,上下联动、左右协调的工作效果。①(4)重视资源统筹配置。资源是社会治理工作的物质基础,枫桥镇对资源配置工作进行了创新性的改革,并形成了5支专业服务队伍,队伍成员主要源自乡镇辖区内的机关、社区、企事业单位,通过对多方面人力、物力资源的统筹整合,为"网格化管理、组团式服务"工作的有效推进奠定了良好的资源基础(见表1)。

表1 枫桥镇党委统筹组建的5支专业服务团队

| 专业服务团队 | 牵头单位 | 成员单位 |
| --- | --- | --- |
| 文教卫生专业服务队 | 社会事业办 | 镇教育办公室、市人民医院、镇文化站、镇计划生育服务站、兽医站、专业保洁公司 |
| 应急救助专业服务队 | 应急管理办公室 | 派出所、交警队、市人民医院、镇应急分队、供电所、电信支局、自来水厂、民政办 |
| 综治协管专业服务队 | 综治工作中心 | 派出所、法庭、交警中队、国土资源所、信访办、保安中队 |
| 综合抢修专业服务队 | 村镇建设办 | 运管所、路政队、国土资源所、广站、供电所、电信支局、自来水公司、煤气公司 |
| 村镇建设专业服务队 | 村镇建设办 | 国土资源所、规划所、城建监察中队 |

资料来源:卢芳霞:《乡镇社会管理格局的建构——基于浙江省枫桥镇的调研》,载《中共浙江省委党校学报》2013第4期。

第二,强化政府承担社会管理和公共服务的职能。服务型政府意识的树立,是提升政府服务能力、推动社会治理工作良好有序开展的基本前提,政府通过加强自身公共服务职能来更好地实现社会管理职能。枫桥镇在政府智

---

① 参见卢芳霞《乡镇社会管理格局的建构——基于浙江省枫桥镇的调研》,载《中共浙江省委党校学报》2013年第4期。

能强化方面主要进行了如下几方面的工作。（1）强化"综治"工作，加强社会治理与公共服务协同。枫桥镇在浙江全省范围内率先建立起了集多种社会治理功能于一体的综治工作中心，并逐步细化各项功能，不断增设相应机构，最终形成了一个由综治、司法、信访、调解、警务、流动人口、安全管理、应急管理、土地管理、劳动管理、社区矫正、反邪教、检察等多个部门组成的综治工作中心系统。这一完善的系统为社会综合治理工作的开展提供了强大的组织保障。（2）积极运用科技手段，实现社会治理硬件条件的提升。从2010年起，枫桥镇投入600多万元，在17个重点区域共安装有118个高清监控点，建立起完善的乡镇社区动态视频监控系统。枫桥镇尤其重视基层社会治理信息化建设工作，从2011年起加大投入，建立起一个包括综治办公系统、为民服务中心、应急处置指挥系统以及基础信息系统在内的信息管理系统。这一信息管理系统的诸多子系统集多种功能于一体，实现了社会治安防控、社会公共管理与社会公共服务职能的一体化运行。（3）建立专业服务团队，积极探索新型公共服务模式。枫桥镇在村和镇两级均建立起了农村社区服务中心，为社区居民提供多种服务，这些服务涉及综合治理、社会保障以及文化体育等多个方面；对于可以代理的公共服务事项建立起了相应的"全程办事代理制"。枫桥镇积极开展"组团式服务"，有针对性地成立了"镇专业服务队-村网格服务团队-村网格区专业服务组"三级服务团队，为人民群众送服务上门，让居民们足不出户就可以解决许多问题，取得了良好的治理效果，基本做到了小事情在村一级解决、大事情在镇一级得到解决。（4）建立完善绩效考核机制，提升公共服务质量。枫桥镇出台了《枫桥镇机关工作人员绩效考核实施办法（试行）》，形成了一整套完善的考核评价机制，以此来实现对工作人员服务质量的监督。这一实施办法包括月度工作考核和年度综合考核，月度考核由各部门对工作过程进行全方位记录，并对工作情况进行评分，最后予以公示通报；年度综合考核则由镇党委对工作人员的工作绩效进行打分评价。

第三，加强社会组织协同，促进治理工作社会化。基层社会治理工作的效能提升要求推动和实现社会治理的社会化、规范化、专业化发展，这必然要求积极调动和发挥基层群众自治组织、人民团体和社会组织的协同作用，推动社会多元力量的参与和协同。枫桥镇在社会协同工作上的内容主要表现为下述方面。（1）基层群众自治组织密切配合。枫桥镇辖区内的主要基层群众性自治组织是各村委会，村委会负责制定本村民主自治制度，其中包括村重大事项民主决策流程、财务管理细则、村土地及建房管理细则以及村党务和村务公共流程等多种规章制度。制度制定后还要统一印制成册向村民发放，以保障村民的监督权、知情权和参与权。枫桥镇还积极推动村规民约的制定，如陈家村制定了《陈家村村规民约》，为法治型社会主义新农村建设奠定了自治基础。（2）人民团体积极参与。枫桥镇注重依赖工会、共青团、妇联、残联等人民团体，把这些团体吸纳到社会治理工作中来，取得了良好效果。譬如，枫桥镇工会积极促进和谐劳动关系的形成，在其引导下，枫桥镇已经建立了73家企业工会。又如，枫桥镇残联不断完善自身工作模式，为残疾人提供更加精细化的服务，为此专门设立多个专门委员会，聘请残疾人专职委员。（3）社会组织充分协同。枫桥镇目前运行着数量庞大、形式多样的社会组织，这些社会组织与党政协同运作，深度参与了多项治理工作，已经成为枫桥镇社会治理事业发展不可或缺的有生力量。这些组织包括各类群防群治的自治组织、教育类和文体类公益组织、志趣类互益组织等。枫桥镇还在农业、纺织、机电等行业自治组织中设立调解组织，为矛盾纠纷有效解决提供了顺畅渠道。这些社会组织的存在和良好运行给基层社会治理工作带来了多方面的积极影响，比如以自治手段化解矛盾纠纷，提供社会公益产品和服务，助力社会治安防范，协助法治宣传教育，高效管理流动人口等。

### （二）余杭区的实践

在新的时代条件下，来自乡村的"枫桥经验"在城市社区重新发现自身价值，"枫桥经验"被注入了新的发展活力，获得了创新性发展，其具体的实践形式是城市社区网格化治理模式的形塑。杭州市余杭区尝试在网格化治理模式中科学地融入"枫桥经验"，其经验为基层社会治理工作提供了一个良好的参考。

一是强化党建引领作用。基层党组织的核心领导作用是网格化社会治理工作有效开展的坚强保障。余杭在网格化社会治理工作开展过程中以网格党建工作为有力抓手，不断强化干群联动、党群联动的效果，有效发挥辖区内党员在网格化治理工作中的先锋作用。余杭网格党建工作主要包括如下几个方面内容。首先，在党组织设置上，坚持在网格上建立党支部，视具体情况可以一个网格设立多个党支部或多个网格设立一个党支部，每个党支部一般不超过30名党员，其宗旨是要保证在网格化治理中发挥党支部的核心作用。其次，在干部配置上，广泛采用"一肩挑"模式，即网格支部书记同时兼任网格长，当已有网格长为非党员时，网格支部书记则兼任副网格长。最后，在党的组织生活方面，要求网格支部中党员活动场所和组织生活实现常态化，通过内容丰富的网格党支部活动，让网格党支部的组织生活作为思想指导和精神资源支撑网格化治理工作。

二是科学合理划分网格。在余杭的实践中，由区综治办牵头，会同公安、国土、组织、民政、消防、环保等部门，以整体性、属地性为划分原则，以适度调整为例外，努力实现网格化治理的全覆盖、无遗漏、无死角、无盲点的建设目标。在余杭，网格被划分之后，除出现村（社）的撤、扩、并等情况之外，原则上不允许随意变动和再次划分，以保证网格作为村（社）之下基本管理服务单元的稳定性，从而实现了社会治理工作绩效的可持续。具体而言，在城市社区，网格划分的基本单元是居民小区，原则上每个网格覆盖300~500户；在农村社区，一般以自然村落或村民小组为基本单位划分网格，原则上每个网格200~300户；在其他相对独立的特定区域，诸如企事业单位、工业园区、开发区以及集中区域等，则结合这些特定区域的实际情况单独设置专属型网格。

三是加强网格队伍建设。高素质的工作队伍是社会网格化治理工作效能提升的基本条件之一。余杭从以下几个方面推进服务队伍的建设。（1）网格长选任。一般情况下网格长由村（社）班子成员担任，当班子成员无法任职时，也可以从社工中选任。网格的副网格长由专职网格员或表现突出的兼职网格员担任。在特定区域设置专属型网格的，其网格长由有管辖权的上级单位相关业务科室机关或属地镇（街道）干部担任，副网格长由村（社）干部担任。(2) 专职网格员队伍建设。余杭采取了"1+N"模式发展网格员队伍，其中"1"指全科型专职网格员，而"N"代表专业型专职网格员，如流动人口专管员等。全科型专职网格员的人数根据具体的社会需求予以确定，兼职网格员每个网格须实名认证不少于 20 名，主要由党员骨干、村（居）民代表、平安志愿者等担任。针对流动人口较多的网格，还可以从外来人口中选拔兼职网格员。(3) 队伍管理。对于全科型专职网格员，镇（街道）综合信息指挥室负责统筹管理，由所在地的村（社）负责日常管理，其薪酬采取"基本工资+绩效考核"的发放形式，发放标准参照各镇（街道）编外人员待遇；专业型专职网格员则由相关条线负责管理，如流动人口专管员重点承担公安条线上的业务，因此由属地派出所负责管理；兼职网格员则按照所承担具体工作的参与指数积分制发放补贴。

　　四是规范网格工作职责。只有对工作职责进行科学细致的界定，网格化治理工作的良好有序开展才成为可能。在余杭的实践中，各镇（街道）的首要工作就是明确网格信息采集、隐患排查的工作任务清单，网格"一长三员"严格根据清单进行网格基础信息和各类动态信息的采集和排查，对发现的各种问题，结合实际按照事件处置流程规范处置。专兼职网格员的工作任务主要包括矛盾调解、信息采集、隐患排查、政策宣传、民生服务等多个方面，其中最为首要的是在政府部门指导下对网格内各类动态信息进行及时全面的采集梳理，其中具体包括基础信息、矛盾纠纷、社情民意、社会治安、网络舆情、市场监管、环境保护、安全生产、消防安全、帮扶救助等。其次，网格员的工作职责还包括第一时间对发现的矛盾纠纷予以调处，调处无效的则及时向社区汇报，网格员还要及时受理辖区内居民群众的利益诉求并向有关部门反馈。再次，网格员还应在力所能及的范围内，积极为居民群众和成员单位提供服务和帮助。此外，网格员还要配合镇（街道）和有关部门向网格内成员单位和居民群众开展政策宣导、法治教育等工作。余杭区根据工作任务分工和职务角色差异，对不同的角色和工作确立了细致的工作量指标，要求网格指导员每周应至少有半天在网格中开展走访巡查、督查指导等工作；要求网格长每周要确保至少3个半天、每半天不少于2小时进行网格走访巡查；要求全科型专职网格员的工作时间全部在网格，带领兼职网格员开展常规工作，并参与镇（街道）组织的专项治理活动；要求兼职网格员根据全科型专职网格员的工作部署完成任务，同时每天网格巡访不少于4小时。

五是推动网格治理智能化。余杭区充分重视互联网技术在基层社会治理工作中的运用，推动网格化治理的智能化建设。余杭区自主开发了网格智慧管理信息系统，并将全区所有建筑信息在地理信息软件"天地图"中进行标注，按照"以图为基础、以房为抓手、以全科网格为支撑"的要求，对所有网格中的信息进行标识，具体可分为人、事、物、地、组织等信息，从而推进网格化的数据化、可视化。同时，余杭区将安全隐患、重点人、重点事、重点物、重点行业、重点场所等平安建设重点要素"入图入房"，通过对信息系统的不断优化和充分利用，实现网格化治理工作与现代信息技术的有效对接。此外，网格智慧管理信息系统还用来对网格员队伍工作数据和行动轨迹进行记录并加以分析统计，提高了监督考核网格员队伍工作的准确性和公正性，提升了网格化工作的效能。

总之，余杭区在基层社会治理实践中突破了传统的政府单向管控的思维模式，转向由政府相关部门牵头，广泛动员人民群众参与到基层社会治理工作之中；利用网格化治理模式，为社会成员参与基层治理工作提供了平台和机会。这一发展思路不仅调动了群众个体和社会组织的积极性，还有利于消除政府管理服务与社会需求对接不畅的问题，有利于提升基层社会治理能力与治理水平，从而形成了建立共建共治共享的社会治理机制的宝贵经验。

## 三 网格化治理中存在的问题与可采取的对策

党的十八届四中全会决定要求推进多层次多领域依法治理，提高社会治理法治化水平，并明确提出"全面推进依法治国，基础在基层，工作重点在基层"。① 推进基层社会治理的法治化对建设社会主义法治国家具有重要的基础性意义。当前我国基层网格化社会治理工作虽然取得了一定成效，但从法治国家、法治政府、法治社会一体建设的角度来看，还存在一定的不足之处。

其一，治理主体法治理念有待进一步强化。社会治理的法治化是国家治理体系和治理能力现代化的应有之义。治理主体具有充分的法治理念，是推进社会治理工作成效的思想前提。法治理念是基层社会治理实践的正确引领，主要包括对治理工作的价值取向、发展路径和工作方式等问题的科学认知。当前，基层网格化治理过程中治理主体的法治理念有待进一步提升，网格化治理工作的部分领导者、网格长、网格员等在开展社区治理活动时，存在明显的绩效驱动、维稳驱动、免责驱动现象，工作方式和工作程序的主观随意性较大，法律至上、依法治理的治理理念尚未树立，更偏好于依赖人情等传统手段处理社区事务，往往会导致对同类问题的处理无法公平公正，使得人民群众的信服度无法保障。

其二，社区群众参与意识有待进一步提升。网格化治理作为一种多元主体共同参与的治理模式，需要治理结构中各种参与者的深度介入与良性互动，社会成员的不在场状态会使治理效果大打折扣，甚至又回到自上而下的单向管理状态。笔者经调研发现，当前多地基层网格化治理工作中社区居民的主体意识、法治意识、自治意识、共治意识还有很大的提升空间。在网格化治理模式启动之前，居民对网格化治理的多元共治特质未能形成基本的认识，对自身参与治理的主体意义和自治意义领会不够；在网格化治理实践展开之后，多数居民对网格化治理的运行机制和主体构成不甚了解，以至于他们既没有充分参与到社区治理工作中，又不懂得在出现需求或问题后通过网格化治理机制寻求帮助。

其三，网格化治理的相关立法较为滞后。基层社会网格化治理模式在推动社会治理实践取得一定成效的同时，也形成了新型的社会关系和权利义务

---

① 《中共中央关于全面推进依法治国若干重大问题的决定》，人民出版社，2014，第36页。

结构，例如治理主体责任与权力的界定网格化治理主体角色的法律定位社区居民权利与义务边界的明晰社会组织在治理工作中的法律定位及功能，等等，这些新问题在传统法律体系内无法得到有效回应，反映出立法层面的滞后性。目前，各地关于网格化治理的相关法律法规创制数量极为罕见，在治理过程中大都依据一些政策性文件，其效力层级较低，刚性不强，有时甚至需要相关部门采取酌情处理的方式解决问题，导致行政裁量权无序扩张，形成侵蚀法治的风险。鉴于网格化社会治理的实践场域在基层，而基层社会又各有自身的地方特殊性，为此设区的市应当充分运用地方立法职权，对网格化治理的立法需求予以回应。

其四，网格化治理社会监督机制亟待建立。社会监督是权力功能良性运作的外部重要条件。当前基层社会治理中个别地方仍存在权力监督、制约机制缺失的问题，基层政府与社会力量合作互动不足，基层政府权力主体垄断了决策权和执行权。按照我国宪法和相关组织法，城乡群众自治组织不属于行政机关体系下的分支机构，但在现实实践中基层政府往往以"指导"网格化管理的名义，要求群众自治组织承担大量的行政事务，导致基层村（居）委员会一方面工作任务过重，另一方面组织群众实现社会自治的功能受限。网格化社会治理模式的本意，应为社会治理权力体系呈现多元化和共享式权力结构，社区居民通过网格化平台追求治理权力的合作共享，同时实现对行政权力的社会监督。

其五，网格化治理考核机制有待完善。当前社区治理考核机制的不足之处主要表现在以下几个方面。首先，网格化治理工作机制与传统的绩效考核制度之间存在不协调的问题。网格化社会治理的模式、方式、特点、内容都存在特殊之处，工作项目和程序变化较大，传统工作考核制度不能与之相匹配，考核标准也需相应做出调整。其次，现有的考核机制大多未能将社区居民关心的问题纳入考核范围，这就使得考核更偏重于上级管理偏好而非服务对象的需求，不利于促使治理主体为社区居民提供更好的服务。再次，现有的考核制度普遍缺乏科学的奖惩方案，尤其是缺乏面向专兼职网格员等治理参与主体的奖励机制，不利于激发他们的工作积极性，也不利于带动其他社

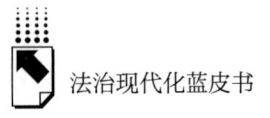

区成员加入网格化治理工作。

基于以上问题,笔者认为,在未来网格化社会治理实践中,应当着重在以下几个方面下功夫,以推进基层社会治理工作的健康发展。

首先,加强法治宣传教育,营造社区法治文化。法治宣传教育工作的开展是提升居民法治意识、主体意识、自治意识,营造社区法治文化氛围的必要手段。各地可以建立由社区居委会与辖区各单位共同参与的工作领导小组,通过开展诸如"法治进社区"等活动,广泛动员辖区内各单位和社区居民共同参与到法治文化建设活动中来;各地应拓展营造社区文化的思路,将法治宣传教育工作与日常的综治工作、平安社区创建工作有机结合起来,制订常规工作与风尚营造相结合的社区活动计划;社区应积极与所在区域法治工作相关部门形成良好紧密的合作关系,可以聘请具有专业知识的法律工作者为社区举办法治讲座、提供法律咨询、参与纠纷调解;社区应改变传统观念和传统工作模式,积极调动和发挥社区居民的主体作用,提高居民在社区治理中的参与度,提升社区自治能力和水平;社区需要充分以群众喜闻乐见的文化娱乐活动为工作抓手,打造当地法治文化品牌,让居民在自编自导自演的文化节目中提升法治观念、汲取法律知识;各地还应建立健全社区普法工作考核机制以及配套的奖惩机制,提升社区法治宣传教育工作的绩效。总之,各社区在法治文化的建设过程中,应积极结合自身实际条件优势,为全面推进社区网格化治理模式创造良好的法治氛围。

其次,推进网格化治理的相关立法工作,建立健全网格化社会治理制度规范。网格化社会治理是一项具有高度综合性、系统性的工作,涉及的工作内容和工作程序均需要刚性的规范化安排。因此,需要建立网格化治理法律制度体系,为治理工作的全过程建立制度规范,让全部治理工作在法治化轨道上运行。譬如,对于治理主体的权力和责任内容必须加以界定,对于群众自治组织、小区物业、社会工作者、社区居民等主体相互间的权利义务关系需要加以厘清,关于网格治理队伍成员的选任、监督、培训、考核以及晋升,也应建立起相应的制度予以规范。基层社会治理涉及复杂的利益主体,各地应践行开门立法的理念,立法内容应充分体现广大人民群众的利益要求和意志主张。为此,在立法过程中应面向辖区企事业单位、社会组织和社区居民举办求真务实的听证会和座谈会,全面考量各方主体的利益关切,充分展开意见沟通和理性商谈,梳理并应对既往网格化治理过程中存在的问题。另外,在有关网格化治理的地方立法过程中,应当充分考虑当地实际的经济社会发展水平,强调立法的针对性和可操作性。

再次,完善监督考核机制,健全责任追究制度。网格化治理工作监督考核机制的有效性取决于考核内容和形式的科学性。网格化治理模式强调多元治理主体的参与,这种参与要介入治理全过程,自然也应进入治理的监督程序,网格化治理应当充分强调社区居民对治理主体监督作用的发挥,因此,网格化治理监督考核机制的建立,同样应纳入多元主体参与监督与考核的机制。为此,我们建议聘请社区居民担任社区工作监督员,建立社区居民监督委员会,鼓励居民全面参与相应的监督考核工作。在具体考核指标的设置上,应当将涉及社区居民自身利益的事项纳入其中,并把居民的满意度、幸福度、获得感列为监督考核的重点内容之一。考核内容还应当设置专门的法治化指标,如治理过程对法律法规的运用程度、各种解纷手段的成效和权利救济机制的实现程度等。在制定科学的监督考核机制基础上,还应建立责任追究制度。责任制度的建立,不但包括涉及治理机构内部的违规违纪担责方式,而且要注意与党内法规、行政违法责任乃至刑事责任的对接,形成完整无缝的责任制度链条。

最后,提升基层组织自治优势,激发基层组织发展活力。党的十八届三中全会提出了"激发社会组织活力,正确处理政府和社会关系,加快实施政社分开,推进社会组织明确权责、依法自治、发挥作用"的改革新思路,以构筑政府、市场、社会多元主体合力而治的现代治理格局。[①] 新时代"枫桥经验"最为突出的特点是实现自治、法治、德治"三治融合",这就离不开社会组织自治功能的发挥。针对当下一些基层群众自治组织过度行政化的现象,应当对政府行政管理权责与群众自治组织自治功能之间的边界进行明

---

① 《中共中央关于全面深化改革若干重大问题的决定》,人民出版社,2013,第50页。

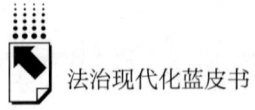

确的划分，处理好政府和群众自治组织之间的关系，真正实现群众自治组织产生于社区、服务于社区，回归其社会自我管理、自我服务的本质。事实上，网格化社会治理模式应当成为政府管理与社会自治之间有效衔接、相互配合、良性互动的机制。其关键在于政府要以重心下移、权力下放为思路，充分调动和发挥群众组织的自治优势，减少对群众组织的直接干预，释放社会自治潜力。除社区居（村）委会外，各地还应当充分重视培育和扶持其他公益性或互益性志愿社团、兴趣小组等社会组织，这些社会组织都是会聚社会成员个体并使其加入基层社会治理事业中的有生力量。如此，便可为网格化社会治理注入源源不断的社会活力，实现政府与社会良性互动、共建共治共享的社会治理新格局。

# B.9
# "枫桥经验"在青海久治县的本土化实践*

王立明**

**摘　要：** 青海省果洛藏族自治州久治县在"枫桥经验"本土化实践中，主要以建立健全联动调解模式、完善矛盾纠纷排查化解运行机制、加强现场取证信息化建设和强化外来流动人口登记管理为工作抓手。以此为基础，久治县还落实"四知、四清、四掌握"基本要求，严格选任标准，落实善治要求，创新工作机制，形成了别具特色的"十户长制"。面对社会治理难度增大、矛盾纠纷"大调解"体系尚不健全等问题，久治县的"枫桥经验"本土化实践需要进一步加强组织建设、整合各方资源、完善配套机制。

**关键词：** "枫桥经验"　久治县　本土化　十户长制

　　久治（藏语意为"团结"）县是青海省果洛藏族自治州辖县，属纯牧业县。该县位于州境东南部，地处青、川、甘三省交界处，东南与四川省阿坝县毗邻，南与班玛县相连，西与达日县相邻，西北濒临黄河与甘德县隔河相望，东北与甘肃省玛曲县接壤。久治于1955年3月建立久治县人民政府，辖5乡1镇22个行政村，总面积8757.25平方公里，人口2.8万，主要有

---

\* 本文系国家社科基金一般项目"枫桥经验与自治、法治、德治相结合的乡村治理体系研究"（18BFX001）的阶段性成果。除专门引注外，本报告涉及的所有事例、数据、图表均为作者调研所得。
\*\* 王立明，法学博士，杭州师范大学沈钧儒法学院客座教授。

藏族、汉族、回族、蒙古族、土族等民族，其中藏族人口占95.6%。牧户居住分散是久治县的主要特点之一，有的村距离乡（镇）政府所在地达65公里。① 近年来，久治县以"枫桥经验"为引领，结合本地实际，积极探索"枫桥经验"本土化的路径，通过不断完善调解制度来化解各种矛盾或纠纷；以"平安久治"建设为导向，不断强化社会治安综合治理。本报告从以下三个方面展开：一是久治县"枫桥经验"本土化的工作抓手；二是久治县在本土化实践中创新发展"枫桥经验"的特色经验以及尚存的主要问题；三是有关推进"枫桥经验"本土化的完善建议。

## 一 久治县"枫桥经验"本土化的工作抓手

久治县在践行"枫桥经验"的过程中，主要以建立健全联动调解模式、完善矛盾纠纷排查化解运行机制、加强现场取证信息化建设和强化外来流动人口登记管理四个方面为抓手，落实基层社会治理现代化的推进工作。

### （一）建立健全联动调解模式

在当前农牧区社会矛盾纷繁复杂、突发性社会事件增多的背景下，调解工作在排除农牧区民间纠纷、维护农牧区社会秩序稳定上发挥着越来越重要的作用，成为化解农牧区社会矛盾纠纷的"第一道防线"。近年来，以切实解决影响群众切身利益的问题为突破口，久治县建立健全人民调解、行政调解、司法调解"三调联动"工作机制，初步形成了党委领导、综治办牵头、各部门参与、"点线面"结合的大调解格局。当地整合工商、交通运输、医疗等相关单位和各乡司法所的工作力量，成立了工商、交通运输、医疗、集贸、社区等专业调解组织44个，实现了矛盾纠纷调解工作的分流处理、就近处理。

---

① 参见《久治概况》，载久治县人民政府官方网站，http：//www.jiuzhixian.gov.cn/，最后访问日期：2019年12月8日。

以婚约解除争议的联动调解工作为例，对于本地普遍存在的按照乡俗约定而非法律认可的婚约解除事宜，由村人民调解委员会和乡司法所协同工作，共同发挥调解作用。目前，久治县还广泛存在正式结婚前的男女婚约习俗。但由于婚约没有法律约束力，在登记结婚前一方悔婚，往往产生婚姻有效性的争议和退还彩礼、索取赔偿方面的纠纷。由于牵涉双方家庭和民俗民约，这类纠纷如果处理不好，往往导致矛盾激化，产生社会不稳定因素。例如，牧民措某与更某经人介绍后相互认识，相处一段时间后，经过提亲等传统乡俗仪式，双方建立婚约关系。相处一年之后，男方措某以感情不和为由提出解除婚约，女方更某为此索要赔偿。双方就赔偿问题未能达成一致，主要争议焦点在于：男方措某认为两人并未办理结婚手续，并未形成法律上的婚姻关系，也就不存在赔偿问题；女方更某则认为双方按照习俗订立婚约，男方提出解除婚约，对女方造成损失，按照当地习俗应当赔偿。村人民调解委员会了解该情况后，迅速报告乡司法所，并协助司法所工作人员加以处理。经乡司法所和村人民调解委员会人员多次走访当事人家庭，召集双方当事人依法讲解婚约的合同性质，最终促使双方达成一致，由措某补偿更某两万元，解除了原本极易导致两个家族之间矛盾升级的隐患。

## （二）完善解纷综合运行机制

久治县着力完善矛盾纠纷排查化解工作的综合运行机制，主要从以下三个方面优化工作体系。其一，信息排查机制。久治县各乡镇、各部门负责排查本乡镇、本部门内部可能出现的影响社会和谐稳定的隐患信息苗头。进而对排查出来的矛盾纠纷信息逐一按诱发原因、时间、地点、单位、涉及人数、重点人员、事态发展经过、预测评估走向等要素进行登记，建立台账，及时报送到相关调解组织，做到"横到边、纵到底，不留暗面、不留死角、不留盲点"。其二，调处化解机制。各乡镇司法所和县级各调解组织对于受理或排查的矛盾纠纷依法进行调处，一般性矛盾纠纷限时调处，重大矛盾纠纷及时上报。通过联调联动方式确保矛盾纠纷得到化解、未调处的矛盾纠纷不反弹、不升级。其三，综合协调机制。充分发挥综治和信访等部门的综合协调作用，按照"谁主管、谁负责"的原则，对复杂的矛盾纠纷，组织有关部门会商共同解决；对重大矛盾纠纷实行"包案制度"，并限期解决。同时，把信访工作与调解工作有机结合，综合运用政策、法律、经济、行政等手段和教育、协商、调解、疏导等办法，及时化解各种矛盾纠纷。其四，督察督办机制。建立县党委、县政府领导，县综治办牵头，综治部门组织实施，其他部门共同参与的矛盾纠纷督察督办机制，通过明察暗访、书面、电话督办等方式，定期或不定期开展矛盾纠纷排查化解工作的督察督办。

以牧区最常见、最突出的草原租赁纠纷为例，智青松多镇村民斗某和俄某到镇人民调解委员会申请调解。基本案情是，斗某将自家草场以每年三万元租金租给了俄某，双方在签订合同后几天，俄某就单方面毁约，拒不履行合同约定，引发争吵。由于斗某和俄某是亲戚关系，这就使一起普通的草场租赁纠纷变得更加复杂，可能导致家族内部关系发生整体矛盾。智青松多镇人民调解委员会受理此案后，经过深入调查、多次走访，分别约谈了双方当事人，考虑到双方当事人的特殊关系，会同双方亲戚从法律角度和亲情关系角度进行劝解。在双方草场租赁已经没有存续可能性的情况下，智青松多镇人民调解委员会根据租赁合同，讲解相关法律，使双方达成和解协议，由俄某向斗某支付违约金3300元。该方案在双方当事人签订协议后已全部履行。一场剑拔弩张的纠纷在调解员的努力下终于得到化解，一时冷如坚冰的两家关系，又变得和睦如初。本案不仅成功地排除了亲属关系破裂的隐患，维护了亲属之间的和睦关系，也进一步提高了人民调解在人民群众中的社会公信力和影响力。

### （三）加强现场取证信息化建设

久治县通过基层典型培育项目"商铺报警联网系统"，加强信息化建设，提升纠纷调处工作的效率和效果。商铺报警联网系统是指在全县大多数商铺中安装摄像头，实现县城沿街商铺视频监控全覆盖，并与公安局视频监控联网，通过多视点监控消除了公共区域的治安盲区。该系统的建设，实现了商铺及县域主要道路监控的无缝隙对接，提高了公安机关和其他相关部门处置突发事件的能力，有利于对监控区域内发生的矛盾纠纷进行现场取证，提高了处理矛盾纠纷的工作效率和质量。在日常社会治理工作中，商铺报警联网系统为案件调解提供了直接证据，极大地促进了调解工作的顺利开展和调解方案的落地生效。例如，巴某发现其妻子东某与同村男子贡某存在不正当关系，因此与贡某发生肢体冲突。在冲突中，贡某将巴某的眼睛打成轻微伤。因当时正值冬虫夏草采挖季节，巴某因眼伤无法采挖冬虫夏草，造成了较大经济损失。巴某要求贡某赔偿医药费、经济损失费、精神损失费等相关费用，请求村人民调解委员会解决此事。村人民调解委员会和乡司法所工作人员通过提取现场监控视频记录，确证了双方在冲突中的行为事实；以此为基础，根据《民法总则》等有关法律法规，引导双方协商达成了一致，由贡某赔偿巴某直接与间接损失费共 10500 元。

### （四）强化外来人口登记管理

近年来，居住在久治县的外来人口日益增多，除刑事案件频发外，一些外来在逃人员亦有藏匿。针对此种情形，2017 年 8 月县委政法委员会设计了《久治县久居外来人员身份信息核查表》，要求按照"乡不漏村、村不漏户、户不漏人、人不漏项、项无差错"的原则，对辖区内从事生产、生活但无户籍的举家定居人员、与本地人结婚后在此定居的未入户人员、投亲靠友的外来人员等进行全面核查。以此为基础，加强久治县与人口来源地之间的信息互通与工作协同，共同做好人口管理与社会隐患防范工作。

以牧区家庭抚养纠纷为例，久治县注重与外来人口的沟通，加强与外来人口来源地党委和村民组织的协调，避免冲突进一步升级、在更大范围内造成恶劣影响。例如，男方李某（系大通县逊让尕乡尕漏四村村民）与女方赛某（系久治县智青松多镇德合隆村二社牧民）为夫妻，婚后双方因家庭琐事争吵导致婚姻关系紧张。女方想把长子带回久治抚养，但男方将其长子带离后拒不让见。女方亲属随即赴大通县上门要孩子，男方家人拒不同意，双方僵持不下，矛盾急剧升温，如不及时调解极有可能引发严重后果。为预防因纠纷而引发的恶性案件发生，镇党委书记积极与大通县逊让尕乡党委政府取得联系，并委派镇干部赶赴事发地大通县逊让尕乡尕漏四村村民李某家中。镇干部在掌握基本情况之后，从矛盾焦点着手，以调解小组的形式分别对双方当事人进行劝导，从情理、法律、道德等多方面开展调解工作，讲明利害关系。调解员经过三天的劝说调解，最终两人表示愿意和好。

在上述案件的调解过程中，首先，调解员坚守住中立者的身份地位，不因当事一方系外地人口而有所偏袒，帮助当事人厘清纠纷的争执所在，站在一个公正的立场上调解纠纷。在调解过程中，调解员除了听取李某、赛某的陈述外，还向当地村民询问李某家的具体情况，从而使调解员做到了在劝导时言之有据。其次，在调解过程中，调解员采取了法与德相结合的说服方法，在告知李某国家法律相关规定的同时，再晓之以理、动之以情地说服李某从有利于孩子生活和学习角度出发，给孩子一个健康、稳定的成长环境，最终使双方当事人各退一步，达成了调解协议。最后，在调解过程中，调解员善于动员多种社会力量协助化解矛盾。在本案中，调解员向当地基层党组织和村民寻求帮助，并说服李某和赛某的亲属们对李某、赛某进行劝导，取得了多种社会力量的支持和帮助。正是调解员的不懈努力，使得李某与赛某最终重归于好。

## 二 十户长制："枫桥经验"在久治的创新形态

在"枫桥经验"的本土化实践中，久治县依据《村民委员会组织法》等有关规定，结合网格化管理要求，于2015年创造出"十户长制"这一崭新工作机制。十户长制，是久治县根据下属22个行政村的自然状况，依据就近连片、方便工作的原则，按一定居住户数量将行政村划分为若干户区，并在每一户区推选一户家庭，由其一名主要家庭成员作为"户长"，称为"十户长"，亦即十户设一长，以协助村社两委班子做好上情下达、下情上传工作,当好组织的好帮手、政策的宣传员、群众的解难人。① "十户长"由村"两委"班子成员、社长、村警等担任,实行一岗多责。全县共推举了495名"十户长"。"十户长"作为基层政策宣讲员、矛盾纠纷调解员、情报搜集员、环境治理员、治安联防员、扶贫联络员,是基层各项社会治理工作的重要力量。对所辖十户群众,十户长需要落实"四知、四清、四掌握"的基本要求,充分依靠和发动群众参与社会治安综合治理,做到各种矛盾纠纷早发现、早报告,坚持矛盾纠纷不上交,就地解决。

"十户长"的功能在于强化基层群众与政府机构的紧密联系,为县、镇两级党政领导机关提供决策依据,为各级各类社会治理相关机构提供沟通网络的纽结。"十户长制"将就近群众连成一片、全县连成一网,由此,将网格化社会治理工作划分至户,确保了全县社会治理工作开展的全覆盖、无死角。"十户长"不仅是所辖"十户"居民的总联络人,而且担负着政策宣讲、环境治理、治安联防、纠纷调解、担任扶贫联络员等职能。因此,在"十户长"选任时要注重考察政治素养,要求"十户长"必须是能够带头执行党和国家政策,法治观念强、有责任心,能自觉维护社会稳定,善于做群众工作,在村里有一定威望,能够正确传达各类信息的退休干部、护林员和牧民群众。设定这些选人标准的目的在于发掘群众中的优质管理资源,提升社会自治的能力,助力共建共治共享社会治理机制的形成。

久治县推行"十户长制"以来,出现了一些值得赞扬的典型个人。比如,智青松多镇德藏族牧民求保,就是一位工作卓有成效的"十户长",2017年,求保被评为全州维护稳定工作先进个人。目前,当地正在推广"求保十户长工作法"。求保的十户长工作主要有以下四个方面的内容:一是督促辖区内家庭落实防火、防盗、防抢和防事故等治安防范措施,协助协警员开展治安巡逻,组织"十户联防、五户联保",做好邻里守望,义务巡防、演练、抢险救灾等活动;二是搜集社情信息,及时掌握和上报辖区内影

---

① 参见张浩、王湘琳《久治:"四项措施"深化"十户长"管理机制》,载《青海日报》2018年8月7日,第7版。

响社会稳定的事故隐患、违法罪犯线索以及其他舆情和民情信息，对辖区内"危安"重点人员盯死看牢；三是加强流动人口调查，对所辖户人员做到"四知、四清、四掌握"，及时掌握辖区内外来流动人口信息；四是积极开展矛盾纠纷化解，摸清矛盾隐患和上访苗头问题，及时做好社会纠纷的防范、化解、引导工作。

"枫桥经验"之所以具有持续旺盛的生命力，原因在于它能根据不同时期的形势任务，不断顺应社会发展需要，创造性地解决不同时期的社会矛盾和问题。坚持自治、法治、德治"三治融合"的基层治理，是久治县基层社会治理创新的发展方向，也是近年来久治县创新发展"枫桥经验"的最新成果。久治县推行"十户长制"以来，主要举措包括以下四个方面。

第一，开展人口排查登记工作，做到"四知、四清、四掌握"。各"十户长"负责对辖区内的常住人口进行登记，做到辖区内人口"四知"，即知道每个住户的家庭情况以及社会关系、经济状况、政治表现、遵纪守法情况；"四清"即清楚辖区内居民就业、重点人员、流动人口、贫困群体情况；"四掌握"，即掌握辖区内基本情况及社情动态、宗教管理状况、热点难点问题、各类积极分子发挥作用情况。由于久治县地理位置特殊，外来人口较多，容易成为外来违法犯罪人员藏匿的"安全港"。"十户长"协助各村、各乡镇、各派出所核查外来人员，基本实现了"底数清、情况明、管得了、控得住"的目的。

第二，按照属地管理原则，开展社会纠纷的及时发现和化解工作。通过按照属地管理原则开展矛盾纠纷排查，"十户长"做到了早发现问题、早报告问题，有效预防了纠纷扩大、矛盾升级。通过"十户长"排查、基层人民调解委员会调解，该县矛盾纠纷基本实现了"小事不出乡、大事不出县、矛盾不上交"的"枫桥标准"。久治县的人民调解实践采取了"十户长"必须参与调解的做法。由于"十户长"十分熟悉自己所负责的周边近邻，有着较好的群众基础，因此包括"十户长"在内的人民调解员，对于化解家事、邻里、草场租赁、宅基地等关系紧密型社会纠纷，有着突出的能效优势。

第三，关注辖区重点人员，掌握重点信息。"十户长"作为"大家长"，要履行对吸毒、犯罪前科等重点人员的管控义务，切实掌握所辖十户内重点人员的相关信息和思想动态，积极帮助重点人员走上自食其力、遵纪守法的生活道路。近几年来久治县入室盗窃等刑事案件频发，为此当地在沿街商铺广泛设置了报警联网系统。"十户长"借助商铺报警联网系统，可以直观了解掌握监控区域内的动向，及时发现各类突发事件，并向公安机关报告。

第四，开展政策宣传，提高法治意识。"十户长"采取集中、入户等方式对辖区内十户居民进行法律和政策的普及宣讲，提高基层牧民群众依法办事、依法解决矛盾纠纷的法治意识，成为地方法治宣传教育的重要骨干力量。因此，当地普法职能部门非常依赖"十户长"近距离普法的能力，认为这一渠道的普法效果要明显好于以往面上的法治宣传工作。

青海省久治县实行的"十户长制"，坚持了以人民为中心的党的群众路线，遵循了处理事务"变与不变"的辩证关系，是新时代"枫桥经验"在久治的创新形态。当然，"枫桥经验"在久治县的本土化虽然取得了一定的成绩，但也存在一些薄弱环节和新的挑战，主要表现为以下三方面的问题。

首先，基层社会治理的难度越来越大。在经济大发展、社会大开放、人员大流动的情形下，基层社会治理面临着新挑战：一是流动人口多，随着县城的不断扩展，新经济组织、新社会组织不断增多；二是随着科技不断发展，网民、手机用户逐年增多，由此造成社会矛盾的"触点"增多、"燃点"降低，社会治理的难度越来越大，稍有不慎，小问题就有可能引发大事端。

其次，自身工作仍然存在薄弱环节。目前，当地的矛盾纠纷排查、防范、化解工作还存在如下两方面的突出问题：一是调处纠纷流于表面，对于矛盾纠纷排查调处的重要性认识仍不到位，在处理纠纷时，仅仅停留在解决矛盾的有效形式层面，很少在根源上继续深挖，以达到彻底解除未来继发问题的效果；二是基层工作力量仍显薄弱，如基层调解员队伍缺口明显、人员流动性大、系统性培训不充分，等等。

最后，矛盾纠纷"大调解"体系尚不健全。党委政府领导、综治委牵头、职能部门齐抓共管、社会力量广泛参与的矛盾纠纷排查化解工作体制机制还没有完全形成,矛盾纠纷排查化解工作在纵向上衔接不畅,在横向上配合不足,风险评估、矛盾排查、领导包案、舆论引导、现场处置、责任追究、政绩评价等各个环节的工作都还有较大的优化空间。

## 三 各地"枫桥经验"本土化实践的完善建议

党的十九届四中全会将发展新时代"枫桥经验"作为坚持和完善共建共治共享的社会治理制度的重要路径,提出"完善社会矛盾纠纷多元预防调处化解综合机制,努力将矛盾化解在基层"。[1] 包括久治县在内的基层地区在未来推进"枫桥经验"本土化的实践中,应当以此为总体指导思想,继续完善体制机制。从久治县"枫桥经验"本土化的实践经验与薄弱环节来看,各地在未来的工作中需要从以下几个方面进一步提质增效。

第一,加强组织建设。要进一步建立健全县、乡镇、村、企事业单位人民调解组织,积极发展专业性、区域性、行业性的其他调解组织,努力构建社会矛盾纠纷的"大调解"工作体系。同时,也要完善人民调解、行政调解、司法调解相互衔接配合的调解体系内部机制,使三种调解不但各自发挥作用,而且相互形成力量互递。要积极拓展"大调解"工作体系与工会、妇联等组织工作的对接,发挥工会、妇联、人事部门在调处劳资纠纷、家庭纠纷等方面的优势。此外,要强化宣传教育,引导人民群众更有意识地把调解作为处理矛盾纠纷的主要选择,同时也要做好"诉调对接"的机制优化工作。

第二,整合各方资源。做好新形势下的矛盾纠纷化解工作,不仅需要政法综治部门充分发挥积极作用,更需要整合各方资源,依靠全社会的力量共同努力,相互支持。为此,要在如下两方面下大力气做好工作:一是充分发挥"两代表一委员"在基层综治、维稳工作中的作用,充分发挥他们接待

---

[1] 《中共中央关于坚持和完善中国特色社会主义制度 推进国家治理体系和治理能力现代化若干重大问题的决定》,人民出版社,2019,第12页。

来访、化解矛盾、掌握信息、反映情况等作用；二是整合民间社会组织、公益组织的力量，吸纳它们加入矛盾纠纷排查化解工作中，培育社会自治的资源和能力。

第三，创制规范性文件。"枫桥经验"不能只停留于"口号"宣导，地方政府需要及时出台相关规范性意见，推进工作落到实处。目前，各地推行"枫桥经验"存在如下四方面的缺陷：一是各地制定的"枫桥经验"文件多有雷同之处，并没有挖掘出本地的特色；二是政策措施碎片化，未能形成各条线工作任务的完整体系；三是偏重于各条块自创的规章制度，但缺少相应的评价指标；四是相关工作人员流动性大，导致人走也带走了经验。各地在推行"枫桥经验"本土化过程中，应当将行之有效的做法，及时上升为规范性文件，以便成为具有示范意义的可复制、可推广经验。

第四，构建党委领导下的多部门联动治理体系。不能简单地认为，社会治理就是政府基层单位和司法机关的工作，与其他企事业单位、社会组织和个人没有关系。应当建立党委领导下的多部门联动治理机制，吸纳企事业单位和社会组织的力量，实现治理体系和治理能力的现代化。例如，各级政府可以成立治理体系和治理能力委员会，省长、州长（市长）、县长、乡（镇）长兼任主任；政府各部门之间应该就社会治理问题经常召开部门联席会议，相互之间互通有关社会治理的信息，共同探讨相关问题的解决方案，形成社会治理合力。

第五，完善调解工作的程序设计。党的十九届四中全会决定提出要"完善人民调解、行政调解、司法调解联动工作体系"。[①] 目前，全国各地在推行"枫桥经验"过程中，无不重视调解工作对于防范化解社会矛盾纠纷的重要作用，并根据当地经济社会发展特点，尝试多种多样的调解组织和方式。基于调解效果的考量，调解工作的程序制度设计有待进一步完善。调解工作的程序设计，包括调解时间和地点的选择、调解参与人的确定、调解流

---

[①] 《中共中央关于坚持和完善中国特色社会主义制度　推进国家治理体系和治理能力现代化若干重大问题的决定》，人民出版社，2019，第12页。

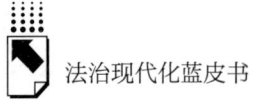

程的规范、调解方案的形式表现、调解语言的规范、国家法律政策的体现，等等。

第六，加强信息与数据平台建设。通过信息与数据平台网络体系建设，形成"政府主导、司法行政部门统筹、相关部门联动、社会协同、覆盖城乡、优质均等"的公共信息网络体系，实现各类专业平台互通、信息资源共享。为此，要完善公共信息网络建设的经费保障机制，确保公共信息网络正常运行；要健全完善有关政府部门、司法机关和群团组织的协作机制，实现信息的有效对接；要建立行政部门之间、行政部门与司法机关之间的信息共享机制，除涉及国家机密外，实现信息数据的精准、有效。

第七，提炼实践经验加以推广。各地应当充分借助学术界的智识资源，通过实证调研归纳总结当地有示范意义和推广价值的工作经验。同时，学术界应跟踪研究不同地区"枫桥经验"本土化推进过程中的实际情况，形成决策咨询方面的研究成果，向地方党政部门提供智力支持。目前，学术界"枫桥经验"研究有两种方式。一是分散型研究。学者以自身居住地域为辐射范围开展独立研究，呈现出"单打独斗"的态势，研究成果有碎片化的缺点。二是团队型研究。以科研院所和高等院校为依托，全国呈现出东部学者群、中部学者群和西部学者群的分布格局，其中东部学者群的研究最活跃，研究成果的数量多、质量好。基于研究地域全面性的考量，有必要建立"全国枫桥经验研究人才库"，人才库中囊括东部、中部、西部的人才，并定期向国家决策层提供研究成果。只有通过学者们研究成果的互通共享，"枫桥经验"的研究才能更全面、更有效、更权威。

# B.10
# 打造基层社会治理样板派出所的实践与思考*

## ——以"枫桥式公安派出所"创建为视角

章泽楠**

**摘　要：** 公安派出所是我国公安机关的基层派出机构，其治理绩效深刻影响着社会治理的总体水平。派出所的治理实践承载了推进基层社会治理创新、提升基层社会治理效能、优化基层社会治理格局、回应基层社会治理需求四方面的重要功能。以绍兴市公安局上虞区分局百官派出所为典型样本的实证考察表明，"枫桥式公安派出所"的实践经验主要包括提升社会风险防控能力、塑造社区治理共建共治新格局、凸显社会公共服务属性和强化队伍建设。当前，基层派出所还面临社会形势复杂多变、社会治安压力大、民警综合素质仍需提升和队伍建设仍需加强等问题，为此应当坚持党建引领、健全风险防控机制、增强可持续发展能力、加强队伍建设，以期助力提升基层治理效能。

**关键词：** 社会治理　基层　派出所

党的十八届三中全会决定提出要创新社会治理体制、实现"增强社会

---

\* 除专门引注外，本报告涉及的所有事例、数据、图表均为作者调研所得。
\*\* 章泽楠，浙江省绍兴市公安局上虞区分局治安监督管理大队民警。

发展活力,提高社会治理水平,全面推进平安中国建设"的战略任务,① 并将此作为推进国家治理体系和治理能力现代化的重要组成部分。党的十九大再次强调了"加强和创新社会治理"的工作任务。公安派出所是我国公安机关的基层派出机构,是参与社会公共事务治理的重要部门,是国家强制力在社会基层的重要体现。派出所与社会互动密切,其社会治理工作绩效深刻影响着基层社会治理的总体水平。2019年3月,公安部下发了《关于全国公安机关坚持发展新时代"枫桥经验"的意见》,在全国公安机关全面开展"枫桥式公安派出所"创建活动,提出"坚持自治、法治、德治有机融合,统筹社会资源参与社会治理体系建设,积极构建多元化化解矛盾、全时空守护平安、零距离服务群众工作机制,加快形成共建共治共享的基层社会治理格局,提高治理的社会化、法治化、智能化、专业化水平"。② 浙江省公安厅要求全省公安机关全面学习推广枫桥派出所"一二三四五六"警务模式,努力实现"矛盾不上交、平安不出事、服务不缺位"和"党政认可、群众满意、民警幸福"。绍兴市公安局上虞区分局在"枫桥式公安派出所"创建进程中,紧扣城区社会治理特点,创新培育"一所一品"特色警务,积极打造县域城市基层社会治理样板,取得了较好成效。

## 一 派出所在基层社会治理中的重要意义

在我们党的组织结构和国家政权结构中,县(区)一级处于承上启下的关键环节,是发展经济、保障民生、维护稳定、促进国家长治久安的重要基础。派出所是公安工作的前沿阵地,是集打击、防控、管理、服务于一体的综合性战斗实体。在国家治理体系中,县级公安派出所的重要性不言自明。从社会治理的功能角度来看,派出所的工作承载了推进基层社会治理创

---

① 《中共中央关于全面深化改革若干重大问题的决定》,人民出版社,2013,第49页。
② 《公安部印发〈意见〉部署推动全国公安机关坚持发展新时代"枫桥经验"》,载中华人民共和国公安部官网,https://www.mps.gov.cn/n2253534/n2253535/c6431785/content.html,最后访问日期:2020年3月11日。

新、提升基层社会治理效能、优化基层社会治理格局、回应基层社会治理需求四方面的重要功能。

### （一）推进基层社会治理创新

加强和创新社会治理，重点在基层，难点也在基层。基层是积累社会治理创新理论素材的重要来源。其中，综合治理和警务网格融合更是当前基层社会治理创新的重要突破口。在2019年的全国公安工作会议上，习近平总书记提出"把'枫桥经验'坚持好、发展好，把党的群众路线坚持好、贯彻好，充分发动群众、组织群众、依靠群众，推进基层社会治理创新，努力建设更高水平的平安中国"的要求。[①] 开展"枫桥式公安派出所"创建活动，是公安机关坚持发展新时代"枫桥经验"的重要抓手，是贯彻落实党的群众路线的重要举措。"枫桥经验"虽然诞生于诸暨，但上虞公安一直致力于让"枫桥经验"在本地落地生根，注重深刻把握其走群众路线的精神实质，并根据时代条件发展变化，结合本地特点积极创新发展，努力为新时代"枫桥经验"提供上虞公安新元素。

### （二）提升基层社会治理效能

派出所作为公安工作的基础环节，其工作创新是夯实基层治理基础、提升基层公安工作效能的重要抓手。县域治理是国家治理的落地环节，每一个县域细胞的生存状况，都与国家肌体的健康程度息息相关。上虞地处浙江省东北部，杭州和宁波两大都市圈中间，有2200多年建县史，区域面积1403平方公里，户籍人口78万，外来常住人口21万，境内国道、高速、铁路、运河一应俱全，区位优势明显。在2018年全国百强区排行榜上，上虞位列第40位，是典型的沿海经济发达区。公安机关，特别是基层派出所，是基层治理的重要力量，工作成效如何直接影响基层治理的实效。长期以来，上

---

① 参见邹伟、杨维汉《习近平在全国公安工作会议上强调政治建警改革强警科技兴警从严治警 努力建设更高水平的平安中国》，载《新民晚报》2019年5月9日，第2版。

上虞公安把坚持发展"枫桥经验"作为加强基层社会治理的法宝，实践探索了诸如"乡贤治理·乡警回归""背包警务""治安防范共同体"等具有典型县域基层治理特色、可复制、可推广的工作做法，取得了显著成效，至2018年已取得全省平安建设"十连冠"的殊荣。打造县域城市基层社会治理样板派出所，既是上虞公安坚持发展新时代"枫桥经验"的职责使命，更是推进基层社会治理实践的主动担当。

### （三）优化基层社会治理格局

派出所坚持"矛盾不上交、平安不出事、服务不缺位"，是优化基层社会治理格局的重要路径。"上面千条线、下面一根针"，基础不牢、地动山摇，创建"枫桥式公安派出所"就是要多做抓基层、打基础、利长远的工作，切实增强基层实力，激发基层活力，提高基层战斗力，最大限度消除风险隐患，筑牢平安基石。2019年，浙江省公安厅主要领导两次到上虞调研指导工作期间，提出了打造县域城市基层社会治理样板派出所的期望。上虞公安肩负起这一重要使命，认真贯彻落实省委和省公安厅的指示精神，以打造城市样板派出所为目标，以"枫桥式公安派出所"创建为抓手，大力提升社会治理社会化、法治化、智能化、专业化水平，与社会治理其他职能部门加强沟通、密切配合，通过治理信息共享、执法力量联动，努力构建共建共治共享的基层社会治理新格局。

### （四）回应基层社会治理需求

党的十九大报告指出，为中国人民谋幸福，为中华民族谋复兴，是中国共产党人的初心和使命，人民对美好生活的向往，就是我们的奋斗目标。[①] 公安机关的初心和使命就是"人民公安为人民"，就是以人民为中心、对人民负责。近年来，随着城市化的不断推进，城区人流、物流、资金流流动加快，随之而来的治安事件、矛盾纠纷、群众求助也大幅增加。以上虞区为例，三分之二的常住、流动人口工作生活在城区，一半的服务需求发起在城

---

① 参见习近平《决胜全面建成小康社会 夺取新时代中国特色社会主义伟大胜利——在中国共产党第十九次全国代表大会上的报告》，人民出版社，2017，第1页。

区，三分之一的案件发生在城区，可以说城区派出所的工作绩效能够最直接地反映群众安全不安全、方便不方便、满意不满意，打造县域城市基层社会治理的样板派出所，正是公安机关践行"不忘初心、牢记使命"的自觉行动，是回应基层社会治理需求的重要举措。

## 二 基层社会治理样板派出所的实践探索

绍兴市上虞区百官街道得名于"舜会百官"典故，是上虞的主城区，有常住人口14.8万，汇集了全区73%的服务场所、第三产业。百官派出所现有民警60人，辅警178人，是绍兴市第一大所，曾先后被评为全国公安机关执法示范单位、全省公安机关爱民模范集体，连续三年被绍兴市人民政府授予"枫桥式"派出所荣誉称号。2019年以来，上虞公安以"矛盾不上交、平安不出事、服务不缺位"和"党政认可、群众满意、民警幸福"为目标导向，以争创"枫桥式公安派出所"为抓手，积极投身"百所示范、千所提升"工程，在主城区百官街道试点创建县域城市基层社会治理样板派出所，全面实施"四四战法"。随着创建活动不断深化，2019年辖区内社会秩序持续稳定，刑事治安警情同比下降7.81%，矛盾纠纷同比下降13.66%；群众安全感、满意度分别达到100%、98%。下文以百官派出所为样本，分析当前基层社会治理样板派出所的实践探索经验。

### （一）提升社会风险防控能力

社会动员能力、矛盾化解能力、风险防控能力是基层治理的核心能力，其中社会风险防控能力是创新基层社会治理的关键一环，涵盖了社会综合治理、风险排查化解管控、多元化矛盾纠纷解决、立体化社会治安防控、社会管理和服务保障等多种基层治理任务。① 百官派出所充分发挥第一道防线作

---

① 参见余勤《抓"三治" 强基层 防风险 促提升》，载《浙江日报》2015年7月17日，第1版。

用，以"防暴恐、防集聚、防极端、防事故"为重点，把工作做细做实，最大限度地将风险防控在源头、消灭在萌芽状态。具体而言，百官派出所以"综合指挥室、商圈警务站、出城关门卡"三级闭环处置为工作体系，全面推进治安防控体系八张网建设，建成"智安小区"4个、治安动态视频监控2345个、社会化视频监控1.1万个；建立58支专兼职巡防队伍，吸纳16416名志愿者参与平安建设；积极探索"人力+科技"风险监测模式，建立"全息感知预警平台"，依托167路人脸识别、570路车辆识别等技术，进行精准预警管控；健全"感知敏锐、情报引领、科技支撑、联动高效"的风险处置机制，联动特战队、铁骑队、网格队等专业力量，整合救援队、保安队、蓝行者等社会力量，严密"四联三防"，强化"135分钟"快速封控，全力做到防范在先、发现在早、处置在小。

### （二）塑造共建共治共享格局

百官派出所坚持新时代枫桥经验"为了群众、依靠群众"的核心要义，以社区为主阵地，积极组织推动企事业单位、社会组织、志愿者队伍、物业公司、居民群众等多元主体参与社会治理，努力做到大家的事情大家办。近年来，百官派出所深入开展平安建设"细胞工程"，大力推动平安单位、校园、医院、家庭等创建活动，打好人民调解、乡贤调解、行业调解、律师调解"组合拳"，纠纷调解一次性成功率达到98.9%。在利用社会力量方面，百官派出所打造了"城北商圈治安防范共同体"，并依法注册为平安类社会组织，吸纳4家公益救援队、40家商户、15家物业公司作为共同体成员，实行平时订单制、要时派单制、急时点单制，开展邻里守望、行业守护。派出所在这个共同体中还成立了由派出所副所长任书记的党支部，坚持开展"警民一家亲·体验110"志愿服务活动，每月举行警务广场扫黑除恶、全民反诈、小小学警等主题宣传。此外，百官派出所尝试组建"邻里警队"，在星辰首府等10个小区先行先试，由社区民警牵头，以贤德孝行的"虞舜文化"为牵引，统筹小区民警、辅警和物业、业主等力量，实行"六个一"制度，开展"五议一创"活动，实施物业管理治安星级评定，从源头上化解小纠纷 86 起、消灭小隐患 293 处、提供小服务 127 次，"化戾气为和气，积小安为大安"，社区警民双向熟悉率达到 73.3%。

### （三）凸显社会公共服务属性

基层社会治理的日常工作基本离不开基层政府、社区居民自治组织和广大居民群众三者，其核心是满足人民群众对于公共服务供给、公共问题解决和公共空间形成的需求。[①] 百官派出所以"最多跑一次"改革攻坚者的姿态，全面推进公共服务均等化、人性化。在具体做法上，其一，"平台＋前台"齐推进，大力推广融合了 108 项服务的绍兴市"越警管家"平台，平台关注率 43.87%，实名认证率 16.15%，惠及 7.7 万名群众；其二，实施"靓窗工程"，在城北商圈建立"邻里中心式"警务站，推出四大类 88 项一站式警务服务，被新华社、新华网等媒体深度报道，受到 66 万名网友点赞；其三，"自助＋代办"同布局，在辖区内建成 6 个可以自助办理交通、车管、出入境业务的 24 小时服务点，建立 6 个村级代办点，切实做到网上办、马上办、就近办、一次办。其四，"刚性＋柔性"相统一，全面实施"破小案、办小事、解小忧、帮小忙、惠小利"新五小工程，寓服务于执法管理之中，特别是在烟花爆竹"双禁"、出租房屋管理、流动人口登记、消防安全管理中，更多地采用柔性、教育执法，追求最佳执法效果，使得这四类案件治安拘留同比减少 42 件，信访投诉同比下降 44.4%。

### （四）以队伍建设促治理绩效

作为全市第一大所，百官派出所将队伍建设压力变为动力，坚持以文化人、久久为功，以"最美党支部"建设为抓手，在 2019 年扎实开展"践行新使命、忠诚保大庆"实践活动，全力展现上虞公安"美满"品牌。在具体举措上，百官派出所作为一个具有优秀传统的老所，在注意传承本所团结

---

[①] 参见李文钊《辩证认识基层社会治理的根本性问题》，载《北京日报》2019 年 12 月 23 日，第 14 版。

实干精神的同时，通过开展"学枫桥、树新风、做表率、创一流、塑美满"主题活动激发队伍潜力；严格遵循《民警"12345"一日工作规范》，坚持《执法办案"一日三巡"制度》，全面开展"党务、警务、内务"亮旗争先活动，引导全所上下自觉践行"对党忠诚、服务人民、执法公正、纪律严明"总要求；自觉对标示范创建"一所一品"要求，学好身边典型二级英模姚阳潮"365"群众工作法，讲好"锦旗背后的故事"，建好"学习长廊""最美展示""清廉公安"等警营文化阵地；在后勤条件上积极争取区委、区政府支持，异地改建派出所新营房，并在现有条件下严格落实"一人一床""五小工程"；全力支持民警工作创新，定期开展"金点子·创意赛"活动，仅2019年就收集金点子48条，推介宣传"最美警事"51件，确保传承不断、创新不竭，为坚持发展新时代"枫桥经验"尽责尽力。

## 三 派出所在基层社会治理中面临的问题

如前所述，上虞公安在打造县域城市基层社会治理样板派出所的工作实践中探索了一些好的做法，也取得了可喜的成绩，但与党的十九届四中全会提出的建立共建共治共享的社会治理共同体的要求还存在一定距离，实现社会治理体系和治理能力现代化目标还存在许多障碍。

### （一）社会秩序情势复杂多变

社会治理效能的提升要求治理方法契合社会情势。当前社会形势纷繁复杂，科技进步和社会结构变迁带来的不稳定、不确定因素明显增多，基层社会治理面临诸多新情况、新问题和新挑战。当前，上虞区经济运行稳中有变、变中有忧。社会的经济问题必然传导到社会治安局势。近年来，P2P、经济下行压力等引发的群体上访事件较为频繁，其已成为影响社会安全稳定的主要因素。同时，特殊群体的信访问题仍然突出，尚未从源头上解决矛盾，重点老信访户"逢会必访"、越级上访的情况尚未有效遏制，专项维稳仍是一项政策性极强的长期任务。2018年以来，P2P网贷平台爆雷案件频发,涉网贷平台类的信、访、网件呈现井喷态势,维稳压力陡增。2019年上半年,上虞分局经侦大队受理投资类报案61件,涉及投资人532名,涉案金额1.4亿元。由于区行政中心、政府部门、金融机构等均集中在百官街道,作为第一波处置梯队和案件主办单位,百官派出所承担的维稳任务相当繁重,牵涉的警力压力明显增大。

## （二）社会治安压力加大

社会治安是基层社会治理中的重点难点。经过近几年"四季""越剑""雷霆"等专项行动的持续深入推进,案件防控成效显著。主城区百官街道辖区的刑事治安警情大幅下降,四类侵财案件总量从最高峰2012年的4921起降至2018年的1202起,降幅达75.57%；黄赌毒线索警情从2013年的2388起降至2018年的527起,降幅达77.93%；矛盾纠纷警情从2014年的5637起降至2018年的3381起,降幅达40.02%,均实现了"断崖式"下降。但2019年以来,案件下降趋势明显放缓。2019年1~6月,百官街道刑事治安警情有2340起,同比下降17.06%,但8月份有648起,同比有所上涨,而举报黄赌毒等警情基本与2018年持平,"底部"特征明显。同时,网络通信诈骗犯罪大幅增加,2018年达330起,同比上升24.06%,破案率仅为8.33%。可以预见,在今后较长一段时间内,新型网络违法犯罪将成为主要犯罪形态,并仍将持续高发,这给公安机关案件防控带来较大考验。

## （三）民警综合素质仍需提升

习近平总书记曾指出,加强和创新社会治理,关键在体制创新,核心是人。[①] 人是社会治理体系的主体力量,人员素质能力是基层治理能力的重要组成,是提高社会治理专业化水平的前提条件。在信息社会的科技条件下,派出所民警不仅需要具备基本的执法办案能力,还要具备较强的群众工作能

---

① 参见《推进中国上海自由贸易试验区建设　加强和创新特大城市社会治理》,载《人民日报》2014年3月6日,第1版。

力和信息技术应用能力。在现实日常工作中,部分中年民警单纯凭经验办事、少数老民警对信息化技术应用存在抵触情绪是较为普遍的现象,而年富力强的年轻民警,缺乏群众工作经验,"说不过、追不上、打不赢"的情况在一定程度上存在。相对于农村派出所,在城市派出所工作的民警需要有更加宽广的视野、更加前沿的见识、更加过硬的技能、更加全面的素质。在警力不足的大背景下,派出所在培养民警胜任一个岗位后,往往不会再安排其到其他岗位锻炼,导致能真正适应多岗位要求的复合型人才较少,这不仅限制了民警整体作战能力和业务水平的提高,也影响到基层派出所这一综合性战斗实体作用的发挥。与此同时,在选人用人机制上,警队精锐力量经过层层遴选向机关、专业部门集中,这也导致了人力资源问题在派出所积压现象不断加剧。

**(四)队伍建设仍需加强**

社会治理的专业化、法治化、科技化,要求社会服务和治理有专业的队伍、专业的理念、专业的技术和方法来进行社会公共事务管理、供给公共产品和服务。① 加强社会治理专业化队伍建设是提升治理效能的要义。当前,我们面临世界百年未有之大变局,社会治理的发展道路上面临诸多不确定因素和新的风险挑战。反映在基层公安机关,就是安保维稳、专项行动、大会战任务加剧,民警、辅警"五加二、白加黑、连轴转"工作成为常态,拼健康、拼消耗成为不争的事实。具体到县域城市的公安机关,特别是城区派出所,由于人口密度大、治安环境复杂,民警往往需要更大的付出。在上虞分局百官派出所,占全局8.39%的警力承担了全区三分之一的接处警和21%的刑事打击任务。在面大量广的基础阵地管控任务面前,警力不足与繁重的警务工作之间的矛盾越发突出。而且,目前执法环境相对较差,暴力抗法时有发生,民警的辛劳付出与社会认可不呈正相关,职业获得感不高。同

---

① 参见向春玲《十九大关于加强和创新社会治理的新理念和新举措》,载中国共产党新闻网,http://theory.people.com.cn/n1/2017/1211/c40764-29697335.html,最后访问日期:2020年4月9日。

时，城区派出所年轻民警居多，他们刚刚穿上警服、踏上社会，而身在城市繁华区域，有更多机会接触腐败诱惑和社会阴暗面，因此需要不断加强教育管理。此外，城区派出所辅警队伍比较庞大，流动性也大，单兵素质较低，整体战斗力不强，管理难度较大。

## 四 面向治理效能提升的派出所建设优化路径

派出所强则公安强，派出所稳则公安稳。派出所是公安机关最大的制度优势和组织优势，正因为有了派出所这一阵地，公安机关才能把治理力量延伸到社会生活的多个领域，才能维护社会的长治久安。在基层社会治理效能提升的视角下，派出所建设应当考虑如下优化路径。

### （一）始终坚持党建引领

社会治理工作涉及方方面面，基层党组织是领导、主导治理工作的核心力量。在经济发展转型期、深化改革攻坚期、社会矛盾多发期叠加期，城区派出所面临的治理任务更加艰巨，更为迫切地需要通过"党建+"来把党委、政府以及上级公安机关的决策部署落实在基层，落实在工作的各个具体环节。针对当下上虞分局的具体情况，笔者认为党建工作迫切需要在以下两个领域做出成效。

首先，通过党建引领抓好队伍专业化建设。公安队伍是党领导下的一支纪律部队，是基层社会治理领域最具有执行力的工作部门。打造县域城市基层社会治理样板派出所，本身就是公安自身队伍建设的一个抓手，其中警务工作专业化水平的提升是核心内容。派出所民警中绝大部分是党员，无论从必要性角度还是从优势条件角度，坚持党建引领，以党建带队建、以党建促队建，乃是公安队伍建设的必然选择。当前，要扎实推进"学最美警察、做最美警事、建最美警营、创最美警务"的"四个最美"行动，着力解决思想政治、履职能力、纪律作风、工作效能、服务水平等方面依然存在的问题，全面打造"美满警队"。

其次,通过党建引领抓好社会组织培育。在目前警力配备不可能完全得到满足的客观条件下,必须善于依赖社会潜力。为此,应当把注册地在辖区内的公益性社会组织作为党组织建设的重要内容,强化公益社团在宣传贯彻党的方针政策、维护社会治安秩序、提供社会公共服务、促进"两新"党组织履行社会责任等方面的引领和推动作用。具体来说,要完善社会组织的党建责任内容,严格落实中共中央办公厅《关于加强社会组织党的建设工作的意见(试行)》精神,加大对社会组织党建工作的指导力度,促使业务主管单位切实担负起相关社会组织的党建工作责任,全面摸清底数,建立目标清单,扎实推进志愿者队伍、律师协会、乡贤组织等各类社会组织的党建工作。继续扩大党组织覆盖面,尤其要在应急救援队等公益类社会组织建立党支部,真正发挥党组织在基层社会治理中的战斗堡垒作用。

## (二)健全风险防控机制

党的十八大以来,习近平总书记高度重视风险防控工作,指出必须把防风险摆在突出位置,"图之于未萌,虑之于未有";要把好矛盾风险源头关、监测关、管控关,努力做到防范在先、发现在早、处置在小。① 县域城市是以要素聚集为基本特征的,人流、物流、现金流、信息流的高度集中必然会带来较高的社会风险隐患。县域城市基层社会治理样板派出所必然是平安建设工程中优秀的样板派出所,必须把防范社会风险摆在首位。

首先,要做实应急处突建设。这就需要综合运用人防、物防、技防等多种手段,把工作基点放在防暴恐、防个人极端、防事故等各类风险上,建立和完善反恐处突、维稳信访、重大事故处置等应急处突预案,强化反恐怖"四联三防"建设和应急处突"135 分钟封控圈"建设,坚持牢牢掌握工作主动权。

其次,要做实风险隐患排查化解。派出所要发挥好维护稳定第一道防线

---

① 参见《以新的发展理念引领发展,夺取全面建成小康社会决胜阶段的伟大胜利》,载《十八大以来重要文献选编》(中),中央文献出版社,2016,第 833 页。

的作用,积极会同政府有关部门和基层群众自治组织,围绕退役安置、非法集资、征地拆迁、医患纠纷等重点领域,常态化滚动排查各类矛盾纠纷和风险隐患;尤其是对欠薪讨债、房地拆迁等引发的易走极端纠纷,要予以高度关注,及时提请相关部门采取提前介入、递进干预、包案化解等多种方式,最大限度化解在起始阶段,有效预防和减少民转刑案件、激化升级群体性事件和个人极端暴力犯罪。

最后,要做实突出问题清理治理。这里主要包括:其一,充分发挥属地管理优势,持续加强"打防"两手建设,切实提高群众见警率、安全感和抓获现行违法犯罪能力;其二,要广泛开展平安创建,总结推广"无案小区""邻里警队"等经验做法,推动配合有关部门开展平安小区、平安单位、平安校园等基层平安细胞创建活动,提升平安建设整体水平;其三,要全面推进"智安小区"建设,拓展集人像比对、号牌识别、高清监控等于一体的"物联网+社区警务"应用,有效控制各类案件高发多发,确保辖区有效警情、可防性案件发案数量下降。

## (三)增强持续发展能力

打造县域城市基层社会治理样板派出所,公安机关要将人财物向派出所倾斜,不断增强基层实力,挖掘基层潜力,激发基层活力,切实把基层一线派出所做强,以更好地维护政治安全和社会大局稳定。

第一,要进一步保障警力。公安机关要坚持"人往基层走",新招录民警除特殊岗位以外,一律分配到基层所队,主要分派到公安派出所,工作不满三年原则上不能调整。同时,调入城区所的民警一般需有三年以上基层工作经历,确保能应对城区复杂的治安状况。另外,要从严控制机关借调公安派出所民警,确需抽调派出所民警参与临时性、应急性任务的,应当严格控制抽调时间,避免基层派出所在编不在岗现象。

第二,积极引导群众参与。公安机关要进一步强化社会动员,修订《举报违法犯罪嫌疑、线索奖励办法》,提升治安案件、一般刑事案件线索奖励幅度,减少审批流程、材料,提高发放效率;大张旗鼓表彰见义勇者，各乡镇街道作为基层表彰主体要注意对社会正能量的挖掘，尝试制定把应急救援力量纳入见义勇为表彰奖励的方案；推进警务共同体建设，倡导志愿服务，广泛吸收商家、业主、物业保安等社会力量加入群防群治队伍，让更多的社会力量参与到治安巡逻、矛盾化解、要素管控等工作中。

第三，探索社会化购买服务。随着社会治理工作任务的日益繁重，仅靠政府部门力量已难以满足群众对社会公共产品和公共服务的多样化需求，公共服务采购是现代社会的必然趋势。要形成"花钱买平安"的思路，把钱用在刀刃上，能够让社会组织来承担的社会治安管理服务工作就尽量引入社会组织的力量。通过购买服务，让专业的人来做专业的事。作为公安机关，要探索安保市场化的科学、合法方案，在法律法规允许的范围内购买保安公司服务，减少公安机关警力在大型活动安保工作上的损耗。

第四，加大设施设备投入。公安机关派出单位要定期向基层党委政府汇报工作情况，最大限度争取地方领导机关对派出所工作的重视与支持，借势借力推进公安派出所办公用房、备勤用房等建设，优先为派出所配齐、配好接处警车辆和防护器材、通信设备、计算机等装备；每年对派出所用房和外观标识进行一次集中维护修缮，对达到报废年限的车辆和严重老化的装备进行淘汰更新，进一步增强基层实力，提高基层战斗力。

### （四）切实加强队伍建设

在样板派出所的创建过程中，应当追求建立一支政治素质、业务素质、责任意识、法纪观念、工作作风都更加过硬的战斗队伍。

首先，应当严管厚爱队伍。各级公安机关要秉持"从严治警是最好的从优待警"工作理念，坚持作风引领，全面深化从严治警，推进落实全面从严治党主体责任层级管理，严格落实"一岗五责"，筑牢队伍管理防线，同时还应当落实各种从优待警政策措施，并根据本单位实际情况进一步加大措施力度，从政治上关心、工作上激励、待遇上保障、生活上关爱四个方面体现对民警的厚爱。

其次，要实行队伍精细化管理。针对城区派出所民警数较多、出警频率高、工作任务繁杂、工作时间外溢的情况，要出台队伍内部精细化管理制度，制定涵盖工作考勤、请示报告、执法执勤、内务管理、警容风纪等各个环节的队伍管理措施，并落实考核奖惩结果，以精细化促正规化。

最后，要建立更为科学合理的勤务机制。为内挖潜力，应当实行派出所勤务模式改革，将现有的"四队一室"，即治安中队、刑侦中队、社区中队、巡逻中队和综合指挥室调整为"二队一室"勤务模式，即20%警力的打击办案队、20%警力的综合指挥室及60%警力的社区警务队，实行"四班值班制"，以综合指挥室牵引打击办案队和社区警务队。这样的警力配置，可以使派出所把更大的精力投入基层社区，在社会治理工作中实现效率最大化。

# 调研报告

Research Reports

## B.11
## 乡村治理法治化实践*
### ——以珠三角城郊村为对象的考察

王丽惠**

**摘　要**：广州市 R 镇的乡村治理实践是分析总结珠三角地区乡村治理法治化措施与路径的样本之一。珠三角农村是我国东南部沿海地区农村法治样态的重要样本，梳理其治理法治化状况有利于丰富对我国发达地区农村法治社会建设的具象化理解。珠三角地区乡村治理法治化实践体现为：政经分离和股权固化是珠三角地区农村集体经济组织法治化的主要形式；村干部职业化和村级组织半行政化是"乡政－村治"模式法治化的运行形式；权力监督、事务规范和"'三

---

\* 除专门引注外，本报告涉及的所有事例、数据、图表均为作者调研所得。
\*\* 王丽惠，法学博士，中国法治现代化研究院研究员，南京师范大学法学院讲师。

资'管理"规范化是村级权力运行法治化的体现形式；拆违控违、出租屋管理、大棚房拆除等是乡村基层执法法治化的难点内容。

**关键词：** 乡村治理　珠三角农村　"三资"管理　基层执法

2019年7月5~25日，笔者等人在广州市R镇进行了为期20天的驻村调研，访谈了乡镇干部、村干部、村民、企业家和工人等共40余人，积累了丰富的一手资料，形成本调研报告。[①] 本报告基于对广州市R镇乡村治理的实践进行调研，尝试分析总结珠三角地区乡村治理法治化的措施与路径。

## 一　乡村治理法治化实践的现有条件

2018年《中共中央　国务院关于实施乡村振兴战略的意见》和《乡村振兴战略规划（2018~2022）》提出了建设法治乡村的重大任务，乡村治理法治化是法治社会建设在广大乡村的具体实践。我国农村人口众多、地域广泛，根据位置和经济差异，可大致分为发达地区农村和中西部农村；根据距离城市的区位差异，又可分为城中村、城郊村和纯农业农村。珠三角农村是我国东南部沿海地区农村的代表性样本，梳理其治理法治化状况有利于丰富对我国发达地区基层治理法治化和农村法治社会建设的理解。

### （一）R镇概况及其乡村治理特性

R镇位于广州市北部郊区，毗邻机场，地铁直通城区，属于广州市交通枢纽地带。R镇总面积约80平方公里，耕地约4万亩，下辖28个村居委

---

① 共同参与调研的有：清华大学社会学院曾凡木博士、中国社会科学院刘琪博士、华中科技大学杨丽新和张燕子硕士等。本文写作素材经过全体成员共同搜集、梳理，特此感谢。

会，全镇人口约30万人，其中户籍人口与常住人口比例为1∶2。R镇是著名的侨乡，侨民分布在美国、澳大利亚、加拿大、洪都拉斯等国家，主要从事餐饮服务等行业。R镇具有珠三角地区农村的以下普遍特点。

第一，村民家庭收入都来源于"半工半租"。工业厂房、商住用房等集体物业出租收入的分红，是村民家庭收入的重要部分。此外，务工收入构成家庭收入的另一部分。村里的年轻人主要从事文职、销售等白领工作，中老年人主要从事保安、清洁、修理等服务业。总体而言，家庭务工收入都不高，地租分红对家庭富裕程度有较大作用和影响。

第二，村内社会分化呈断裂性而非阶梯性，有利于社会整合。其中，富裕人群数量不多，70%~80%的村民收入相差不大，低度分化。由于普通收入家庭占多数，因而对富裕人群的行为方式有所限制，富人也能够遵守村庄社会规范。

第三，村级组织体现为"经济社－经济联社"或"经济社－经济联社－经济联合总社"构造。经济社是一种经济实体，村民集体经济收入由经济社经营管理，社长由村民代表选举产生；行政村成立有经济联社或联合总社，对经济社有管理权，但不提留经济社收入。行政村呈现"半行政化"特点，村干部及聘用人员多，每个村都有治安巡逻队。

第四，城乡一体化程度高，城市公共服务延伸到农村地区，城乡基本公共服务水平差距不大。农村到市区的公共交通发达，有地铁、直达公交车；乡镇基础义务教育水平较高，村民家庭城市化动力不强。

不过，R镇作为广州市郊区，也与典型的珠三角农村有所差异。典型的珠三角地区农村基本位于珠三角核心区，如深圳、佛山等城市的城中村。它们早在20世纪90年代就开始接受来自港澳台地区和国外的"三来一补"订单，工业化启动早，土地物业收入极高，村内利益主体多元化。但R镇是广州市郊区农村，直至2015年以后才逐渐享受城市化红利，土地收入较低，政府对乡村的管控能力和资源输送能力更强，乡村更依赖行政化的公共服务供给。这意味着，国家引导的乡村法治建设更容易嵌入乡村社会，因此，乡村法治社会建设的展开域更广泛，基层政府的法治化引导能力也更强。

### (二) R 镇治理法治化范畴与路径

R 镇作为珠三角城市郊区农村而非城中村，城乡一体化建设或就地城市化开始于 2000 年以后。随着城市化扩张以及人口的增加，土地征收和房屋拆迁陆续启动。土地拆迁带来的村庄利益密集问题也推动乡村拆违控违、"'三资'管理"、合同清理、外来人口及出租屋管理等事务的规范化、法治化。国家资金的进入改变了乡村集体与村民的关系、国家与农民的关系，从体制上将乡村社会纳入现代国家制度化建设延伸的范畴。如随着村干部职业化、村级组织半行政化的推行，传统非正式的村级组织逐渐变成基层政府在乡村社会的延伸，基层政府条线工作内容及运行方式深刻影响着村级基层自治组织。

概括而言，珠三角地区乡村治理法治化的特征主要包括：（1）政经分离和股权固化是珠三角地区农村集体经济组织法治化的主要形式；（2）村干部职业化和村级组织半行政化是"乡政－村治"模式法治化的运行形式；（3）权力监督、事务规范和"'三资'管理"规范化是村级权力运行法治化的体现形式；（4）拆违控违、出租屋管理、大棚房拆除等是乡村基层执法法治化的难点内容；（5）劳动纠纷、宅基地纠纷和成员资格纠纷等乡村纠纷的化解是乡村秩序维护和利益边界确定的法治化范畴。

## 二 选举规范化与村干部职业化

与全国其他发达地区农村相似，在城市化推进引发的利益密集交织过程中，珠三角农村也出现过短暂的村级治理失序。2000 年以后，由于土地征收带来巨额补偿，富人通过贿选当选村干部，引发村民不满而激活村庄派性政治。为了恢复村级治理秩序，乡镇政府逐渐介入村庄治理的监管，以纪委、党组织建设等方式以及法治化等手段规范村级组织建设。

### （一）选举规范化

R 镇许多村庄在 2000 年以来的土地征收过程中，为争夺利益出现了村庄派性斗争，体现在组团选举、相互揭发、财务审查及贿选拉票等。国际机场设在R镇，并且需要征收R镇土地，当地乡村经济精英就敏锐察觉到村庄内即将喷薄而出的巨大经济利益。于是，许多经济精英通过贿选，拉拢村民甚至党员干部获得选票。他们在当选为村干部后，侵占村集体经济、谋取土地开发利益。在当时的R镇，大部分行政村发生过贿选，一张选票最高时达到8000元，一场选举要耗费几百万元的竞选金。2014年以后，乡镇逐渐推进规范选举，促进乡村选举法治化。近年来，在乡村选举时期，乡镇内所有饭店都会被安装摄像头，凡是参选村干部者的请客、聚餐行为都会被禁止。凡是有被村民投诉的拉票行为，相关参选人就会被取消参选资格。乡镇政府还成立了临时选举办公室，待选举结束后再撤销。乡镇干部解释道："制度上完善了，村干部的利益空间就小了。"①

选举失范和派性政治使村庄错失了发展机遇。如M村原是R镇经济最好的村，在20世纪90年代，村庄的集体企业最多，几乎是R镇的一半。因为派性斗争，重点工程无法推进，道路建设和环境卫生等基础设施建设大为落后，成为广东省100个问题村之一。在村级选举规范化以后，新任村支委、村委两委班子成立，助力村级建设和各项事务走上了新台阶。2018年，M村创建为广州市卫生示范村；2019年，M村达到了广州市文明示范村、广东省卫生村的创建要求。同样，近年来R镇各村通过加强基层党组织建设，以整治全域卫生和人居环境为契机，逐步完善了基础设施建设和推进各项特色工程的建设，村庄进入快速发展期。由此可见，民主选举作为基层民主的重要形式和内容，因发达地区经济利益密集，一旦缺失管控就容易引发派性政治、腐败政治，阻断乡村发展进程。乡镇政府以法治化措施，规范乡村民主选举，对候选人资格、候选人活动进行制度化规制，同时加强乡镇党委对各村党员的引导，十分有利于乡村在城镇化进程中的秩序稳定和建设发展。

---

① 2019年7月17日上午与R镇政府工作人员（男，46岁）访谈。

## （二）村干部职业化

随着城市化进程的推进，珠三角地区村干部角色变迁经历了三个阶段。一是1999年村民选举前的镇乡一体化领导时期。在这一时期，由于地方经济快速发展，国有企业、集体企业等大量领导岗位虚位以待，急需有管理经验的人才，村干部有向乡镇管理岗位晋升的渠道，同时岗位多于人才也使村干部能够得到晋升和流动。这一时期的基层权力格局，仍延续了大集体时期公社与大队的领导关系，村干部受乡镇指派，村民自治尚未全面推开。二是2000~2010年的富人型村干部时期。虽然我们国家从1987年起就逐渐推行村民自治，但直到1998年《村委会组织法》正式颁行以后，村民自治及乡村民主选举活动才有法可依。此时，村干部的产生必须依靠选举，但当时无论是从产生可能性还是从利益需求上说，村干部一般都由经济状况较好的村民当选。由于村庄治理规范化程度不足，经济状况较好的村民担任村干部以后利用职权攫取村庄利益的现象大量出现。三是2010~2019年村干部职业化时期。村干部将村庄发展利益与个人利益视为一体，甚至为了公共利益可以不计较个人利益，认为村庄发展红利是最大、最重要的利益。乡镇政府对村干部的选任及管理也明显加强。由于乡村建设主要依赖国家项目资金，因此村干部对乡镇政府的依赖性也变大。由于乡镇政府发展动能的增加，基层政府各条线部门也纷纷将工作任务向村委会下沉。正如某村干部所说，"这几年基本实现一年一小变。积极和上级部门沟通，村庄发展就会顺很多。依靠政府和设施资金，在发展上要根据政府的政策，想先一步"。[①]

村干部职数是根据党员数量按相关比例确定的。100名以上党员的村可以配置5~9名村两委成员，100名以下党员的村可以配置3~5名村两委成员。各村还有一个驻村干部，村级组织班子的工作方案要得到驻村干部的同意。村干部收入包括村集体经济支付的工资和政府拨款的年终绩效。各村为

---

① 2019年7月6日上午与R镇M村村干部（男，38岁）访谈。

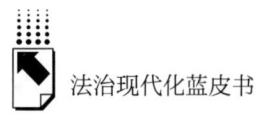

每名村干部按月支付4000元工资,另外乡镇政府拨付年终绩效每人3万~5万元。这样,村干部每年有近10万元的收入。目前,因乡镇政府各线口下派的工作任务繁重,如数据搜集、台账资料、App填报等,普通村干部无暇兼业,除工资绩效外,其他收入较少。一般而言,各村的村支书仍由经济能人担任,多有兼业收入。

2019年是村干部职业化快速推进的一年,许多能人型、乡贤型村干部退出乡村治理。乡镇政府开始从大学生中挑选并储备后备干部,作为专职村干部的培养人选。同时,村支书、主任"一肩挑"成为强制要求,导致一些能人型村干部拒绝担任书记。因为,在不实行村支书、主任"一肩挑"制度的情况下,书记可以只担负决策任务和参与重大治理活动,而对于乡镇政府下派的行政化工作就可以交由其他村干部完成。但是,实行"一肩挑"以后,村支书的工作量大为增加,兼职从事自家事业的可能性大为减小。因此,许多"老板型"村支书就开始放弃担任村干部职务。眼下,R镇政府为了减少村支书、主任一肩挑给村支书带来的工作负担,要求乡镇所有部门在请村支书参加会议时必须先经过镇党委书记和镇长的同意,以此给村支书"减负",留住"乡贤型"村干部。

农村的城镇化发展引发了基层政府大量管理事务下沉。改革开放以来,珠三角地区城郊农村的外来流动人口不断增多,外来人口甚至和本村村民持平,这使得村庄实际上成为一个流动人口聚集的城市社区。同时乡村也是一个汇聚商业、工业、农业的综合体,城市管理、违建管理、食品生产管理、交通管理、环境卫生管理等城市基本公共服务事项在乡村无所不有,这就使得乡镇的行政管理职能不得不下沉到乡村,而村两委也义不容辞地基于本村村民集体利益承担起管理职能。这就导致,一方面,村级组织行政管理事务不断增多,村级管理组织人数增加,五六名村两委人员为了对应政府线口工作20多项,只能招聘大量聘用制工作人员,通常各村的村干部加上聘用人员有三四十人。另一方面,乡镇政府正规化、科层化的工作方法也开始在村级组织推行,台账留痕、专业分工、数据搜集等成为村级组织的重要工作机制。

## 三 权力运行与资产管理制度化

村级权力运行法治化体现为权力监督、程序要求和工作规范等方面。在这个过程中，近年来 R 镇重要的变化表现为，乡镇对村的监督大为加强，既有组织纪检监督的加强，也有财务监督的加强。另外，乡村组织的资金使用、财务管理、议事规则也十分规范，无论是公章的管理、资金使用的程序还是村民代表大会的议事程序都大为改观。在乡村权力运行过程中，出现了国家公法制度向乡村权力统摄的趋势。

### （一）"三资"管理制度化

村级权力运行法治化的重点内容之一是村集体资产、村日常资金、国家项目资金等"三资"管理使用的规范化。2019 年，珠三角地区基层政府尤其是纪检监察部门对乡村财务的监管大大加强。如在项目建设资金的决策使用上，以前由村民大会同意即可，但现在还要向基层政府报批、审批，10 万元以上的要通过乡镇大项目招投标程序进行。

为了加强村级资产自上而下的监督使用，R 镇政府成立了"三资"管理中心，设置"三资"管理平台，出台了相关管理规范文件，即《R 镇农村集体资产交易管理办法》。它依据的是《广东省农村集体资产管理条例》《广州市农村集体资产交易管理办法》等有关规定。"三资"管理主要是针对经济社及行政村集体资产的经营和交易行为。"三资"管理平台由镇政府设立，归农办和财政所共同操作。"三资"管理中心对村级资产的经营使用进行严格的程序性审查，同时，也对过期和有损集体经济的不对等合同进行清理。经济社、行政村的无论大小交易、合同都要上"三资"平台，使社长、社委基本失去了权力寻租空间。

根据《R 镇农村集体资产交易管理办法》的规定，所有行政村需要经营的资产首先要上"三资"平台登记，由"三资"平台对外发布。具体程序是，村集体提交《交易方案》及合同样本等资料，此前，村集体要召开

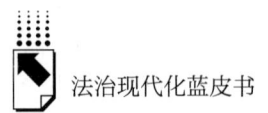

民主会议，填写《民主交易表决书》；"三资"管理中心对《交易方案》等资料进行审查后再对《交易立项申请表》《交易民主表决书》《交易方案》进行审核；审查和审核通过以后公开对外发布，即由"三资"平台开展对外招标；招标公告信息发布后，有意竞标的个人或单位向交易服务机构登记，最后由镇里组织交易和结果公示、签订合同。可以说，每一项村集体资产的经营、交易的招投标都要经过严格的程序，包括村集体的民主决议程序和乡镇"三资"管理中心的监管。

R镇"三资"管理中心由乡镇政府财政所的会计代理部和清理部（资产交易办）共同管理，前者有2个公务员、12个雇员，后者有1个公务员、5个雇员，管理25个行政村、3个村居的341个经济社。R镇"三资"管理中心工作人员并不算多，有的大乡镇会计代理部甚至有30多个雇员，可见"三资"管理工作任务的复杂和繁多。"三资"管理中心原本设在乡镇政府农办，2019年后逐渐转移至财政所。2019年以来，财政所对各村的财务实行了更加严格的监控，以前是年底交账审计、月头交出账记录审核就可以，现在则要时时上传报表，实行时时记账，按照受访工作人员的说法，"村社扫描单据上传给乡镇平台，乡镇通过审核后，银行再付账"，一旦有哪笔账出得不合规，可以要求银行不付账。[①] 截至2019年7月，"时时记账"已经在十个行政村开展试点工作。

根据"三资"管理规范的要求，大额资产交易必须到"三资"管理平台公开招投标，而小额资产交易由村社自行组织公开交易，这就为村民自治留下了空间，也简化了程序设置，减少村社的行政化、形式化工作负担。所谓小额资产是指标的面积为耕地5亩以下、厂房100平方米以下、商铺50平方米以下，以及交易底价低于1.5万元/年、合同期限低于3年的交易。小额资产交易以民主表决为核心程序，召开村级民主会议，参加人员包括本经济社资产的社委、驻社干部、本社村民代表，以及行政村资产的村两委、驻村干部及村民代表，交易达成要由参会人员通过。此外，行政村还要向

---

① 2019年7月20日上午与R镇政府工作人员（女，48岁）访谈。

"三资"中心交民主表决材料及开会照片、合同原件等材料。小额资产交易与大额资产交易的不同是,大额资产主要是由"三资"中心监管,小额资产则是通过村民民主监督程序予以规制和监督。

村级民主议事机制的规范化也是乡村权力运行法治化的重要途径。村内事务决策的民主程序主要包括"四议两公开"。[①] 经村级事务民主程序通过的事项还需要上报乡镇党委。2019 年以前,村级民主程序较为形式化。2019 年以来,民主会议要拍照、留档案,同时还要 2/3 以上参会人员签字、按手印。在 R 镇,不仅与项目和资产有关的村集体事务要经过严格的民主程序,村规民约、股份合作章程、党员星级评定等分红和管理事项也要经过民主程序。

村民主议事程序的规范化,得益于"村财镇管"的制度建立以及党纪监督力度的加大。乡镇政府对村级资金使用进行了严格限制,其中包括对村干部收入的监控和规范。乡镇政府对村干部补贴收入数额进行了严格的限定,"就算村里有钱也不能多发",这一规定从 2017 年开始实行。按照 R 镇农办的规定,经济社社长每年有 6000 元的补贴,村事业人员/聘用人员的工资也由村集体经济支付。乡镇还规定,村干部不能兼任财务工作,为此村里聘用了专门的聘用制会计和出纳,进一步提高了村级财务管理的规范化水平。

## (二)合同清理规范化

对集体经济组织与各类市场主体签订的合同,基于合法性、规范性审查而进行的合同清理,也是村级资产监督的重要形式和内容。具体而言,合同清理主要是指乡镇政府对集体经济组织与自然人或企业签订的出租集体厂房、商铺等物业合同进行的清理,以防止集体资产流失。合同清理要求集体经济组织签订的所有合同都要向乡镇"三资"平台备案,乡镇农办对租赁

---

[①] "四议"是指村两委提议、村民代表大会商议、党员商议、村民代表大会决议;"两公开"是指决议公开、结果公开。

合同、承包合同等到期或明显低于市场价，以及合同不规范等问题进行集中整治。合同清理的重点对象主要包括：欠缴租金的或超长年限的合同要终止，并且追缴租金；合同约定中要求租金每五年递增的，如果租金还停留在十年前甚至更早数额的要增加租金，并且制定逐年递增方案；对没有经过民主程序的合同，重新经过民主程序审核；对没有上平台交易的，或私下签的合同，要上"三资"平台备案。另外，对合同约定面积与实际交付面积不符合的合同，也要进行整治。

R镇政府的合同清理工作也包括对合同签订年限的审查。一般而言，耕地、鱼塘的承包期不得超过30年；厂房、商铺、仓库的承包期最长为20年；林地、草地的承包期最长为50年；合作开发的商业是40年的租赁期，工业、仓储、非住宅不得超过50年。超长期合同必须进行整改。2019年前，合同不规范问题大量存在，如R镇7980份向"三资"平台备案的合同中，有4700份是有问题的，其中很多是20世纪90年代以前的超长期合同，租金从未涨过。在所有合同中，没有经过民主表决程序的有1100多份，租金欠缴的有740份，超长期的有957份。R镇委托三家审计公司专门负责各村的合同清理工作，取得了很好的效果。

## 四 日常管理执法问题与对策

城市化的快速发展加速了珠三角城郊村城乡一体化的融合进程。人口增多、经济快速发展和城建基础设施需求导致了由政府主导的乡村执法、市政管理和治安管理事项增多，促使基层政府治理事务的下沉。其中涉及社会治理的事务主要包括"两违"执法、流动人口及出租屋管理、人居环境整治、治安及交通秩序管理等方面。在这些方面，R镇都根据其自身问题采取了个性化的做法。

### （一）"两违"管理

"两违"管理的目标是防控违建。由于村民对拆迁带来的巨额补偿有着普遍的利益预期，因而在汹涌的土地利益驱动下，村民们纷纷倾尽家庭储蓄用于建房。凡是有宅基地的村民，就会在宅基地上建楼房，这些楼房基本处于空置状态，其用途就是等待拆迁时的巨额补偿。以机场为中心，越是靠近机场、预期可拆迁的乡村，房屋建设越是寸土不让，所有可利用的土地都建上了楼房，房子挨着房子，连通道都没有。而且，许多房子只是建了外壳，内部没有装修甚至没有安装窗户。在 R 镇，一般建一幢五层半的楼房需要花费七八十万元，这对于家庭年收入仅有十几万元的大部分农户而言并不轻松。建房并没有改善农民的生活，反而逼得农民节衣缩食拼命建房以期待成为拆迁中的暴发户。2010 年之后，政府对违建的管控逐渐严格，房屋严格控制在五层半。但在 2014~2016 年，因机场建设要求，需对村民房屋"敲高"（即为了飞机降落的安全，对房屋进行限高，"敲高"就是拆掉房屋超过限高的部分），为了补偿村民，政府又对违建放松了管控。2016 年以后，乡镇政府再次开始铁腕控违。

在珠三角农村，因利益巨大、前期失管等原因，拆违工作难度极大，于是"两违"管理的重点主要转向控违。乡村控违工作主要有三个主体：一是乡镇城管部门的执法巡逻队，在各村巡视违建，一旦发现立即拆除；二是乡镇城管部门在各村设立一名国土管理员，属于由乡镇发放补贴的聘用制人员，负责巡查防控违建，同时对村内房屋进行登记；三是村里的治安队，也兼有巡视违建的工作任务。在三个主体的监控下，R 镇新增违建的情况基本得到了控制。至于已经建成的"一户多宅"房屋、宅基地超面积房屋以及边棚等，拆除困难。而且，因为广东省自 1999 年开始就没有再颁发过宅基地使用权证书，只有允许建房的"名牌"申请手续，因而已建房屋是否属于违建也难以界定，这也成为拆违控违的难点。

### （二）出租屋管理

R 镇政府自 2018 年开始将管理出租屋的职能下沉到各行政村，由行政村聘用出租屋管理员，兼任治安队员。出租屋管理是乡镇条线工作在行政村的下沉，但行政村内管理出租屋的主体也包括社区民警和计生办。村民的待出租房屋必须到村里登记，然后去乡镇的外地人口管理办公室领取牌照，方可对外出租。村民拟出租房屋领取牌照的条件为要有消防设施，有防盗、防诈骗的宣传；违反规定的，出租屋牌照会被吊销。2019年，某个外来务工人员在M村某出租屋中突发疾病去世，被邻居发现。警察经调查发现，房东没有要租客的身份证，因此就把他的牌照吊销了。申请牌照需要缴纳费用，金额为15元/（月·幢）。

出租屋管理针对的不仅是房屋租赁关系，也包括对流动人口的管理。按照R镇政府的要求，行政村在每年年初时都要召开全体出租屋房东会议，各行政村都要建立房东微信群，以便发通知。开会时，乡镇外管中心干部和村干部一同参加。平时，出租屋管理员和治安队员还要负责治安管理，定时巡查出租屋，平均每个月大约巡查十次，做到一个月内将所有出租屋巡查一遍。出租屋管理在查获传销组织上发挥了重要作用。2018年以来，M村查获的传销组织就有四五起，且都是现场抓获。村民发现疑似传销的迹象会举报给治安队，甚至已经积累了判断经验："那些整天乱丢垃圾、人很多，煮一大锅饭的，基本都是传销。"① 对于传销组织，房东也负有监管责任，因为登记不规范而引发案件的也要受处罚。

为更好地管理出租屋和流动人口，R镇许多村庄专门制定了管理制度，以下是M村的出租房屋管理制度。从制度内容中不难看出，行为规范的逻辑主线是为管理者（出租屋管理员和治安队员）设定职责，在每一大项职责中涵盖了房屋出租人和租赁人的义务规范。这种"立法"思路难能可贵地体现了为权力立规矩的现代法治理念。

## M村出租房屋管理制度

一、认真检查，严格履行审批手续

（一）出租的房屋，其建筑消防设备、出入口和通道等，必须符合规定，危房、防范设施不健全、存在治安隐患和违章建筑的房屋不准出

---

① 2019年7月8日上午与M村治安队员（男，50岁）访谈。

租。出租房屋须向房屋所在地公安派出所提出申请，经责任驻村民警检查符合安全标准的还必须履行下列手续：

1. 村民出租房屋必须符合以下条件：（1）出示房屋所有权或其他合法证明、《居民户口簿》或房主的居民身份证，房主是暂住人口的应出示暂住证或《暂住户口簿》；（2）填写《租赁房屋申请表》；（3）提交与承租人签订的租赁合同。

2. 承租人转租、转借的房屋必须符合以下条件：（1）出示本人现住地的户口证件，租赁房屋治安许可证，治安责任和无邪教组织保证书，与原出租人签订的租赁合同及同意转租、转借证明。（2）提交与再承租人签订的租赁合同。（3）填写《租赁房屋申请表》。

（二）承租房屋手续

公民承租房屋的，应出示本人和同居一室的他人《居民身份证》或其他有效证件，夫妻承租的还须凭婚姻关系证明。

（三）审批上述手续，经责任区民警审查符合规定要求的，批准租赁的房屋，出租人应与公安派出所签订治安责任保证书，方可实施房屋租赁。

二、经常监督检查房屋出租人严格遵守有关规定，主要是：

（一）认真履行治安（无邪教组织）责任保证书责任，自觉接受责任区民警或公安派出所的管理。

（二）对房屋进行安全检查，及时发现或排除隐患，保障安全。

（三）积极配合公安机关做好工作，发现有违法犯罪活动（邪教有关的）及时报告责任区民警或公安派出所。

（四）承租人是暂住人口的，应积极协助公安派出所对暂住人口进行管理。

（五）承租人发生变动，要及时办理变更手续。

三、经常检查教育房屋承租人必须遵守有关规定，主要是：

（一）认真履行责任，积极做好安全，清理邪教组织工作，一经发现及时告知出租人或报告责任区民警和公安派出所。

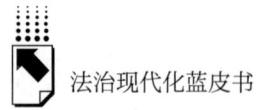

（二）自觉接受责任区民警或公安派出所管理，遇有责任区民警或公安派出所检查时，应主动出示有关证件。

（三）是暂住人口的，必须遵守国家有关暂住人口管理规定。

（四）承租的房屋只能用于居住，不准挪作他用。

（五）不准私自将房屋转租或转借他人。

（六）集体承租的，须成立治安保卫组织，指定专人配合责任区民警和公安派出所对房屋安全及人员进行管理，并建立安全管理制度，报送公安派出所检查。

### （三）治安管理

珠三角地区农村基本都有成立专门的治安保障队伍的做法。以行政村为单位成立的治安队，一般有20~50人，受村治保主任领导，并设治安队长一人。治安队主要承担乡镇综治办和派出所的条线工作。除负责治安工作外，治安队还要进行流动人口巡查、维持交通秩序、消防隐患排查以及防范违建巡视，甚至在环境卫生方面，治安队也有相应的属地义务。治安队员工资并不高，只有2000元/（月·人）。村里聘用治安队员一般要求年龄低于60岁，目前队员大部分为40~50岁，也有少部分30~40岁的年轻人。治安队需要24小时值班，工作时间为三班倒，每班四个人。由于治安队对村社区进行密集、频繁的巡逻巡视，R镇治安状况较好。一旦出现村民打架之类的现象，治安队都能及时制止、处理，黑灰势力也难有滋生的环境。在日常工作中，治安管控的难点是赌博现象。因为赌博具有隐蔽性，取证难，且具有娱乐性质，很难与群众消遣活动区分，一旦无证据就无法作为违法活动取缔。

治安队的工作简约有效、机动灵活，就像一张密布的、行走的执法网络。治安队工作内容繁杂，包括协助村干部维持乡村治安、调解纠纷，进行环境卫生管理等；治安队还承担协助乡镇行政管理条线工作的相应功能，如违建、消防、禁毒、交通，这支队伍使乡镇所有具备行政执法职能的部门在乡村都有了"腿"。这样就产生了两个效果：第一，使村干部从乡村琐碎的行政事务中，尤其是对上级部门的辅助性事务中解放出来，可以做更多自身想做的工作，只处理影响较大的事务和问题；第二，各行政部门因为有了治安队，工作也就更容易落实。治安队员们对村庄情况非常了解，对村民也更有感情，在工作中体现出了对乡村负责的态度。有治安队员在受访中说："每个月只有2000元的工资，但是我们都会好好干。因为是村集体的钱在养我们，村民都实实在在地看着治安和管理的效果，不好好干，他们见面都要说我们，养你们这些人有什么用。所以我们不好意思，我们和镇政府的'协管'不同，我们范围小，每天面对的是村民。"①

但目前，各村治安队也面临一些工作压力和掣肘情况，主要体现为形式化控制警情的压力。由于城市郊区长期以来治安情况都不是很好，近年集中整治治安成为治理的工作重心。警情是治安状况的直接反映，也是治理水平的直接反映，因而治安集中整顿就以减少和控制警情为抓手。R 镇规定，各村警情每月不得超过同比数字的100%，即每个月的警情数不得超过去年同月的警情数量。也就是说，只要行政村地理范围内有人拨打110，就会被统计为警情数字。这样一来，警情历史基数低的村压力就非常大，原本每个月也就一两起警情电话，一旦每个月多一起，书记、主任和治保主任就会被约谈。

除了"减警情"的任务，村级组织"两员两站"、消防台账等任务压力也很大。"两员两站"是指在人流量较多的路口，安排两名治安队员定点站位，承担提醒过往行人和车辆减速慢行、戴头盔的交通劝导工作，但是由于他们没有执法权，经常遭到抵触。维护交通秩序的事务原本不属于治安队，现在也下放到治安队。治安队每天都要派人去路口，配备制服、反光衣和口哨，要求在固定地点拍摄照片，一天上传两次（早7：00～9：00，下午4：00～6：00）。由于是用App上传照片，所以照片必须现场拍摄。如果没有做台账，则要被通报批评和扣分。治安队还承担对吸毒人员进行社区

---

① 2019年7月9日下午与M村治安队员（男，37岁）访谈。

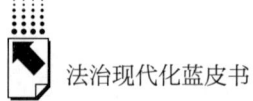

管理的职能，每年要落实禁毒办交给的许多台账任务。同时，治安队要定期组织吸毒人员尿检，陪同社工对吸毒人员进行家访。R镇每个月都搞一次禁毒活动，去学校、大型工厂做宣传，每半年还要开一次全镇禁毒大会，治安队都需要参加。

总之，乡村治理法治化是法治社会建设和基层社会治理的重要内容。由于我国地域广袤，东、中、西部因经济发展程度和社会结构差异，乡村治理机制及形态也有所不同。近年来，珠三角地区乡村治理法治化得到了较好的推进，村民组织自治权力的民主化制约，集体资产管理及监督的规范化，执法力量下沉、吸纳社会组织辅助执法，矛盾纠纷化解的政社联动，都是乡村治理法治化的具体实践。对照党的十九大和十九届四中全会关于加强基层社会治理的制度建设，提高社会治理专业化、法治化、社会化水平，推动社会治理重心向基层下移等精神要旨，珠三角地区乡村治理的实践可以视为推进国家治理体系和治理能力现代化在我国农村地区的先行表现。

# B.12
# 基层村社属地管理的运行机制及其解释\*

## ——以 E 镇为对象的分析

吕健俊 杜维超\*\*

**摘 要：** 属地管理是基层行政体系权责配置不对等的制度性产物。乡镇政府通过下移行政事务和监管职能，使村级组织承担属地管理责任，成为其科层化的延伸和行政链条的末端。E 镇的经验表明，属地管理是乡镇政府在治理实践中普遍运用的治理模式。治理责任的锁定是属地管理模式得以有效运行的核心。治理信息的搜寻需要依托于属地，治理风险的防范是乡镇政府回避治理风险的策略化选择，村级组织成为行政事务的实际承担者和政策实施的一线执行者，而乡镇政府则转化为监督者的角色。乡镇政府不断通过属地管理模式下移行政事务转移治理责任，可能存在治理回应性不足的后果。基层治理现代化必须加强国家基础权力建设，需要不断形成并优化科层组织体系，提升基层治理中的资源动员、风险控制、信息获取能力。

**关键词：** 基层治理 属地管理 治理规模 治理风险 基层治理现代化

---

\* 本文是国家社会科学基金重大项目"新型城镇化建设的法治保障研究"（16ZDA062）的阶段性成果。除专门引注外，本报告涉及的所有事例、数据、图表均为作者调研所得。
\*\* 吕健俊，中国人民大学法学理论专业博士研究生；杜维超，法学博士，中国法治现代化研究院研究员，南京师范大学法学院讲师。

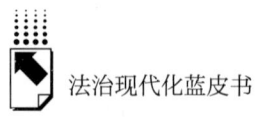

## 一 基层治理属地模式的兴起

基层政府是国家政策的具体执行者，在基层社会治理过程中扮演责任主体角色。党的十九届三中全会强调"加强基层政权建设，夯实国家治理体系和治理能力的基础"，其中的重要环节就是"推动治理重心下移，尽可能把资源、服务、管理放到基层"。[①] 从行政体制的结构安排来看，基层政府是"上面千条线，下面一根针"的组织载体，基层社会承载着国家治理中资源、服务和管理的落地效果。从社会治理需求角度来看，基层是国家与社会发生联结的一线，是社会治理的基本单元和主要场域。从社会秩序的生成机制来看，基层社会是个体的生活世界来源，基层的秩序生产能力是国家治理体系的微观基础。[②]

在社会剧烈变迁的现实面前，基层治理规模呈现出"点多、面广、线长、量大"的特点，基层政府不仅要担负上级政府部署的各项治理任务，同时也要回应社会生活动态生发的治理需求。为此，基层政府必然承载着繁重的治理任务和治理责任。已有研究表明，我国地方政府层级之间的权责配置存在一定的权责界限不清晰、责任连带、单一向上负责和责任易转嫁等特征。[③] 在行政结构体系中，基层政府一定程度上处于权责配置不对等的位置。权责配置的不对等，意味着治理任务存在逐级分包的情况，从而使基层政府直接承担治理责任和治理风险。有学者指出，权责不对称分配机制是国家解决信息不对称和治理制度化不足的办法；在权责配置上通过向下分配责任、向上保留权力的方法，能够调动下级政府的积极性与创造性，有益于有

---

[①] 参见《中共中央关于深化党和国家机构改革的决定》，人民出版社，2018，第3~5页。
[②] 参见李娜《基层社会的秩序生产能力——从计划性与自发性秩序的关系切入》，载《学术月刊》2018年第8期。
[③] 参见史普原《政府组织间的权责配置——兼论"项目制"》，载《社会学研究》2016年第2期。

效解决问题。① 但是在这一权责配置不对等的机制下，国家权力如何在基层社会发挥效力，解决政策执行"最后一公里"的困境，如何使基层政府能够有效应对地方性治理需求和"点多、面广、线长、量大"的治理规模，是国家治理能力和治理水平面临的巨大考验。

随着治理规模的不断扩大与治理事务的不断增多，基层政府实践中往往采取"属地管理"模式，即将治理事务管辖职责下沉，由村（社区）直接完成上级政府布置的各项任务目标，自身则更多地承担相应的监管工作。这里的"地"，不再是特指地方政府下辖的街道、镇、乡等行政区划，而是并没有行政权力的社区（居委会）、村（村委会）等社会群众自治组织的辖区。基层社会治理中的"属地管理"模式效仿于我国行政体制"条块结合，以块为主，分级管理"的制度设计，即地方政府通过对人、财、物的有效配置和管理，引导下级职能部门高效行使行政权，从而使行政命令更有效地得到贯彻，提高行政效能。②

在经济发达镇的治理实践中，治理事务的不断增多和社会秩序调控需求的扩大，决定了基层村（社区）干部职业化和村级治理科层化的制度需求。③ 在此背景下，村（社区）级组织成为基层政府的科层化延伸，成为基层行政链条的一端。由此，基层政府能够依照属地管理模式直接对村级组织进行组织动员和组织控制。④ 从经验层面上看，基层属地管理主要表现为两个特征。一是"谁主管，谁负责"的责任配置方式。通过属地管理，明确将治理任务交由具体村社负责人员担负，并由其承担相应的管理责任。二是以风险管理为核心机制，强调村社对属地范围"守土有责"，对社会运行过

---

① 参见贺雪峰《行政体制中的责权利层级不对称问题》，载《云南行政学院学报》2015年第4期。
② 参见尹振东《垂直管理与属地管理：行政管理体制的选择》，载《经济研究》2011年第4期。
③ 参见印子《职业村干部群体与基层治理程式化——来自上海远郊农村的田野经验》，载《南京农业大学学报》（社会科学版）2017年第2期。
④ 参见王丽惠《控制的自治：村级治理半行政化的形成机制与内在困境》，载《中国农村观察》2015年第2期。

程中偶发的、局部化的风险事件进行及时管控，避免风险放大，以达到维护基层社会整体稳定的目的。属地管理模式打破了原有基层政府依靠自身不同"条线"机构对社会直接进行治理的方式，重构了基层社会的治理机制，①成为越来越多基层政府的常规治理方式。这一治理方式的改变，必然会对基层治理现代化产生重大影响。因此，本文将从经验层面呈现基层治理中属地管理的实践样态，通过分析基层属地管理工作的基本特征和运行机制，讨论属地管理模式带来的治理后果，回应基层治理现代化的问题。

文章以E镇H村的属地管理实践为经验基础展开研究。2018年7月至8月，笔者所在的研究团队在E镇开展了为期25天的驻村调研。E镇位于长三角发达地区，工业化程度相对较高，以彩印业为主导的地方产业快速发展，在当地形成了颇具规模的产业聚集带。E镇面积共有55平方公里，下辖3个社区、10个行政村。其中的H村是E镇的示范村和重点村，是典型的工业型村庄，全村总面积5.7平方公里，耕地面积3320亩。

## 二 属地管理模式的实践样态

对实践样态的准确把握有助于识别基层社会治理模式。通过观察E镇H村的社会治理实践活动可以发现，基层治理的组织体系特征、行政体系的目标考核方式以及属地权责配置方式，是考察基层管理模式的三个维度。

### （一）基层治理的组织体系特征

基层治理通常建立在特定的组织体系基础之上，而组织体系的权责配置方式、特征和运行机制等因素的差异会塑造出不同的治理模式。对于一个县（区、市）政府而言，街道和乡（镇）是条块结构中的"块块"，负责统筹和管辖地域范围内的经济发展、社会管理和公共服务等行政事务，同时也承

---

① 在属地管理模式的运作过程中，基层行政层级得以逐次延长，基层政府的组织体制发生重构。参见张铮、包涵川《属地管理：一个关于行政层级延长的分析框架——基于对Z街道办事处的观察》，载《中国行政管理》2018年第6期。

担维护辖区内社会稳定的责任。随着基层政权制度化建设的发展，乡镇政府的组织设置也呈现出科层制特征，遵循层级化、专业化、程序化、规范化等原则。就基层社会治理任务而言，乡镇政府的运行机制体现为两个方面的样态。

在日常治理工作方面，乡镇政府通过自身内部不同机构承接常规性行政事务。乡镇政府内部各个科室分别对应着上级政府的各个职能部门，在组织分工上承接来自上级政府的各项行政事务。一般而言，乡镇政府部门通过固定岗位职责和人员配置，按照职能边界进行管理，每个部门有明确的行政事务分工。从组织管理的角度看，职能部门的分工越精确详细，越能避免互相推诿现象和出现管理缝隙。E镇政府的组织设置涵盖了乡镇一级政府的党建事务、经济发展、社会治理和公共服务等基本职能。常规性的行政事务包括党务工作、财政工作、经济发展工作、农业发展工作、社会保障工作、城镇管理工作、综治维稳工作、专项治理工作等，各项工作有专门的科室负责。村级组织同样设置有相应的办公室承接乡镇政府下达的常规性行政事务，村级组织成为执行乡镇行政指令的一环，由村社干部负责具体工作的上传下达。

在即时性专项治理任务上，围绕中心工作部署设置临时性的组织。"中心工作"作为一种专门解决重点问题、实现重点目标的工作模式，是将某一时期的特定任务列为工作重心，具有较强的回应性、重要性和压力性，旨在对辖区范围内的经济增长、社会问题、民众需求和其他涉及政治社会稳定的事务做出回应。[①] 乡镇政府会选择一些矛盾突出、覆盖面广、治理难度大、社会需求高的重点治理事项作为中心工作，其成为特定时期内基层治理的重点。中心工作的设置往往能够突出治理重点，瞄准特定治理对象，解决治理领域的历史遗留问题。中心工作的落地往往需要乡镇政府设置临时性组织，通过成立领导小组或办公室的方式，集中整合治理资源以确保实现治理

---

[①] 参见杨华、袁华《中心工作模式与县域党政体制的运行逻辑》，载《公共管理学报》2018年第1期。

目标。领导小组能够沟通协调相关科层部门，对人财物等治理资源进行动员和调控，弥补常规机构处理非常规性事务能力的不足。例如，省里部署的"263"专项整治行动，曾经被E镇列为"中心工作"，是"必须完成的政治任务"。[1] 为此，E镇政府成立了"263"专项行动领导小组，并设置了"263"办公室，从各成员单位（包括村级组织）中抽调了多名工作人员加入"263"办公室，负责"263"专项行动的具体开展和沟通协调。

### （二）基层行政体系的目标考核

基层治理实践中的目标管理责任制是乡镇政府落实工作任务、实现治理目标的重要手段。它表现为：上级政府将特定的任务目标，通过目标体系的方式进行分解、细化并层层下达，最后落实到基层干部身上，同时实施考评奖惩。[2] 目标管理责任制的核心在于"责任到人"，通过考核明确责任主体。在目标管理责任制中，基层行政体系中的各项行政事务被转化为可操作、可测量的任务目标，从而最大限度地压缩组织运作中的不确定性空间，以确保相关工作落到实处。

E镇政府也建立了一套目标管理责任制，每年对各村社的工作绩效进行考核。考核对象是全体村（社区）镇管干部，包括书记、主任、副书记、副主任、主办会计。在这套村社工作绩效考核指标体系中，设置了常规工作考核（20分）、重点工作考核（70分）和担当意识考核（10分）三个方面内容。其中，常规工作考核由E镇政府的各个条线部门制定考核细则并负责考核评分，主要涉及常规性行政事务的落实情况。重点工作考核围绕E镇政府设定的重点治理目标展开，主要包含三方面考核内容：一是村（社区）自身发展项目，例如党建工作、财力增长管理等常规事务；二是民生改善项目，例如社会治理网格化建设、信访维稳、安全生产、扶贫帮困、乡

---

[1] "263"指的是江苏省各地政府按照省委、省政府下发的《"两减六治三提升"专项行动方案》统一进行的专项整治行动。
[2] 王汉生、王一鸽：《目标管理责任制：农村基层政权的实践逻辑》，载《社会学研究》2009年第2期。

村振兴等行政事务;三是生态文明项目,例如"263"专项工作、环境卫生管理、河长制建设、拆违控违等行政事务。担当意识考核主要针对村社两委班子和其他镇管干部的工作表现情况,其评价标准具有模糊性,存在预留空间,以便为镇管干部提供职务晋升上的激励。在行政下沉和村干部职业化的背景下,村级组织实际上成为基层行政体系中最底层的一级职能单位,也是政策执行的最末梢,行政事务下沉到村级组织,不可能再向下转移。E镇政府通过设置目标考核,将常规性行政事务和重点工作任务下移到村级组织,使得村级组织承担了相应的行政事务及与之相伴的属地责任。

### (三)属地管理的权责配置变革

乡镇政府对村级组织实行目标责任制考核,使村级组织成为行政事务的实际承担者和政策实施的一线执行者,乡镇政府则很大程度地转变为监督者角色。[①] 繁杂的行政事务和不可控的治理成本所带来的治理负荷和治理风险,使乡镇政府采取了属地管理的方式,下移治理事务和与之相伴的治理责任,在基层行政体系上改变了权责配置结构。在E镇,有的镇干部甚至直言治理任务就是村委会的工作:"村委会的工作属于属地管理,我们需要他们发通知、做统计、发材料、巡查监管,因为村里的工作目标和工作任务都是镇里安排的,镇里会有考核。"乡镇政府通过目标考核将上级下达的工作任务向下转移,改变了实际执行者,使村级组织最终成为"代理人的代理人"。这一过程涉及责任如何分担、风险如何转移问题。对乡镇政府而言,这一过程一方面可以有效地传递行政压力,落实任务,并形成对村级组织的控制;另一方面,能够转移乡镇政府的责任,至少是使其避免直接面对责任,而且在社会风险发生时,可以找到承担社会风险的直接责任主体。

在属地管理模式下,乡镇政府与村级组织的权责配置结构发生了改变。

---

① 因此有学者指出,考核是一项"政治技术",通过考核明确目标责任制,上级政府可以把政策执行的责任移交至下级政府及其工作人员,以使自己摆脱政策执行的事务性工作,而专事对考核结果的监督。参见张国磊、张新文《制度嵌入、精英下沉与基层社会治理——基于桂南Q市"联镇包村"的个案考察》,载《公共管理学报》2017年第4期。

乡镇政府向村级组织转移了大量的日常治理职能，使村级组织承担了繁杂的工作任务。但实际上，乡镇政府在下移行政事务和治理职能的同时，村级组织的权力实际上没有得到相应的扩大，而是以"属地管理"的方式来承包责任。例如在E镇，"263"专项整治、控违拆违、安全生产整治等作为镇政府的中心工作，事实上由村级组织承担了属地责任。E镇H村村委会相关工作人员就曾说："现在什么都重要，都是政治任务，不管哪个口子上的事情都多，这两年包括环保、"263"专项整治、安全生产都抓得很紧。对下面来说，都是属地负责；有问题的，总归村里有责任。比如"263"专项整治，村里没有执法权，但按照属地管理就总会牵涉村委。属地村管肯定要管，工作难也要去做，在你村里地界上的，村里就算没有执法权也要想办法解决，否则上面政策就没法落实。"在属地管理模式下，乡镇政府和村级组织之间的上下级权责关系不存在"讨价还价"的空间，而是处于类似"独裁者博弈"的互动结构中。① 对于村级组织而言，承担属地管理的责任是无力抗拒、无可避免的。

## 三　属地管理模式的实践机制

属地管理模式的实践机制探寻是优化基层社会治理的关键，我们可以从治理责任、治理信息、治理风险三个层面加以分析。

### （一）治理责任的确认

属地管理模式能够突破科层常规治理的碎片化困境，实现治理责任的确认。碎片化是科层常规治理的内生性困境，这种困境突出体现在复杂社会的治理上。有学者指出，现代社会的复杂性在于其日益严重的社会分化倾向，

---

① "独裁者博弈"指的是在最后通牒博弈中，回应者不具有实施拒绝的权力，但是提议者在实际出价时会比在考虑最大化自身收益时的出价更慷慨一些，甚至在风险规避时也是如此。参见〔美〕科林·凯莫勒《行为博弈——对策略互动的实验研究》，贺京同等译，中国人民大学出版社，2006，第47~58页。

包括活动领域的分割和团体的分层。这种功能分化使得未来更难预料，社会介入没有任何认知基础可言，最多不过是"有限理性"，因此现代国家面对的至关重要的问题就是在分化了的领域中对复杂的机构进行整合。① 另有学者指出，"随着官僚组织的发展，组织内部劳动分工往往变得更加专业化，因为更多的人被卷入同一个决策中，这增加了协调的难度。而且，由于每个任务都被分割成许多小部分，人们难以了解整体情况。个体专业人员很少考虑如何使组织整体运行良好，更多的是考虑如何精通自己所在部分的工作。最后，日益加深的专业分工，促使监控机构要求获得所有主要决策的批准权，以协调其带来的外部效应"。② 例如，按照科层制的专业分工要求，控违拆违的工作职能隶属于城管部门，但是违建以及控违拆违工作所引起的社会稳定、社会保障等问题，则涉及国土、公安、综治、安监等多个部门，部门职能的分割导致基层政府在实际处理控违拆违问题上力不从心。

农村社会中普遍存在的违建现象也是 E 镇的"面上"问题，其中既包括历史违建，也包括新增违建，处理起来难度极大。随着新一轮城镇化发展规划和乡村振兴工作的开展，E 镇政府开始对违建问题采取属地管理的方式进行治理，违建问题被提升到 E 镇政府中心工作的地位。为了解决违建问题，E 镇政府专门成立了控违拆违工作领导小组，由镇长担任组长，镇分管领导任副组长，各村（社区）书记、镇城管执法中队负责人、镇综治办负责人、司法所所长、宣传办负责人，以及 E 镇的两个片区派出所所长为成员，共同负责指挥协调全镇的控违拆违工作。而原本承担控违拆违职能的镇城管执法中队，则从一线执法单位转变为承担协调、指导、督查、考核等日常工作。可以看出，属地管理模式下的控违拆违工作打破了原有的行政科层体制，乡镇政府利用"中心工作"的强激励效应，调动起属地各村（社区）的力量，从而将治理工作的压力传导下去。

---

① 参见〔美〕詹姆斯·博曼《公共协商：多元主义、复杂性与民主》，黄相怀译，中央编译出版社，2006，第131~132页。
② 〔美〕安东尼·唐斯：《官僚制内幕》，郭小聪等译，中国人民大学出版社，2006，第169页。

乡镇政府采取属地管理模式开展社会治理，其重点在于将责任落到实处：一是将治理责任通过中心工作的方式"锁定"到特定的治理区域范围内，强调"守土有责"；二是将治理责任通过目标考核的方式"锁定"到特定的治理主体上，强调"责任到人"。治理责任的双重锁定，使村社干部成为行政事务的实际承担者，实行全管全责。属地管理模式的有效运作以压力传导和责任落实为基础，其运作过程需要提供足够的组织激励，否则属地管理模式就难以有效运作，最终消解压力传导和责任落实的效果。因此，乡镇政府注重通过组织激励提高责任主体的治理主动性，使村社干部切实承担起执行治理任务和维持属地社会稳定的重要责任。这里的治理责任包含两个方面，一是党纪责任，二是政纪责任，即通过责任锁定来激励责任主体，调动其工作能动性。例如，在违建治理的属地管理模式中，治理责任从镇城管执法中队转移到了属地村级组织，村级组织成为控违拆违工作的第一责任主体，其中村（社）书记是第一责任人，主任是直接责任人。乡镇领导小组和镇城管执法中队承担的违建治理责任则从前台转移到幕后，以建立控违拆违工作责任制和目标管理考核的方式，对属地村级组织开展工作过程控制，从而满足乡镇政府的治理目标。E镇政府将属地管理工作的治理效果纳入村级组织干部的晋升条件之中，为村干部提供了晋升空间，能够有效地激励责任主体将治理责任"落到实处"。

## （二）治理信息的搜寻

属地管理模式还具有治理信息的获取优势。有学者指出，"模糊性是国家治理必须面对的基本问题。社会的模糊性是内生的，也是不可避免的，国家必须要获得足够的信息，才能进行有效的治理。社会的模糊性导致了作为国家治理基础的信息的匮乏，制约了国家治理的空间、能力及其效能，延缓了社会问题得以解决的机会"。[①] 社会治理需要获取较为清晰的治理信息，从而最大限度地避免政策执行偏差。而最基本的信息要求是，治理主体能够

---

① 韩志明：《模糊的社会：国家治理的信息基础》，载《学海》2016年第4期。

掌握治理对象和政策情境信息，使政策能够与治理对象相对接，将治理对象纳入政策的适用范围，否则就无法实施治理。由于乡村治权与国家政权之间的分离，国家提取治理信息以实现有效治理首先需要依托属地，通过属地掌握能够帮助实现有效治理的信息。村（社）是基层治理的基本单元，承担属地责任的村级组织具有最先发现治理问题的优势，可以及时有效地获取治理信息，缩短政策执行的链条，化解正式组织在常规治理中由部门分割和信息不对称带来的困境。由于治理信息在上下层级间形成非对称分布，乡镇干部通常将村（社）干部看作获取治理信息的有效途径，认为老百姓有治理需求总是直接反映给属地村干部，同时村干部也有条件、有能力第一时间掌握国家政策和上级工作部署。

毫无疑问，从治理信息的搜寻成本看，涉及治理的信息散布在基层社会生活领域。相比乡镇政府，村级组织更接近治理信息，信息生产链条更短，信息搜寻的成本也更低。例如，在安全生产领域，由于企业状况、生产设备、生产规律等因素的共同作用，企业安全生产的治理信息处于散布的状态，安监部门要掌握这些治理信息需要耗费巨大的搜寻成本。像 E 镇这样的工业型乡镇，拥有 800 多家工贸企业（不含小作坊），仅仅在 H 村就拥有 40 多家工业企业，所涉及的安全生产事项包括涉爆粉尘企业安全、危险机械安全、压力管道安全等。但是，E 镇安监办工作人员仅有 8 人，平均 80 多家生产型企业才能设置 1 名安全监管员，执法人员严重不足，执法巡查缝隙巨大，在日常监管上存在信息不对称的困境。治理规模巨大和治理资源配置不足的矛盾，使乡镇政府在安全生产治理信息的获取上处于明显劣势位置。于是，E 镇政府结合区安全生产委员会的专项整治工作，实行安全生产治理的属地管理，由村级组织承担各自辖区范围内的安全生产隐患排查工作和日常巡查工作，同时赋予村级组织督促企业建立管理台账和定期检查的权限。

由此，村级组织成为安全生产领域治理信息的采集者。① 相比乡镇政府

---

① 环保治理方面同样如此。由于企业排污具有隐蔽性，只有属地村级组织能够快速准确地了解企业排污状况，因此在环保问题上，村级组织需要承担属地责任。

部门，村级组织能够更为直接地获得属地企业的生产经营情况，能够通过日常巡查、台账登记、租赁登记等方式掌握信息。相比之下，乡镇政府部门往往只能掌握有限且滞后的治理信息。对于实现安全生产的治理目标而言，治理信息是十分宝贵的，并且呈现出不对称的分布状态，其中村级组织是治理信息的优势方，而上级政府部门则处于劣势地位；村级组织掌握着大量的"民间"信息，能够运用这些"民间"信息协助乡镇政府部门进行治理。因此对于乡镇政府而言，在信息不对称的治理情境中，属地管理能够以最低的治理成本扭转治理局面，使安全生产事故的不确定性大大降低。也就是说，安全生产领域的"属地管理"，使旧有的信息模糊型治理转变为信息清晰型治理，从而有益于实现治理目标。

### （三）治理风险的趋避

在社会转型过程中，基层社会本身的复杂性、不确定性使社会风险不断增加，通过清晰的制度安排来实现基层社会治理的难度也会明显加大。面对风险聚集的治理情境，科层常规治理体系下的官僚机构往往会采取风险趋避的方式，出现"有组织的不负责任"问题。[①] 因此，基层政府在治理过程中自然会产生避免治理风险的考量。属地管理模式正是乡镇政府趋避治理风险的策略化选择。

在城镇化迅速发展的农村，外来务工人员急剧增加，人口、资源、环境、交通、社会保障等诸多问题在农村日益凸显，乡镇政府不得不应对各种各样的风险。以H村为例，H村有40多家工业企业，外来人口1000多人，占总人口的五分之一，这就造成了当地社会结构和社会交往格局的复杂性。由于面临潜在的社会风险与行政风险，乡镇政府往往以属地管理的名义下移治理事务和治理责任。在属地管理模式下，乡镇政府将一些治理事务交给村级组织，责任和风险也随之发生移转。概括而言，这些治理责任和治理风险

---

① 参见倪星、王锐《从邀功到避责：基层政府官员行为变化研究》，载《政治学研究》2017年第2期。

主要来源于三个方面。

第一，政府部门的行政压力。当上级政府围绕某一中心工作提出专门要求时，乡镇政府的行政压力会迅速升高，迫使其迅速做出反应，乃至寻找一种转移责任和规避风险的应对方案。对此有学者指出，"利用精心设计的制度安排，政府部门将原先偏向于强制的、单方的、集权的'管控式'治理模式转变为自愿的、多方的、分权的'协同式'治理模式。这不但增强了政府执政的合法性，同时也将潜在的风险潜移默化地转移给其他治理主体。这种风险规避和责任转移的策略是以非常隐蔽且被其他治理主体所认可的方式实施的"。[1] 有趣的是，属地管理模式同样被属地责任人所认可，有村干部直言："只要在我属地发生的事情，村里自然是有责任的，这就是守土有责。"于是，在属地管理模式下，村级组织与乡镇政府形成了风险共担的责任机制，从而减少了政府部门自身的行政压力。

第二，规模治理的成本压力。从组织学的角度来看，治理规模及其实施治理的成本代价构成了对治理主体行动能力的制约，进而影响制度运行的具体形态及其实践。一般而言，随着组织规模的扩大，会出现组织交易成本递增、边际效用降低的情况。[2] 治理规模是乡镇政府面对的客观条件，直接影响着乡镇政府在进行社会治理时对治理方案的选择。要实现基层社会的有效治理，就需要将治理规模限缩到最小的治理单元中，从而减少乡镇政府的治理负荷。因此，乡镇政府通过运用属地管理模式，使村级组织成为"主动的代理人"，避免自身所承担的治理负荷过载。

第三，社会运行的风险压力。在社会转型时期的基层治理中潜藏着较大的社会运行风险，这些风险有的来源于法律或权力规制的缺漏地带，有的则来源于社会矛盾冲突。例如，政策变迁所带来的历史遗留问题层出不

---

[1] 参见盛智明《地方政府部门如何规避风险？——以A市社区物业管理新政为例》，载《社会学研究》2017年第5期。
[2] 为此有学者认为，行政发包制是有效减轻大国的治理负荷、重塑中央与地方关系的重要制度安排。参见丁轶《承包型法治：理解"地方法治"的新视角》，载《法学家》2018年第1期。

穷，E镇近年来信访问题较为突出，主要集中在征地拆迁领域。E镇信访办主任指出："有些信访问题是面上的，也就是类型化的一批案件，主要涉及历史遗留下来的政策变动大的问题，原来承诺的东西现在政策不允许了，老百姓就不能理解这里的政策变动。例如征地拆迁补偿的政策标准这几年一直在变，我们只能做个解释，是不可以帮他解决的。因为这又不是一个两个，而是一个面的问题。如果只是一个两个的，花点小钱也帮他解决。"由此可见，对于"面上的"信访问题，其实质乃是具有普遍性的政策冲突问题，这种新旧政策的矛盾既与政府密切相关，同时又不是乡镇政府能够担当的责任，一旦处理不妥，就会引发社会风险。于是，乡镇政府将这一风险压力向村（社）转移，使村干部及其所处的熟人乡情环境成为化解风险的柔性力量。因此，属地管理就成为乡镇政府"把矛盾解决在基层"的风险规避方式。

### 四 属地管理机制的回应性不足

近年来，我国基本形成了国家对乡村政治、经济、文化以及日常生活等诸多领域的全面治理格局。需要指出的是，税费改革之后，国家治理方式发生了根本性变化，从总体性支配转变为技术治理，① 乡镇政府逐渐成为"有限权力与无限责任"的服务型政府。在社会治理实践中，技术治理依托于以专业化分工为核心的科层组织，行政机制趋向严密、技术化、程序化和规范化，政策的制定和执行都在科层体制中进行传递。但在科层组织常规治理中，科层体系看似分工明确、权责清晰，却无法有效应对社会风险。原因在于，这些风险具有综合性、系统性、模糊性、变动性等特质，无法对其按照专业化分工的方式进行精确定位。而且，乡村社会问题往往是整体性的，技术治理的方式在面对乡村治理事务和乡村社会秩序问题时常常无法有效完成

---

① 参见渠敬东、周飞舟、应星《从总体支配到技术治理——基于中国30年改革经验的社会学分析》，载《中国社会科学》2009年第6期。

治理目标。基层政府的治理力量如果悬浮于社会之上，势必导致治理缺位，最后形成"乡村治理性危机"。①

因此，在现实实践中，基层政府不得不依靠村级组织的参与，将村级组织作为治理资源来动员和调配，共同承担责任风险，这样才能实现基层社会的有效治理。有学者指出，"由于乡村社会的广泛存在，尚有大量乡村治理事务无法通过部门及其基础权力来完成。乡村治权的配置性、灵活性、系统性及全能性恰好与乡村社会的不规整性和乡村治理事务的综合性整体性相耦合，因而能够应对系统性的乡村治理事务"。② 当下，"治理重心下移"和"加强基层政权建设"已成为我国推进国家治理体系和治理能力现代化的基本要求，而基层政府以村（社）为单位的属地管理模式可以视为其具体举措。但是，在属地管理模式的实际运行中，存在明显的治理回应性不足的状况。

治理的回应性，是指制度安排和政策执行的结果能否有效回应社会需求。这里的回应性包含三方面因素：一是在治理目标设定和政策议程设置的过程中，社会需求能否被输入进去，获得决策者的注意力；二是治理主体需要选择适当的治理工具来回应社会治理需求，治理工具必须与地方性的社会条件相契合，政策执行才能获得应有成效；三是治理目标和政策执行之间的堕距能够在治理过程中得到最大程度的弥合。通过调研我们发现，属地管理模式的治理回应性不足主要表现为以下三个方面。

首先，组织体系的注意力分配不均造成治理回应性不足。基层社会治理需求能否得到满足，很大程度上是受乡镇政府注意力分配模式影响的。目前，在基层行政体系中，乡镇政府的控制权出现萎缩，面临"事权下沉，实权上移"局面，主要体现为乡镇人事权、财政权和执法权的有限性。税费改革以后，乡镇政府的财政自主性减弱，乡镇政府的人、财、物等权限属于县直主管部门。与此同时，乡镇政府职能部门的工作又有目标考核的行政

---

① 参见赵晓峰《"行政消解自治"：理解税改前后乡村治理性危机的一个视角》，载《长白学刊》2011年第1期。
② 杨华：《乡村治权与基层治理能力建设》，载《湖湘论坛》2018年第5期。

压力，因此，对于治理问题突出的行政事务，只能通过中心工作的方式集中注意力，由乡镇政府组织实施，并最后下沉到属地村级组织来完成任务。但是，对于治理问题并不突出的其他治理事务，乡镇政府只能在资源有限的条件下，按部就班地解决问题。

其次，责任主体的选择性治理造成治理回应性不足。在基层治理实践中，越来越多的基层治理事务运用属地管理的方式进行治理。目标考核是属地管理模式常用的方式，且具有层层加码的特征。一方面，属地管理项目的增多，对乡村干部的考核也越来越多，其中一些考核内容脱离实际。目标考核的形式主义使责任主体只能被动承接自上而下的治理任务，对于地方性的治理需求则缺乏回应性。另一方面，行政压力的层级传递往往会造成责任主体不堪重负，通过"反控"进行选择性治理。在多重委托的任务结构下，村级组织常常承受了多个目标考核的行政压力，为应对这种强大的行政压力，村级组织的各种反控手段也层出不穷，例如以"债多不压身"的策略来软化目标考核的约束，或者以消极不作为的方式倒逼乡镇政府给予更多的自由裁量空间。以控违拆违治理项目为例，E 镇的违建有两种类型。第一种是企业经营型违建，即在招商引资过程中，村级组织为了经济发展出租土地和厂房给工业企业，以"睁一只眼闭一只眼"的方式默许企业违建。对于企业经营型违建，村级组织是能够通过是否继续出租的方式予以控制的，而控制的力度则视乡镇政府施加的行政压力而定，存在"弹性空间"。① 第二种是民生型违建，即村民出于生活需求而私自搭建的厨房、杂物间和车库等。民生型违建是 E 镇农村的普遍现象，形成了"适度违法"的地方性秩序。只有在邻里矛盾激化时，"适度违法"的问题才会成为一项治理信息被传递到执法部门手上。因此，城管部门只能对这种违建问题采取"不告不理，一案一理"的治理策略。

最后，治理信息的模糊化造成治理回应性不足。在属地管理模式下，掌

---

① 执法弹性空间的塑造有三方面因素：一是执法权在时空上的非均质分布，二是民众偏好差异因素的介入，三是执法者与执法对象之间的协商。参见陈柏峰《基层社会的弹性执法及其后果》，载《法制与社会发展》2015 年第 5 期。

握实质操作权力的是村级组织,村级组织能够掌控政策执行过程中的信息传递内容和尺度。例如,在"263"专项整治中,村(社)干部做企业环保整改工作所面临的阻力要比执法部门小得多,只有通过村(社)干部持续与企业沟通,执法部门才能进入政策或法律的正式执行环节。在这个过程中,村级组织往往会围绕上级的治理目标进行具体解读,然后根据自身经济发展情况,进行信息的甄别与筛选。于是,在环保检查、安全生产检查等事务上,村级组织虽然只能处理一些信息管理类的基础性工作,例如企业档案登记、监督检验的信息登记等,但在这些工作的操作过程中,村级组织会对治理信息进行模糊化处理,使得信息在向上传递过程中不断失真,最后导致乡镇政府和相关执法部门所获取的治理信息无法真实反映治理情境,造成治理回应性不足。

## 五 结语

随着现代社会治理规模和治理风险的不断扩大,基层乡镇政府承受着巨大的治理压力,这为乡镇政府寻求制度性表达提供了可能性。基层行政体制是国家实现基层治理所依托的主要力量,如果从权责不对等的角度来分析属地管理,必然会得出属地管理打破了基层行政体制的制度安排的结论。属地管理是基层行政体制中的半正式制度,其重点不在于打破科层分工体制,而是在于通过重构基层治理结构,使掌握着信息优势的治理主体能够更为主动地承担治理责任,从而使国家的社会治理政策得到更为有效的贯彻。属地管理的意义在于,一方面能够通过属地化力量,动员和调配治理资源,在治理规模庞大的情形下,仍然能够令治理主体的注意力集中,使来自政府的治理目标与地方内生的治理需求之间形成有效对接。另一方面,能够对社会治理的风险进行组织化控制,及时处理和化解基层社会即时发生的社会矛盾乃至社会风险。

属地管理的运作实践表明,虽然乡镇政府采取村(社)属地管理模式能够破解治理信息获取和代理人监控的难题,也能够降低治理成本和治理负荷，但是这一模式始终处于权力与责任不对等的权责配置困境之中，具体表现为治理权力掌握在基层政府手中，治理责任却安置在村（社区）这样的社会群众自治组织之上，或至少是由社会群众自治组织在分担。这违反了权力与责任相对称的基本原则。我们认为，在推进基层社会治理现代化的过程中，必须充分利用社会自身的治理资源，动员社会成员的主体性力量，更多地依赖社会权力实现社会治理。同时，国家基础权力建设，需要不断优化科层组织体系，提升基层治理中的资源动员、风险控制、信息获取能力。村（社）属地管理的工作模式已经具备了共建共治共享制度的形式外观，在内容上却停留于行政科层体制的延伸，在治理主体多元、群众参与、协商共治、政社互动等实质性的社会自治内涵上还有很大的提升空间，值得基层地方政府在实践中进一步探索，从而使共建共治共享的社会治理制度落到实处。

# B.13
# 社区治理中的警务实践调查报告*

## ——以C市M公租房社区警务室为对象

孙冲 强卉**

**摘 要：** C市M公租房社区警务室的警务工作，在警情类型、纠纷原因和解决方式等方面较为全面地反映了城市外围地区在城镇化过程中出现的治理问题。这些问题主要包括基础设施建设不到位、重点人员聚集隐患、诉求多元化导致矛盾冲突频繁等。基层民警在警力严重不足同时又受考核指标要求的情况下，应对以上各类问题时不仅会有选择地出警，而且对治安案件更倾向于选择调解而非拘留，有时还会通过人为过滤案件或调控立案时间来达到完成指标的目的。可见，实现社会治理现代化既需要自上而下地健全全局性的制度，又需要兼顾差异性、由点及面地从基层健全工作机制。

**关键词：** 公租房社区 警务 城镇化 纠纷解决 考核指标

社会治安等警务工作是社会治理工作体系的重要组成部分，直接关乎安宁有序社会环境的形成和社会成员美好生活所必需的安全感、幸福感之获得。在基层社会治理实践中，公安机关的派出机构担负着主要的维护社会治

---

\* 除专门引注外，本报告涉及的所有事例、数据、图表均为作者调研所得。
\*\* 孙冲，吉林大学司法文明协同创新中心博士研究生；强卉，法学博士，中国法治现代化研究院研究员，南京师范大学法学院讲师。

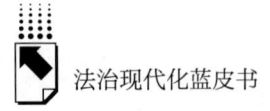
法治现代化蓝皮书

安职责，以及与社会秩序调控密切相关的社会纠纷调解、道路交通管理、流动人口管理、消防安全排查等其他治理工作。本调研报告聚焦的C市Y区M公租房社区，整体计划入住10万人，目前已实际入住6万多人。该地区存在人员密集程度高、经济收入水平相对较低、配套设施尚不完善等问题，造成该区域的社会矛盾和治安问题尤为突出。该地区社区警务室仅有常驻民警4名，在警力严重不足的情况下，外有日均25件的警情需要处理，内有繁重的考核任务需要完成。因此，该警务室面临巨大的工作压力。

## 一 警务室的人员构成

M公租房社区警务室是对目前建成的H社区警务室和F社区警务室的合称，隶属于M镇派出所。M镇派出所共有正式民警19名，其中4人长年驻扎在M公租房社区警务室，分别是Y警官、T警官、L警官和Z警官。除了正式民警外，警务室还有辅警六名，文员两名。平时值班由一名民警搭配两名辅警，值班工作时间为24小时，实行"上一休二"的制度。两名文员则按照正常工作时间上下班。每天晚上7:30~10:00，是M社区的警情高发时段，因此M镇派出所会在这个时间段增调一名民警到M社区警务室协助处理警务工作。F警官是本调查报告所述时间段内由派出所调配到社区警务室的警官。

### （一）警察构成

根据公安部、民政部《关于加强社区警务建设的意见》的要求，各地公安机关要根据辖区规模、人口数量、治安状况等因素，以一名民警负责管理实有人口3000人左右为基本标准，划分民警责任区。M公租房小区的实际警力配置为4（警）对应60000（人），远低于公安部、民政部制定的相关标准。即便如此，按照警务室民警的介绍，M公租房小区在Y区还不算是警力矛盾最突出的地区。在C市警察招录人数最多的2011年和2012年，每年都有数千名警察通过社会招聘（公务员考试）的方式进入公安机关，其中研究生学历的新录用人员占很大比例。但自2013年C市警察招录工作改革为以内部考试的方式进行后,招录就只能在警校和军校进行。这种方式囿于报考人数,即警校和军校每年的毕业生数量限制,年均实际招录人数不足 50 人,远远无法满足全市警务工作的警力需求。而这不足 50 人的新增警察,也是按照从市局到分局,再到基层派出所的顺序逐级分配。根据这种分配方式,分配到基层派出所的新增警察数量锐减,警力缺口逐年增大。在 M 公租房社区,Y 警官和 F 警官就是 2011 年和 2012 年通过公务员考试进入重庆市公安系统的警官,都拥有研究生学历。在此后几年中,整个 M 派出所都没有再增加新的民警。M 社区警务室民警的年龄构成比较合理,L 警官 53 岁,T 警官 44 岁,Y 警官 32 岁,年长且经验丰富的民警和年轻但受教育水平较高的民警均有分布。社区民警的主要工作内容包括纠纷调解、普通案件侦破、重点人员监控、消防安全监督和流动人口管理等,工作任务重,工作难度大。社区民警的工资与工龄相关,比如工龄较长的 T 警官工资 6000 元/月,含公积金可达 8000 元/月;工作年限较短的 F 警官月工资则为 4000 元左右,含公积金约 5800 元。当然,工资水平受到地方财政情况的影响,不同地区工资水平存在差异。

### (二)辅警构成

作为社区警务室的重要组成部分,辅警的职能是帮助民警分担一些基础性、辅助性工作。例如接听报警电话、联系报警人、共同出警、驾驶警车、维护秩序,以及在警务室为前来办证或报案的居民提供初步咨询等。辅警的工作内容细碎繁杂,发挥了补充民警力量不足的重要作用。辅警的工资差异不大,基本在 2000 元/月,属于当地中下收入水平,不具有吸引人才的职业竞争力。因此 M 社区的辅警均来源于 M 镇当地居民,且文化水平较低。但这也正好能满足辅警这一岗位的特殊需求,因为他们都是本地人,对当地的基本情况和社会关系非常熟悉,非常有利于辅助民警开展社区警务工作。此外,由于辅警的家也都在本地,人员流动性相对较低,多数辅警已经在警务室工作了五到六年,最长的已经工作了 20 多年,工作经验比部分年轻民警要丰富许多。辅警队员的年龄构成相对均匀,以"70 后"和"80 后"为主。这不仅有利于节约招录和培训成本,增强社区警务室的青壮年力量,还有利于保持社区警务工作的长期连续性。

### (三)文员构成

在社区警务室设置文员的初衷,是将部分文字工作交给警察以外的工作人员处理,以便释放警力,将更多的警力下沉到一线。文员是 C 市公安局通过劳务派遣公司招聘的一批主要处理文字工作的警务辅助人员,工资多为 2000~3000 元/月。在 M 社区,警务室设置的两名文员除了承担文字工作以外,还能够处理很多具体事务。①

## 二 复杂的治安生态

M 公租房社区的居住群体收入较低,多为进城务工人员,也包括很多有违法犯罪前科的人员、前吸毒人员。后者作为重点人群不仅难以管理,甚至难以及时追踪和更新信息。公租房小区的配套设施尚不完善,小区正规的室内菜市场无法满足摊贩和居民的需要,大量的违法占道经营占据了社区警务室门前的公路,即时性纠纷和群体性事件多发。此外,公租房小区居住人口类型的多样性还造成了公共产品和公共服务利益诉求的多元化。

### (一)重点人群难管

M 公租房社区是面向低收入群体的小区,大量进城务工人员等经济条件相对较差的群体聚集于此,此外还有很多有违法犯罪前科的重点人员,社区居民素质参差不齐。社区所辖几个小区内前服刑人员、缓刑假释人员和前

---

① 例如,负责帮助社区居民办理居住证、临时居住证和宠物狗证件;负责商铺登记;配合民警进行消防安全检查;负责筛查签约入住人的信息,比对是否有前科、在逃、吸毒人员;协同民警、辅警队员一起入户登记住户信息;每月更新住户数据并与房管中心对接;清查违法转租的住户;配合民警做好精神病人等重点人群管理;监管居住在公租房社区或进入本辖区的特殊人员;组织召开宣讲会,与居委会的治保主任、社区代表交流防火、防盗、防骗知识,等等。

吸毒人员等重点对象共有 1000 多人。理论上，M 社区警务室需要对公租房社区内所有重点人员实施防控和帮扶。但在实践中，这些工作只能依靠社区网格员的责任心和具体行动，很难实现全面覆盖的理想效果，经常会出现重点人员脱管的情况。这主要是由于：第一，社区居民小区内均为封闭型建筑，社区成员交流程度低；第二，需要管理的重点人员数量太多，警力无法匹配需求；第三，社区的人员流动性非常大，每月都有退租和新入住的人员，其中新入住的重点人员难以全部及时纳入监管体系。

关于社区内重点人员的调查登记，存在工作机制上的很多障碍。首先，户数多、有效工作时间段少，导致每一轮入户调查工作的完成周期长。这就导致经常出现当一轮调查完成时，本批次已调查结束的住户又发生了较大的变动。其次，住户不配合调查，导致难以全面准确地采集信息。有的业主在遇到民警入户调查时，假装不在家或者谎报本人及家庭成员信息，不配合民警的信息采集工作。再次，部分违法犯罪或有前科的人员通过隐瞒信息或者逃避入户采集有意脱逃监管。此外，由于公租房非法转租的现象十分严重，为了规避监管，实际入住人与登记入住人信息严重不符。以上这些原因都会造成对重点人员的监管难以全面落实和有序进行。

## （二）纠纷冲突频发

M 公租房社区所辖各小区的配套设施尚不完善，辖区内正规的室内菜市场无法满足摊贩和居民的需要，出现了大量的违法占道经营现象，甚至占据社区警务室门前的道路。同时，由于小区地下车库停车费价格是 300 元/月，相当于最便宜的公租房一个月的房租。因此占居民多数的低收入群体认为地下车库收费过高，于是选择将私家车停放在马路两侧，这就进一步加剧了道路拥堵的状况。加之公租房居住群体普遍具有低收入和低教育水平的特点，还有极高比例的违法犯罪前科人员，所以社区内因道路拥挤或抢占摊位引起的纠纷频繁出现。

区政府曾经试图对违规停车和占道经营行为进行整治，但在公租房居住的相当一部分居民由于生活水平较差、对社会和政府抱有不满情绪等原因，

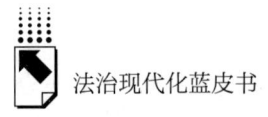

在整治过程中不愿意主动配合，反而因为整治行动引发了两次群体性事件，整治行动不了了之。自此以后，区政府没有再组织大规模的专项整治行动，整个社区的违章停车和占道经营处于管理老大难地带。

### （三）多元诉求难调

公租房小区居民以年轻的上班族为主，同时也包括大量商人、小业主、无业人员等多种角色。这种多元化的居住人群产生了利益诉求的多元化，时间和空间都成为各个群体需要抢占的资源，为此引发纠纷的情况层出不穷。例如，早晚高峰是人员流动最大的时间段，也是纠纷最容易产生的时间段。尤其在19：30~22：00这段时间，上班族开车下班回家休息，小摊贩出门摆摊，广场舞音乐也伴随夜色响起。社区道路变得拥挤不堪，经常会因为车辆擦碰和争抢摊位引起纠纷。这种露天市场是完全自发形成的，缺乏有效管理，摊贩们都自有一套"摊位占有逻辑"，在夜市烧烤摊消费的人也经常会因为醉酒而大打出手。由于夜市的喧嚣和广场舞的吵闹，一些需要休息的居民会从高空向下倾倒污水、垃圾，甚至还曾有人从楼上扔下一把15厘米长的匕首，该匕首恰巧插到一辆婴儿车中，所幸婴儿车中没有婴儿，未造成惨案发生。这种带有很大治安隐患的恶劣环境目前仍处于管控缺失的状态。此外，由于公租房居住密度大，因噪音、气味、楼道占用等因素引发的邻里纠纷也属于高发现象。在最繁忙时间段，社区警务室的警力远远无法满足实际需要。由于警力不足，M派出所会在这一时段再抽调一名民警支援警务室的工作。

## 三 接警易而出警难

接警与出警是同一个程序的前后两个阶段，这一程序会牵涉两到三个主体，即市局指挥中心接警人员、分局指挥中心处警人和基层派出所的受警人（一般是出警民警）。根据《110接处警工作规则》的规定，110报警平台实行"一级接警"，即由市局110指挥中心统一接警，接到报警后再下派到公安分局的指挥中心,再由分局指挥中心传达到各基层派出所。警情的传递均通过网上的110接处警平台进行,由于平台有一定的延时,从接警到最终派警,需要1~2分钟的时间。城市民警在接警后,应当在5~8分钟内赶到现场,农村民警则应当在30分钟内赶到现场。一般情况下,出警时需要民警和辅警各一名搭配,由民警携带单警装备和执法记录仪,主要负责问话和处置工作,辅警则负责记录报警人信息(姓名和身份证号)和维护现场秩序等辅助工作。在M公租房社区,警力严重不足,尤其在出现警情的高峰时段,往往无法保证按规定出警。

## (一)警情频发与"出警困境"

公租房社区警务室日均接警量25起,显示在110接处警平台上的警情主要有以下几类:(1)家庭纠纷,通常是由婚恋导致的情感纠纷,部分出现家庭暴力或其他违反治安规定的行为;(2)交通事故纠纷,通常是由违章停车导致的剐蹭事故;(3)打架,主要是由醉酒争吵和争抢摊位逐步升级引发的肢体冲突;(4)劳资纠纷,辖区内有很多在建项目,产生了很多以农民工和包工头为主的劳资纠纷。除以上几种情况外,还有部分本不属于警务范畴的求助和重复报警现象。例如银行卡被吞,债务纠纷,消费者与商家纠纷,宠物狗出车祸,后悔打赏女主播,等等。

上级公安部门曾经承诺"有警必出",但在实际工作中难以做到。原因主要是"警情"的内涵和外延没有得到规范性的界定,关于哪些属于公安机关出警范围内的警情,仍然缺乏必要的明确条文。尽管《110接处警工作规则》中有规定提及民警接处警的范围,但仍显抽象,需要具体的实施细则予以细化。尤其是其中"其他需要公安机关处置的与违法犯罪有关的报警"和"需要公安机关处理的其他紧急求助事项"等兜底条款的存在,导致公安机关派出机构和民警在基层工作中难以具体把握。在访谈中,Z警官从实践经验总结出当前最主要的问题就是缺乏关于"警情"的明确规定,如果不能出台细则明确公安机关应当受理的具体警情,指挥中心的接警人员就无权决定是否派警,就会将所有的报警不加甄别地全部接收,并派发到相

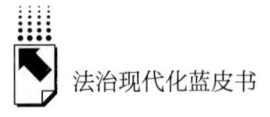

应的出警单位去。而山东省就曾出台文件,详细规定了公安机关应当受理的具体警情包括哪些。

### (二)警力不足与"选择性出警"

形形色色的警情都通过110接处警平台反馈到警务室的系统中,按照接处警规范,所有的接警都必须联系报案人,询问报案人情况;出警后还须在110接处警系统中做出警情况和处理结果的反馈登记;未能及时出警时,分局指挥中心还会继续催促民警尽快出警,查看民警的反馈情况。然而,在基层工作实践中警务室的民警事实上难以完全根据规范对每一位报警人进行询问、出警以及反馈。对于民警时而出现的"怠慢"行为,分局除了在110接处警平台上进行留言督促外,并没有其他实质性的督促考核机制。从警务室的实际情况来看,他们也确实没有能力按照"有警必接,有难必帮"的原则出警。警务室平时只有1名值班民警、2名辅警和1台警车,如果民警对派发的每一起警情都做出警处理,那么警员和警车的数量远远赶不上案发的数量。尤其在警情井喷的19:30~22:00时段,值班民警不可能对每天20多条报警信息都严格按照规定进行出警处理,否则民警很可能会因为处理普通纠纷而耽误更紧急情况的处置。

在实际工作中,客观条件的限制催生了避免重大差错的变通方法。例如,民警一般先根据工作经验甄别报警信息,通过电话联系报警人并初步判断事件的轻重缓急,对于不属于公安处理范围的事由会在电话中进行解释,并指引其向有关机关反映或自行解决。对于一般的民事纠纷,民警也会用电话进行即时调解,要求双方自行协商处理,对于实在协商不成的再出警解决。这些变通方法,不但为处理其他警情赢得了时间,而且简化了后续的调解工作。决定民警是否出警的因素,既有警情的轻重缓急,也有民警在该事件中能够发挥的作用。在许多民商事纠纷中,虽然民警可以主持调解,但在案情简单、双方可以自行协商的情况下,警方并不能起到关键作用。因此,当民警判断某一警情不属于紧急事件且警方并非解决问题的关键时,就会对这类警情做"淡化"处理。当然,这种做法也并非都能顺利解决问题,当个别报警人由于情绪激动或缺乏相关知识难以沟通时,会出现不出警就反复报警的情况。还有些人为了能够引起民警的重视,故意夸大问题的严重性,迫使民警出警。

## (三)警力资源难以满足社会期待

20世纪90年代初期,漳州110首创"有警必接,有难必帮,有险必救,有求必应"。自此,"有困难找警察"已经成为各地百姓耳熟能详的一句话,更成为一种政治许诺。但随着社会的不断发展,社会矛盾纠纷日益复杂并分化,政府的科层化体系也在不断完善,各个职能部门的职责范围越来越明晰。在正常情况下,不同的纠纷、矛盾或困难应当寻求相应职权机关或单位的帮助。110报警平台只能调动公安机关内部的各种资源,无法也无权指挥其他职能部门或单位,更无权对民商事纠纷或对违反《治安管理处罚法》和《刑法》以外的违法行为进行裁决和处罚。110报警平台和警方解决问题的能力越来越受到科层化体系的制约,具有功能限度,但从老百姓的角度看,他们仍然对110报警平台抱有过高期待,希望能够通过110快速解决他们所遇到的问题。生活经验告诉他们,相比于劳动监察、工商、食药监等部门,来自110的法律资源更容易获得,甚至更有效力;相比于人民法院,通过110解决问题更省时省力,节约成本。

由于对110接处警范围缺乏具体明确的细则规定,大量的矛盾纠纷被引入基层社区警务室,基层警务工作面临巨大的压力。然而,警力资源配置却并没有随着警情的增长而增加,基层警务室"选择性出警"可能被认为是一种"行政不作为",但其实质是在警力资源稀缺情况下的优化配置机制,这种选择性"不作为"最大限度地保证了警力资源的配置效率和使用效益。但是,这种不得已而为的警力资源优化配置机制,也在事实上有可能降低人民群众对公安机关甚至政府的评价,因为它已经与官方许诺的"有警必接,有难必帮,有险必救,有求必应"的话语体系相偏离。无论如何,在目前的客观条件下,基层警务室更灵活的接处警执行方式,既保证了工作不出

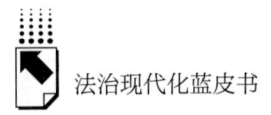

错,又能避免在资源配置问题上给上级增添压力,基层公安部门上下级之间对此也达成了共识。

## 四 公租房社区的纠纷调解

M社区原本是一个农业镇,原来M派出所辖区内的矛盾纠纷都集中在土地使用和邻里关系上,较为简单。本地的农民也比较朴实,愿意配合民警和村干部快速解决纠纷。随着M镇的城镇化,原来的农村已被完全开发为现在的公租房小区,并通过轻轨交通接通了城市中心,实现了农村向城镇的转变。随着这种转变,这里的居民从原先的本地农民变成了来自全国各地形形色色的人。居民之间的联系变弱,利益诉求变强,纠纷解决方式也随之应变。

### (一)调解纠纷有方法

基于M社区居民构成的复杂性,M社区警务室几乎每天都能接到五花八门的纠纷警情,调解纠纷成了警务室民警的日常基本工作,民警们在日复一日的纠纷调解中都摸索出了一套行之有效的方法。譬如,根据《公安机关常见警情处置规范2013版》的规定,民警在处理劳资纠纷时,不应当介入纠纷的实质内容,而是应该通知劳动监察部门,由劳动监察部门处理,但Y警官表示:"我也知道公安机关本不需要介入具体的纠纷当中去,这不是公安机关的职责。但现在的老百姓只相信警察,就算我们通知劳动监察部门,他们也不一定会立刻到现场来,公安机关对于此类案件没有执法权,但用当场调解的方式把纠纷化解掉,从任何方面来说都是好事情。"Z警官也表示,他在处理打架纠纷时,通常会利用当事人与民警法律知识不对称的特点,迫使打架双方尽快接受调解协议。当然,并非所有的纠纷都可以通过这种非常规的方式解决。Z警官总结道:"最难处理的纠纷就是情节显著轻微达不到治安拘留处罚标准的轻微伤害案件。"面对这类案件,T警官也表达了他自己的无奈,他认为,民警不像法官一样有裁决权,很简单的纠纷,几百块钱就能治愈的伤却花了几万元,这明显就是在讹人,但他也无能为力。在一般的调解中,治安拘留是民警促成双方达成和解的筹码,但是在一些轻微治安案件中,民警没有这样的筹码,调解工作的效果就大打折扣。

## (二)为何爱调不爱罚

调解一个案件,短则一小时,长则一个星期甚至一个月。调解颇为费时费事还不一定能够达到目的,而且调解也没有纳入基层警务的考核指标。面对一些既可以当作治安案件处理结案,又可以按照民事纠纷调解结案的案件,为什么民警更倾向于选择后者,原因包括很多方面。首先,很多资历深的年长民警擅长调解,他们工作经验比较丰富,调解时能够快速准确地把握双方当事人的心理,明白真实诉求,甚至能够通过当事人的衣着打扮和谈吐举止判断其身份地位和文化素质水平,以便针对不同类型的人使用不同的调解方法;其次,按照行政处罚进行罚款等简易处罚手段的可操作性不强,而拘留措施花费的时间和精力实际要比调解多,基层警务室的警力根本不足以支撑这些处罚措施。

具体来说,如果对一名违法嫌疑人按照《治安管理处罚法》进行罚款处罚,那么民警可能在执行环节遭遇违法嫌疑人的抵制。由于民警没有强制执行权,需要向上级公安机关申请,填写强制执行申请书并递交给辖区法院立案庭,由法院实施强制执行。这样一整套流程的成本要比处罚金额还高,并且时间周期长、程序复杂,因此公安机关通常不会做出罚款的行政处罚。那么,拘留处罚的决定权和执行权都在公安机关手里,民警为什么不愿意用呢?因为拘留处罚法定程序严格,需要一整套复杂的手续,且需在短时间内完成,同时实施拘留可能涉及使用强制拘束手段,整体警力不足的现实条件无法满足这些制度要求。

当然,并非所有的警察都不愿意做治安拘留的处罚决定,相对于老民警对调解的偏爱,年轻民警对于"久调难决"的案件更倾向于直接按照行政拘留处理。这种差异主要出于两方面的原因,一是年轻民警的调解能力与老民警相比要差一些,对于"久调难决"的案子,直接按法律程序拘留或许

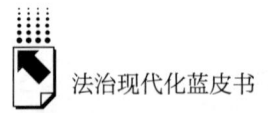

更节省精力；二是观念不同，老民警更偏爱"柔性执法"，年轻民警则追求依法办事。不过派出所的警力支持可能才是更为关键的因素。F警官对此做了一番解释：紧邻本辖区的S派出所设置了治安组，专门负责处理外勤民警移交过来的需要治安拘留的违法嫌疑人；治安组负责走程序，制作卷宗。所以S派出所的民警一般会对适格的违法嫌疑人直接做出拘留处罚，而非选择无休止的调解。F警官认为，其实对违法嫌疑人直接做出拘留处理更有利于震慑违法行为；事实证明，那些因为打架斗殴而被拘留的人，出来后都不会因为赔偿的事情再到派出所来扯皮，调解则很难做到干净利索。但是，目前M派出所的人手不够，无法成立治安组，所以警务室值班民警只能视警情灵活做出调解或者拘留的选择。

### （三）偏好背后的逻辑

从宏观角度看，民警偏爱以调解方式结案的根本原因在于基层执法权运行与权威体制之间的矛盾。如果想让警察能够更顺畅地运用执法权，就应当尽量将权力下放，但权力下放则意味着权力有被滥用的风险。因此，下放权力这一思路本身就与权威体制相悖。由上及下的不信任，导致上级为基层权力行使设置了诸多程序上和非程序上的障碍和限制，同时又通过压力型治理体制向下输送了大量的责任和义务。从微观的角度看，在行政处罚中，基层民警既是调查者，又是裁决者，还是半个执行者，整个程序从启动到结束都由同一个民警完成。这就可能造成两种后果：一是可能存在权力滥用和徇私舞弊的风险，为此国家立法和公安机关自身都制定了实体法律规范和烦琐的法律程序以约束民警的执法权；这时就会引发第二种后果，即缺乏启动这一程序的动力。因为一旦启动程序，后续的工作全部要由基层民警本人来完成。基层派出所由于人力、物力和财力的不足，机构设置上达不到理想的科层化水平，而烦琐的法律程序运转却是以高度科层化为基础的。如果用非科层化的资源去完成科层化的任务，就必然导致缺乏启动程序的动力。这时，调解作为一种去科层化的手段，跳脱出了程序带来的各种麻烦，自然就会得到民警的偏爱。通过调解方式结案，既节约办案成本，又能规避办案风险。

但是，跳出规则进行"柔性执法"也会带来其他问题，在调解活动中民警的权力、能力和可使用的手段就会非常有限。尤其是伴随着城镇化的发展，社会矛盾变得日益多样而复杂，仅凭借民警个人的智识和能力难以应对新型的社会纠纷。因此，利用规范的手段解决纠纷才是长远之计，否则必将对城镇化进程中社会治理的效果产生不利影响。

## 五　道路交通难管难治

因为在规划、建设的程序上存在瑕疵，M公租房社区的道路建成后无法验收和移交。从法律性质上讲，所有的小区道路都属于在建道路（工地性质），而非法律意义上的公共道路。也就是说，交通警察就这部分路面上发生的任何问题都没有执法权。因此，Y公安分局指定M派出所对目前公租房小区的道路交通进行管理。但这项管理目前面临两个问题。第一，派出所没有执法权。尽管上级公安机关有权指定派出所负责地方的道路交通管理，但是派出所实际上实施的并非道路交通管理权，而是对辖区内在建道路的管理。因此，派出所对于违章停车等交通违法行为没有处罚权。第二，派出所不具有对道路交通事故进行勘察的技术手段和能力。对于发生在辖区"在建道路"上的交通事故，派出所既没有能力，也没有权力做出交通事故责任认定书。

上述问题的存在，导致派出所在实际处理交通事故时会处于执法不能的尴尬局面。例如，M公租房社区警务室辖区道路上一辆大型货车倒车时将一人撞倒后并碾压致死。事发后，值班民警赶到了事故现场。由于缺乏鉴定事故责任的能力，M派出所与上级公安机关和附近的交警队取得联系，希望交警队能够到现场处理此事。但根据指定管辖的规定，该道路交警队没有管辖权，因此不能出警来现场进行勘察。最后，辖区民警只能对死者家属和肇事司机使用调解的方式结案。由于辖区道路上的交通违法行为长期未能得到有效管理，整个区域内的交通状况日益混乱。警务室门前的小路甚至都经常由于违章停车出现堵车现象，民警开警车出警时都可能被堵在路上。警务室也经常接到居民关于堵车的报警,但民警也没有办法解决。M镇曾经组织一次交通整治专项行动,却引发了群体性事件。出于维稳的压力,政府就再也没有组织交警对违章停车进行执法了。目前公租房小区的交通处于"三不管"的状态,交警队、派出所和社区谁都不管。派出所经常会接到车辆剐蹭的事故报警。一般情况下,派出所会让双方自行协商,按程序走保险公司,无法自行解决时,才会让双方对事故现场拍照后到警务室协商解决。但派出所没有事故责任认定的权力,只能进行调解。

由于辖区内配套建设的菜市场摊位有限,很多摊贩不能到正规的市场摊位上,每天都会有很多流动摊贩违法占道经营,不仅堵塞交通,还容易引发各种矛盾。市政执法大队曾经对流动摊贩进行集中整治,但也引发了一次群体性事件。后来经过协调,小贩白天不出来,下午4点左右再出来摆摊。摆摊时市政队员不再进行干涉。但是,由于摆摊引起的摊位纠纷不断增多。据T警官介绍,经常有一些摊贩因为争抢摊位产生矛盾,甚至大打出手。T警官表示这类纠纷很难处理,因为双方争议的标的物本身就是不合法的,无论谁来摆摊,都是占道经营。但现实状况是,双方发生纠纷民警就不得不进行调解。通常的做法只能是劝导双方各退一步,原则上谁先来就谁先摆。但这种解决方式留下了隐患,民警的调解被小贩当作占道经营合法性和正当性的依据,又给后续的治理工作带来了困扰。市政城管由于害怕再次引发群体性事件,再未对占道经营行为进行集中整治。

占道经营问题久拖不决的原因,既有建设之初该地区配套设施设计的不足,也有后期各方管理的漏洞。但无论原因为何,问题的结果就是几乎每晚都会引发矛盾和冲突,给社区民警增加了大量重复性的工作。可见,日益积压的矛盾与有限的法律资源之间形成了张力,如果各个部门不能发挥协同作用予以彻底解决,实现有效的社会治理,那么仅凭现有的法律资源难以满足该社区正常的秩序化需求,从长远来看,则会形成更严重的社会风险隐患。

## 六 有待完善的考核机制

对民警工作的考核包括一系列复杂的指标，从类型上看，既包括各项工作的完成状况，也包括社区居民的满意度考评。在日常工作中，民警一方面要马不停蹄地解决接踵而至的警情和其他问题，一方面还要想着完成上级下达的硬性考核任务。考核机制的设立，是为了提高公安机关对违法犯罪行为的打击能力，保证公安机关的高效运转。但在笔者看来，当前的考核任务指标设置尚缺乏对不同岗位具体工作的差异性考量。这导致了在现实实践中被考核的单位或民警个人，可能会因为追求某项指标的完成而挤占处理其他警情事务的资源。

### （一）考核及其应对

除了群众满意度考核外，派出所接受来自上级机关的考核包括许多具体量化指标，比如起诉数、破案率、强制隔离戒毒、社区戒毒、110刑事警情、八大类案件发生率、[①] 可防性案件、违规违纪、工作作风等。市公安局对分局进行考核，分局对派出所进行考核。分局每个月都会对考核结果进行通报，对每个派出所是否完成了当月的年度任务计划进度进行公示。考核分为三级预警机制，未完成计划进度10%的给予黄色预警，未完成计划进度10%~20%的给予橙色预警，未完成计划进度20%以上的给予红色预警。月度考核最后一名并且主要业务指标未完成计划进度的，给予一般提醒；连续三个月考核最后一名，并且主要业务指标未完成进度的，给予特别提醒。收到特别提醒的，要限期整改，分局党委对领导班子进行警示谈话，主要领导在全局大会上做反思发言。

据Z警官介绍，本所的刑事案件破案率在80%左右，主要归功于辖区内

---

① 八大类案件包括故意杀人、故意伤害致人重伤或者死亡、抢劫、强奸、爆炸、放火、投放危险物质、贩卖毒品。

视频监控的普及，因为大部分案件的侦办是依靠视频监控提供的线索。警方在接到报案后，通常会先行调看案发现场周围的监控录像，如果视频监控清晰，并且能够追踪到犯罪嫌疑人的踪迹，就会继续根据监控视频追踪下去，争取尽快破案；如果遇到相关视频不完整或难以追踪到犯罪嫌疑人，且没有其他明确线索的案件，就会暂时放弃侦办。当然，有些案件派出所无权立案侦办，例如八大类案件以及分局领导指定的重大案件，或者是其他派出所掌握第一线索的案件。值得一提的是，那些自身辖区内发案率较低的农村派出所，为了达到某些指标的考核要求，不得不来到城市区域挖掘案件线索。

由于公租房地区发案率高，M派出所不需要到异地寻找案源。但是，案源多并不意味着就容易达到考核指标，破案率才是硬功夫。所以M派出所也有苦恼的地方，例如在一个轻轨站附近，由于缺乏监控探头，很多盗窃电动车的案件就没有破案线索。有时候，民警还需要调整案件的立案时间或控制案件的侦办进度，来均衡完成每个月的破案率和起诉数。

### （二）考核的是与非

层级化的考核制度将压力层层传导，最终落在基层干警身上。因此，与平时处理治安案件和纠纷案件不同，民警在涉刑事案件侦办的过程中表现出较多的主动性。细化的考核指标将上级机关的意图反映在基层工作中，对基层民警的具体行为具有明显的导向作用，对民警在不同事务上的处理方式和行为逻辑产生了较大的影响。相比于纠纷调解和治安处罚的被动作为，民警对侦办刑事案件更具有积极主动性。有些派出所甚至会为了完成考核，到异地寻找案源并侦办案件。但是，这个过程也可能会出现"目标异化"的情况，出现案件侦办的回避性和选择性。回避性是指民警通过低估被盗物品的价值改变案件的性质，主动回避该案件成为刑事案件的可能性，以规避一部分破案难度较大的案件。选择性是指民警在办案时出现有选择的办案，在通过调取视频监控后就做出破案难易程度的预判，对于不容易侦破或所需时间精力较多的案件直接选择放弃。回避性和选择性的办案显然违背了考核制度的初衷。

考核机制是为了提高公安机关对犯罪行为的打击能效，保证公安机关高效运转。但是，笔者经调研发现，当下考核指标的设置未能完全实现对公安工作的全局性和差异性的科学考量。从目前考核实施状况来看，公安机关过分追求刑事案件侦破指标的完成，一定程度地挤占了处理其他事务的应有时间和精力，例如纠纷调解、治安处罚等。由于考核体系中缺乏这部内容，干警处理这类事务的积极性偏低。在基层社区的警务工作中，民警每天实际上在纠纷调解和治安处罚工作方面需要花费最多的时间和精力。例如，M公租房警务室平均每天接警25次，刑事案件不足1件/日。

上级公安机关注意到了考核任务指标与警务实际工作内容衔接不畅的问题。C市公安局治安管理总队发布了《关于切实加强矛盾纠纷排查化解工作的通知》，强调市局拟将"民转刑"命案防范纳入"三个不发生"省市区创建活动，作为全市公安机关主要业务考核指标之一，考核结果将与主要领导绩效考核和对单位的奖惩挂钩。矛盾纠纷排查化解不到位导致发生"民转刑"命案的，从严追究主要领导和相关人员责任。当前仍然存在的问题是，各地区公安派出机关之间还存在地域差异性，矛盾纠纷比较突出地区的基层派出所和经济水平较高、社区治理较好地区的基层派出所的日常具体工作内容存在很大的差异。对工作内容存在较大差异的基层派出所进行同质化的考核，难免会影响部分基层派出所的工作积极性。

### （三）反思满意度指标

群众满意度指标的考核主要通过110报警平台回访的方式进行，其中既包括对刑事案件的回访，也包括对治安案件和普通民事纠纷的回访。对于刑事案件，无论是否破案，都要专门询问群众对民警工作的满意程度以及建议和意见，并填写满意度调查表。群众满意度作为一项考核指标，关系到民警个人在警队的排名，以及派出所在整个分局中的排名。如果民警出现被投诉的情况，必须先写情况说明，由上级调查后确定是否为有效投诉；如果确定为有效投诉，民警不但要做出检讨，向当事人道歉，还可能因此受到处分。

调研中T警官对满意度考核有过这样的反馈："满意度考核有些强人所难。有些老百姓不理解我们的工作，认为我们说话声音大了就是态度不好。可是你想想，调解纠纷过程中双方情绪都很激动，我们为了镇住双方，有时免不了大声说话，以便调解工作能进行下去。和和气气地说'你们别吵了'，这样有用吗？"因此，纠纷调解是一个动态的过程，民警在调解过程中必须根据现场情况进行把握，往往在外人看来是粗暴的态度，实则为了能够尽快控制现场，推进问题的解决。此外，还有其他一些无理投诉的情形。其一，偏执型投诉。偏执型投诉是指投诉人通常不考虑实际情况和自身对错，将投诉作为解决自身需求的手段，只要民警没有顺遂自己的心意就投诉，并且还有可能不断或多次投诉。其二，迁怒型投诉。除了对公安工作的内容和程序不理解外，有的群众还可能因为其他原因迁怒于民警。迁怒型投诉是指将与公安工作不相关的因素归咎于民警执法活动，而这些可能引发案件或纠纷的因素并不是警方可以控制的。其三，谋利型投诉。在个别情况下，投诉甚至会被一些群众当作要挟民警达到自身目的的工具，而这些目的往往是不正当的，至少不是应由民警负责予以满足的。

由于政府在民众中的形象和公信力有着非常重要的意义，所以在科层化的体制之下，这种压力最终必然传导到基层，使群众满意度成为考核指标中的一个重要方面。为此，民警在处理实际问题时除了注重法律的准确适用和程序是否正当，还要考虑能否尽量满足报警人的诉求。尽管有些诉求是超出了自身职责范围的，但民警为避免在群众满意度考核下被追究责任，也会尽可能满足这些诉求。

对群众满意度的考察是贯彻群众路线的一个重要方面，也是改进警务工作的有效举措。但是，群众满意度调查一旦落实到具体的受访群众，其实是一个主观性强的评价标准，基本取决于报警人的个人感受。事实上，个人感受会受到整个案情全过程诸多因素的影响，甚至掺杂着个人对社会和政府的消极情绪，以及其他的利益诉求。所以，在群众满意度调查中，与其说群众是在评价办案民警，不如说群众是在评价政府甚或社会，往往并非单纯地反馈民警的执法态度和执法规范程度。因此，如若过分看重群众满意度这一指标，则可能导致民警在执法过程中束手束脚，甚至被报警人牵着鼻子走。此外，警察作为行政执法者和刑事案件侦办者，代表的是国家的强制力，评价警察行为的基本标准应当是法律而非报警人的感受。法律规范本身就是理性和刚性的，在很多情况下法律的实现过程无法做到让每一个人都满意。那么，警察作为法律适用者，在工作过程中应当更多地体现法律的理性和权威。

综上所述，基层社区警务工作中存在的种种问题，既需要从微观角度进行成因分析，也需要放置于我国社会治理体制革新和城镇化发展的大背景下进行必然性探究。党的十九届四中全会对推进国家治理体系和治理能力现代化提出了更为全面的要求，这一目标的实现要依靠整个治理机制的有效运行和全体治理主体的共同努力。为了解决目前基层公安机关在社会治理工作中存在的问题，还需要建立起更为完善的制度和机制，细分矛盾纠纷和社会问题的类型，利用法治化、专业化和社会化的手段，建立起共建共治共享的社会治理体系。

# B.14
# 农村社区治理实践探微[*]
## ——以 X 社区为对象的田野调查

刘雪姣 李 旭[**]

**摘 要:** 农村治理一直是我国社会治理的关键所在,也是我国社会治理的难题。农村社区建设作为实现乡村有效治理的重要途径,对实现城乡统筹发展、推进国家治理体系现代化具有十分重要的作用。针对四川省乡村社区治理中基层组织队伍建设不完善,多元治理模式发展不成熟,基础设施不完善、服务供给不到位的治理现状,本报告从政治、经济和社会三域分治的理论视角,提出健全社区政治治理、经济治理和社会治理的协同治理机制,从而推进乡村治理现代化。

**关键词:** 基层治理 农村社区建设 村民自治 治理现代化

从党的十八届三中全会提出推进国家治理体系和治理能力现代化,创新社会治理体制、改进社会治理方式,到十八届四中全会提出推进多层次多领域依法治理,坚持系统治理、综合治理、源头治理的工作任务,我国形成了从国家治理、政府治理、社会治理到基层治理的综合治理体系理论和政策,为实现国家治理体系现代化指明了方向。在全面深化改革、推进国家治理体

---

[*] 除专门引注外,本报告涉及的所有事例、数据、图表均为作者调研所得。
[**] 刘雪姣,中南财经政法大学法学理论专业博士研究生;李旭,法学博士,中国法治现代化研究院研究员,南京师范大学法学院讲师。

系和治理能力现代化的总目标下,党的十九大进一步提出了乡村振兴发展战略。2018年,中共中央、国务院印发的《关于实施乡村振兴战略的意见》中指出:"乡村振兴,治理有效是基础,必须把夯实基层基础作为固本之策,建立健全党委领导、政府负责、社会协同、公众参与、法治保障的现代乡村社会治理体制。"① 2019年6月,中共中央办公厅、国务院办公厅印发了《关于加强和改进乡村治理的指导意见》,再次强调实现乡村振兴的举措之一便是乡村有效治理。② 乡村振兴是由传统的中国乡村社会过渡到现代新型农村社会的过程,近年来,推进这一过程的有效治理手段之一便是完善新型农村社区建设。农村社区建设政策以重建共同体为理论指导,回应工业化、城市化快速发展所带来的乡村空心化、老龄化等一系列问题,成为实现乡村有效治理的重要机制。

## 一 X社区概况及其治理现状

我国农村社区建设起步较晚,是应我国农村社会经济发展新阶段的需求而产生的新事物。它是我国适应城乡一体化新形势而做出的一项战略决策,对整合城乡资源、缩小城乡二元差异、完善农村社会管理、健全农村服务体系以及推进社会主义新农村建设、实现"两个一百年"的奋斗目标都具有十分重要的意义。

### (一)农村社区建设的历程

我国是农业大国,国家治理的大量基础工作在乡村基层,社会治理的重心也在乡村。农村社区建设作为推动社会主义新农村建设、实现乡村有效治理的重要路径,必然经历一个从不完善到逐渐成熟的过程。2006年,中共

---

① 《中共中央 国务院关于实施乡村振兴战略的意见》,载《人民日报》2018年2月5日,第1版。
② 参见《中共中央办公厅 国务院办公厅印发〈关于加强和改进乡村治理的指导意见〉》,载中国政府网,http://www.gov.cn/zhengce/2019-06/23/content_5402625.htm,最后访问日期:2019年12月25日。

中央、国务院印发《关于推进社会主义新农村建设的若干意见》，旨在聚焦"社会主义新农村建设"。随着党的十六届六中全会正式提出"农村社区建设"的概念，[①]围绕农村社区建设的一系列政策性文件应运而生。2015年5月，中共中央、国务院针对农村社区建设专门颁布了《关于深入推进农村社区建设试点工作的指导意见》，提出将农村社区作为农村社会服务管理的基本单元，[②]赋予了农村社区建设基础性定位，并要求各地区各部门从实际出发，认真贯彻执行。

在顶层政策文件的指导下，近年来，我国推行大规模的农村社区建设，使农村社会发生了深刻的社会变革，经历了从无到有、由点到面的发展过程，并且初具成效，农民的生产生活方式发生了诸多变化，农民的生活条件也得以改善。实践证明，农村社区建设是社会主义新农村建设的重要内容，是推进新型城镇化的配套工程，是夯实党的执政基础、巩固基层政权的重要举措。[③]但是从长远目标以及客观的现实情况来看，农村基层治理中仍有很多问题和矛盾亟待解决。

当前我国各地区的农村社区发展是不平衡的，且具有区域差异性和复杂性特征。各地的基础条件、发展状况、人文特征、社会历史背景，以及在现代化发展过程中面临的新任务均有所不同，因此每个地域都会形成独特的发展模式。各地区农村社区发展的复杂性在于，农村社区在整合重建的过程中打破了原有的共同体，由原来的熟人社会瞬时转变为半熟人社会，居民的生活习惯、生活方式、社会关系和风土人情均面临改变和重新融合。因此，农村社区建设和社会治理要因地制宜，分类施策，探索有针对性和多样化的社区治理模式。

本报告选择四川省X社区作为考察对象，是因为四川省X社区是比较具有代表性的普通农村社区，是乡村振兴战略实施的对象。相比较而言，沿

---

[①] 参见《中共中央关于构建社会主义和谐社会若干重大问题的决定》，载《求是》2006年第20期。
[②] 参见《关于深入推进农村社区建设试点工作的指导意见》，人民出版社，2015，第2页。
[③] 参见《关于深入推进农村社区建设试点工作的指导意见》，人民出版社，2015，第3页。

海城市经济带的农村社区已经基本完成乡村工业化，通过农村土地大幅度融入城市建设，农民进入第二、第三产业工作，实现了城乡经济社会融合发展。① 作为一般农村社区的四川省 X 社区，由于自身地理条件的限制，不具备发展休闲农业和乡村旅游的资源条件，难以从第二、第三产业融合中发展获利。对于此类不具有地理和资源优势的一般农村社区，如何在乡村振兴战略中提升乡村发展的活力和实现有效治理，是值得研究的重要问题。

## （二）四川省 X 社区概况

X 社区所在的村庄历史悠久，居民源于康熙年间的迁移大潮，因此在村庄中并没有形成以宗族为中心的实力强大的团体，也没有形成类似北方社会那种小亲族的规模团体，而是形成了杂姓相邻的散居户型。为顺应城镇化的发展潮流，在市政府统一规划下，四川省 X 社区自 2002 年开始启动村庄整合计划。2002 年至 2007 年，X 村经历了三次撤村并组。2009 年下半年，为了统筹城乡发展，X 村在当地市人民政府的指导和批准下，申请改为 X 社区。至此，X 社区正式成立，并于 2010 年开始建立社区档案，2011 年开始走向规范化。目前，社区下辖 9 个居民小组，1130 多户，总人口 2575 人；其中非农业人口 600 余人，农业人口 1900 余人。在 X 社区，1 组和 2 组聚集在山下，是经过三峡移民和渝怀铁路、省高速公路移民而来，人员相对集中；3～9 组由山下依次而上，人员居住相对分散。X 社区管理机构由支部委员会、居民委员会和监督委员会三部分组成。党支部下设 9 个党员小组，共有党员 109 人，其中流动党员 20 名。

X 社区的经济生活为农耕经济与打工经济并存的二元模式。由于社区处于丘陵地带，很难形成大规模的集体种植场面，土地分为旱地和水田两种类型。当地以种植玉米、榨菜、水稻、蔬菜，养殖家畜、家禽以及桑蚕为主，且主要用于解决温饱问题，以自给自足为主。在打工浪潮进入当地之后，大

---

① 参见张蕾、范丹《乡村振兴中的社区转型与治理研究——以 Q 市 R 镇为例》，载《西南民族大学学报》（人文社科版）2019 年第 4 期。

部分年轻人外出打工，家庭很少能够形成剩余的劳动力，村民进行农耕生活的数量和规模变得更小，生产生活基本以家庭为单位进行。

### （三）X 社区的治理现状

在改革开放之前，我国一直实行农村反哺城市、以农业支撑工业的发展模式，农民压力大、负担重，乡村治理也更多地体现了行政命令的强制性。2006 年国家取消农业税，极大地减轻了农民负担。在城镇化的背景下，乡村治理方式发生了重大变化。自实施村庄合并和农村社区建设以来，X 社区在组织结构、人口构成、经济架构和资源分配等方面发生很大改变，一度形成传统乡村和新型农村社区并存的格局，社区环境和居民的生活也得到一定程度的改善，基层组织、社区经济和社区服务也有所发展。X 社区的治理现状可以概括为以下几点。

首先是能人治村模式的出现。村庄治理离不开基层干部队伍。目前，X 社区形成了相对稳定的干部队伍，由支部委员会、居民委员会和监督委员会三部分组成。社区干部分为三级，分别是"驻村干部－村干部－小组长"，其中驻村干部主要由 L 镇安排，村干部和小组长主要通过社区内部选举产生。苏南、上海等经济发达地区通过考试的方式在村级储备了部分干部，村干部在基层治理工作中愈发凸显出职业化的趋势。但在 X 社区这样的乡村经济不发达地区，村庄很难从外部选拔出优秀的人员，更多情况是村庄通过内部举荐干部进行选举。这在很多地方表现为"能人治村"。因此，为了更好地形成阶梯形年轻干部队伍，X 社区鼓励各小组成员积极参与，只要满足积极向上、有上进心，愿意为社区服务，政治素养高，高中学历以上，熟悉电脑等办公软件等条件，即可报名参与。为了更好地建设一支年轻化、有创新能力的队伍，2004 年镇党委清退了乡村合并后富余的 60 岁以上的老干部。为了培养选拔年轻干部，扩大选择范围，镇党委提出了几点要求：①年龄在 40 岁以下；②高中以上文化程度；③有志建设家乡，为百姓服务；④竞争上岗＋口头宣讲；⑤第一轮由全体党员和村民代表投票选举，第二轮由全体党员投票选举，两轮名次靠前者当选。

传统乡村社会是内生型的社会秩序状态，依靠熟人社会积累社会资本的乡贤理事成为调整社会秩序的主导者。在当今社会的村庄治理中，纯粹依赖熟人社会内生力量来实现社会秩序调整已不现实。选举本身是一种现代政治行为，村干部的日常管理行为也是一种现代政治活动，现代社会的治理逻辑必须与乡村秩序传统达成一种默契。为此，传统社会发挥治理作用的乡贤，在经济欠发达地区就更多地表现为有号召力、公信力的富人、能人。X社区也存在这种现象，而且有参军经历的人占据了较大比例。退伍军人参与村庄治理的情况在全国还是比较多的，特别是在中西部地区。退伍军人接受过政治思想教育，对党和国家的大政方针比较熟悉；亦工亦农，谋生本领和渠道比较多；性格直爽，善于交流。所以在同等条件下，退伍军人进入乡村治理干部队伍具有一定的优势。目前X社区三委委员会的成员，基本是2004年前后经选举入职的。他们大部分在20世纪后期闯荡社会，积累了一定的经济、人脉资源，有较高的社会交往能力。同时，他们还怀有对乡土的热情与情怀，对乡村有着强烈的认同感与归属感，往往很愿意重新投入村庄的建设中，在村庄需要他们的时候也能够站出来承担责任。特别是在这种打工热度较高的乡村，村庄的治理在很大程度上离不开村庄的能人。

有一点值得关注的是，或者说是X社区乃至L镇的行政管理特色，即在撤村并组的过程中，社区保留了原有的居民小组长制度，并给予居民小组长真正的管理权。2016年，社区党支部为了更好地推进"两学一做"学习教育常态化、制度化，在各个小组设置了小组长，他们跟社区干部同步进行选任。乡村治理本身就是一项很繁杂的工作，特别像X这种撤村并组的社区，社区干部很难对每一位村民及其家庭都了解得十分透彻，加之行政工作的不断增加，除了村庄选举，社区干部很难真正融入村庄的日常治理工作中。因此，在X社区治理过程中，小组长发挥着重要作用。当地没有家族谱系的支持，小组长的产生基本上是依托民意选举而来，这就使小组长具有一定的群众基础，在平时的日常管理过程中，能够调动村民共同参与社区治理活动。并且，在村民的认知中，居民小组长也是村干部的组成人员，他们不但拥有一定的管理权限，而且享有社区工资补贴。因此，社区日常管理主要依托于"社区干部－居民小组长"两级管理模式,在实际工作中,居民小组长参与了大量社区事务。①基础类工作。这主要是将国家下发的政策、通知、任务传达给村民,遇到村民咨询时给予解读。②协助类工作。这类工作在当地还是比较多的,特别是在征地拆迁、占地补偿、兴修公路等需要村民配合,以及帮助社区干部落实国家政策事务方面。③治理类工作。这类工作主要集中在纠纷调解、公共物品的使用等事项中。从这三类工作事务中我们可以看到,原本社区是自上而下最小的治理单元,乡村治理是社区干部面向村民的直接治理,但是在当地,小组长成为连接国家与社区、村民的纽带,在社区之下又形成了一个更小的治理单元。这种小组长管理模式能够发挥作用,是由乡村社区的特殊性决定的。经济欠发达地区的乡村社会在相当大程度上仍是"熟人社会",这种乡村社会的基层治理必须与熟人社会的运行逻辑相接洽,如果单纯用行政管理的逻辑可能并不能真正解决问题。通过小组长这样一个角色,就能将分散的村民组织起来,不仅使村庄政治运转的有效性得以凸显,也节约了乡村治理的成本。

其次是基层群众自治有了新发展。村民自治政策强调乡村基层社会治理中的村民角色及其作用。① 随着社会政治经济的发展,当下中国的农民有了更多的机会参与到乡村治理中。在今天广泛推行的农村社区化治理模式中,村民们不但真实地参与到了自治组织的民主选举活动中,而且在决定村庄事务,例如评定低保、五保等方面,也享有了更多的权利。

传统农村村落是一个相对封闭自足的系统,随着乡村的社区化转型,村庄日益卷入开放和流动的城镇化过程中,其中物业化治理是转型社区的重要治理方式。它在延续传统村级治理架构的基础上引入现代物业管理要素,优化了村级治理结构。社区业主委员会作为社区居民选举产生的群众自治组

---

① 与西方社会的乡村自治乃是自然生成而后被国家法律承认的路径不同,当代中国的村民自治自其开端,便具有国家立法授权的性质,即村民自治是基于国家难以通过单一的行政管理系统有效治理亿万分户经营的农民,而将部分治理权下放给基层,并在这一层次实行直接民主的方式治理。参见张帆《共同体重建:新世纪中国乡村自治政策的演进与升级》,载《社会科学战线》2019年第11期。

织，在社区治理中发挥了重要作用。X社区的居民小区是在三峡移民的背景下成立的，名为三峡移民小区，从2005年开始建设。在当时的移民过程中，很多家庭属于失地失房的"双淹户"。为了安置这部分村民，政府主导组织建房，对小区进行规划。经过2005年、2007年、2009年三轮移民，小区基本形成。考虑到小区环境问题比较突出，2011年下半年，社区干部召开业主委员会成立动员大会，小区住户作为代表参加本次会议，经过讨论同意成立X社区三峡移民小区业主委员会。从功能上来看，业主委员会是在社区三委领导下成立的，主要用于解决环境卫生方面问题的治理型自治组织。业主委员会由主任、副主任和楼长组成。在社区监督下，本楼居民投票产生楼长，业主委员会的选举与社区选举同步进行。主任和副主任主要负责招聘清洁工、监督和检查环境卫生、传达社区各种信息；楼长主要负责收取并上交物业费，配合防火防盗宣传，另外也可自愿参与小区工作。楼长会议一年召开一两次，由业主委员会主任召集。居民对小区管理有意见可以向主任、副主任或楼长提出。社区对业主委员会也会有基本考核，如卫生检查等。

X社区还有一个村民自治组织——老年人协会（当地人都称之为"老协"）。在过去，老年人协会在镇上才会成立。2004年社区王书记随同其他干部到浙江宁波考察学习，借鉴了当地老年人协会的经验，考虑到X社区老年人比较多，为了维护老年人合法权益，提高老年人社会福利水平，社区决定结合自身情况成立老年人协会。2008年，社区老年人协会在社区的推动扶持下正式成立。从性质上来说，老年人协会是在社区三委扶持下成立的老年人自治组织。老年人协会章程规定，凡本社区年满60周岁的老年人均可自愿参加。目前社区共有60岁以上老人500余人，其中有479人参加了老年人协会。其他的老人有的是机关事业单位离退休干部，参加了镇上机关事业单位离退休干部管理协会，有的是跟随子女进城生活没能参加，有的是确实不愿意参加。老年人协会接受社区委员会扶持，活动场所由社区提供，经费由入会成员缴纳，不足部分由社区补贴，水电费等由社区承担。另外，社区还专门聘请一名管理人员负责打扫卫生，为老年人在活动场所从事休闲娱乐活动提供服务。活动场所内配有电视、书报、杂志、棋牌、躺椅、按摩椅等，供老人平时休闲娱乐、健身交流。可以说老年人协会是老年人活动的基地，极大地丰富了社区内老人们的晚年生活。协会采用不同的方式关心老人，尤其是围绕身心健康展开活动。2015年，在区党史办资助下，由社区四个老师执笔，对90岁以上的老人进行走访，挖掘长寿秘诀，用以宣传和交流。老年人协会从2010年开始规范化运行，不但规范了财务管理，还成立了会员档案。协会的经费来源，由"会费+补贴"组成。协会会务由会长、出纳、组长（均来自老年人协会）共同管理，都不拿工资，无偿服务。会长的管理工作主要包括对社区委员会工作予以配合，每年组织召开两次会议，平时组织老年人开展活动、为老年人排忧解难，做好涉老纠纷调解工作，维护老年人合法权益。出纳主要负责管理老年人协会的财务。9名小组长由每组老年人推选，负责各组老年人与协会的衔接，主要包括会费的收取、给本组老人会员送福利、代表社区参加各组举办的寿宴或葬礼等。社区副书记是社区与老年人协会的专门对接人，主要负责了解老年人协会收支情况、人员情况，为老年人协会工作的正常开展提供保障。

在X社区的推动下，居民们参与基层治理的积极性相比以往有所增加，这与农村居民日益提升的权利意识和参与需求也有一定关系。可见，农村基层社会治理的有效展开，需要依靠广大群众的主体力量。

最后是集体经济运行方式的转变。X社区是在撤村并组的过程中建立的，但从社区的发展进程来说，仍然处于一种半社区管理模式，即呈现一半是农村、一半是城市的状态。村庄整合建立社区以后，对村民集体资源和集体收益的重新分配和管理，是社区经济活动的主要内容。其主要体现为以下几点。

其一，土地资源的重新分配。X社区共9组，目前只有1组和2组由于三峡移民或者失地原因在政府规划下住进楼房，其他几个小组仍然住在山上。从1982年到现在，当地土地经过了两轮承包。这期间，三峡工程占地、渝怀铁路占地、省高速公路占地、县二级公路占地等都对当地土地造成了一定的影响。从整体来看，政府在占地过程中对被占地村民进行了补偿。社区利用征地拆迁、山峡移民等项目，已经让社区大部分60岁以上的老人享受了失地养老保险。X 社区处于丘陵地带，各组土地的类型、面积、质量不均等，这就意味着在土地分配过程中要注意协调平衡。社区将土地分为四个等级，在土地分配过程中，好的地少分一点，人均六分地，差的地多分一点，人均一亩多一点。不过，在 2000 年第二轮打工经济兴起的背景下，村民对土地的依赖性并不强，所以对土地的需求并不明显，以自给自足为主。关于土地的流转，村民只是在私下对土地进行租借。

其二，"村财镇管"制度的实施。社区治理离不开行政工作性质的内容，例如户籍、拆迁、复垦等工作，体现了社区承担着实质性的行政管理职能，但在资金管理运作方面社区没有实质性权力。X 社区是由 4 个村 22 个小组合并而来的，各个小组的集体经济状况本来就不一样，特别是在经过三峡移民、省高速公路、渝怀铁路补偿后，各个小组的集体经济水平更是出现了极大的差异——占地越多，小组集体经济收益也就越多。在社区撤村并组的过程中，各组在建制上合并了，账却是分开的。基本的做法是原小组集体经济体量大的没有进行合账，原小组集体资产少的就进行了合账。从 2010 年开始，乡镇实施"村财镇管"，统一改为报账制，村级财务受到监督，极大地减少了村干部铺张浪费、乱开支的现象。X 社区实行"村财镇管"后，小组和社区的资金统一交由镇财政所进行管理。由于各小组保留着原有村集体的资产，因此小组的资金远远高于社区资金，对于小组资金的运用社区也没有管理的权限。在"村财镇管"模式下，社区和小组财务在所有权、使用权和决策权三权不变的前提下，由镇财政所进行统一监督管理，资金运用都要经过"申请－六个签字－报账－公示"等程序。从制度内容和现实实践来看，集体经济的管理更加公开透明。

其三，集体经济收入的支配。X 社区的集体经济收入来源主要包括六个方面：①门面租金；②社区的水厂；③社区的二级水库；④承包出去的果园；⑤承包出去的山坪塘；⑥教育方面的补助。这六项基本收入就是社区每年的收入来源，基本保持在 20 万元左右。社区的开支主要用于基础设施建设和服务方面：①道路维护；②春节慰问老人；③水厂投入；④补贴老年人协会；⑤补贴业主委员会；⑥其他方面的支出。社区每年的收入大约高于支出 7 万元，具体到每年，社区的账面资金会因为当年不同的项目而受到影响。分税制改革之后，国家和各地政府的财政资金开始以"专项"和"项目"的方式向下分配，"项目进村"成为国家从汲取型整合向赋予式整合转变的重要方式。当然，这些项目是需要社区自己争取的，最多的时候，社区在镇上的账面金额达到 200 多万元。在城镇化的背景下，X 社区依托"项目下乡"的政策也获得了一定的发展。

## 二 农村社区治理存在的问题

农村社区治理是国家治理在农村社区的具体实践，是在农村基层党组织的领导下，以农村社区居民自治为主，吸纳各种有生力量，联合多元主体协同参与基层治理的过程，旨在促进农村社区政治、经济、社会、文化、环境等领域的和谐发展。自实施农村社区建设以来，四川省 X 社区治理取得了一定成效，但依然存在乡村基层组织队伍建设和管理制度不完善，社区多元共治模式发展不成熟，社区发展内生动力不足、农民参与意识不强，基础设施不完善、服务供给不到位，产业发展元素单一，农村自主经济发展不足等问题。

### （一）乡村基层组织队伍建设不完善

乡村振兴是一项长期的系统工程。习近平同志在党的十九大报告中指出，实施乡村振兴战略，解决农业、农村、农民的"三农"问题是关键，坚持农业农村优先发展，巩固和完善农村基本经营制度，推进农业农村现代化。① 这一目标的实现离不开一支有组织、有能力、有干劲的基层队伍。为此，十九大报告特别强调要"培养造就一支懂农业、爱农村、爱农民的

---

① 参见习近平《决胜全面建成小康社会　夺取新时代中国特色社会主义伟大胜利——在中国共产党第十九次全国代表大会上的报告》，人民出版社，2017，第 32 页。

'三农'工作队伍"。① 合并村庄、推进农村社区建设，并不是简单地将几个行政村的人口、地域合并重组就能一蹴而就的，这一过程涉及人员的安置、土地的划分、资产的分配等方方面面的工作。在处理这些问题的过程中，需要基层党组织发挥主观能动性，提高社会管理和公共服务能力，善于协调处理人民内部矛盾，努力满足社区居民日常生产生活中多样化的需求。在队伍建设方面，X 社区目前仍然存在许多问题。

首先，党在农村社区的基层组织力量仍显薄弱。改革开放以来，随着打工热潮的兴起，农村大量年轻人外出务工，劳动力大规模转移。就 L 镇来说，2000 年之后，乡镇企业逐渐减少，公共设施也没有达到城镇化的应有水平，城镇现有的条件没有办法吸纳更多的劳动力留下来推进地方建设。相应地，党组织吸收优秀青年入党在客观上也受到一定影响。这导致基层组织力量薄弱，没有在农村社区治理中很好地发挥领导核心作用。

其次，社区干部配备不足，文化水平不高。目前的社区干部队伍作为新型农村社区建设管理的中坚力量，虽然也是经村民选出的有经验的"能人"，但普遍情况是干部文化水平偏低，与现代化的社会治理能力差距较大。与此同时，客观情势却发生了很大变化，经村庄合并重建的新型社区人数猛然增多，治理事务更加复杂，有些干部对社区治理的理念、模式以及建设方向的认识模糊。X 社区为满足建设需要也曾通过多种方式招聘人才。从 2009 年起，先后有四届 4 名大学生村官到 X 社区工作。考虑到大学生村官不太熟悉社区的具体情况，社区主要安排社区干部带着他们边学边干，同时也利用他们熟悉电脑的能力，安排做一些社区的资料整理工作。但是，由于无法解决编制问题，工资水平较低，这四名大学生村官最终都离开了 X 社区。这种持续性地不断招聘、不断离开的情况，使得社区工作者的综合素质无法得到真正提升，甚至出现了 X 社区村干部不再愿意接受大学生村官的情况。

---

① 参见习近平《决胜全面建成小康社会 夺取新时代中国特色社会主义伟大胜利——在中国共产党第十九次全国代表大会上的报告》，人民出版社，2017，第 32 页。

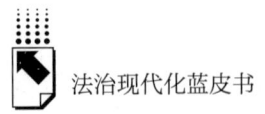

## （二）社区多元治理模式发展不成熟

浙江省绍兴市枫桥镇创造的多元主体参与基层社会治理的"枫桥经验"，在实践中为我们构建新农村社区治理模式提供了借鉴。党政推动是"枫桥经验"的政治优势，发动群众则是"枫桥经验"的核心要义。[①] 农村社区建设真正的治理主体是全体居民，居民实现治理的平台是社区；基层政府服务于社区，其他社会力量协同参与社区的建设和治理。多主体协同治理是社会治理的核心要义，社会参与是实现农村社区治理的重要依托。在实际调研时笔者发现，在社会力量参与方面，X 社区的社会组织发展不容乐观。虽然近年来，在 X 社区涌现了一批农业合作社、民办学校、老年人协会等社会组织，但与农村社区发展的要求相比，无论在种类上、数量上、规模上、配置上都存在一定差距，也阻碍了社区的进一步发展，无法满足社区居民对社会公共产品和公共服务的需要。

另外，支撑社区治理的资金统筹管理使用机制还未形成。X 社区是在三峡移民、省高速公路、渝怀铁路占地而撤村合并的移民过程中建立起来的，从村庄合并的效果来看，X 社区仍处于半社区化的管理模式中：一半已经由传统的乡村向现代新型社区转变，由分散居住向集中居住转变，逐渐实现了劳动力的非农转移，这使得原先的"熟人社会"慢慢变成了"半熟人社会"；另一半却仍处于农村状态，居民的生产生活方式并没有发生太多变化。但是在村庄合并的过程中，集体经济的账目仍然是分开的，在镇财政所设立了一个社区账户和九个小组账户。在获得政府占地补偿后，各个小组的经济收益水平出现了很大的差异。这种财政分管的局面，实际上不利于社区居民树立社区归属感、认同感，不利于社区的后续发展。目前社区建设和治理的主要资金来源是项目经费、果园和山坪塘承包费、社区商业用房收益等，收入基本用于社区建设和维护。但随着社区外来人口陆续入住，社区规

---

[①] 参见王昌荣《新时代"枫桥经验"的深刻意蕴——赴诸暨蹲点调研报告》，载《浙江日报》2018年6月11日，第6版。

模日趋扩大，社区服务和社区治理的难度和成本也在增加，因此在社区的经费来源方面也面临困难。目前，用社区经济组织的收益补贴社区治理经费的制度还未建立，社区群众自治组织的筹资能力有待加强，多元主体参与社区治理的资助机制也不完善。由于地理环境、宣传力度和治理机制等方面的原因，社会力量参与 X 社区治理的渠道不多，引入社会资金资助社区治理项目较少，支持基础设施建设、人才培养、服务体系建设的力度不足。

### （三）农村居民参与社区治理意识不强

在党中央大力推进乡村振兴战略的背景下，农村社区建设要发挥基层群众的自治作用。基层民众是农村社区治理的主体，也是实现基层有效治理的重要保障。只有形成广大群众对所在社区的归属感和认同感，才能充分调动他们参与乡村社区治理的积极性和主动性，通过群体文化凝聚和乡村治理实践，确立和巩固村民作为农村社区建设的主体地位，让其真正融入乡村发展与治理的过程中。

X 社区所在的原有村庄虽然不是以宗族为中心而形成的社群共同体，但熟人社会的基本关系状态是存在的。村庄合并打破了基于地缘建立起来的熟人关系网络，改变了村民们原有的以农耕为主的生活方式，降低了村民的组织化程度。居住条件由原来独门独院的开阔式空间变为一户一室的封闭式空间，增加了居民之间的距离感，减少了居民之间的文化和精神交流，在一定程度上也弱化了社区共同体的凝聚力。此外，X 社区的地理位置和形成背景的特殊性，导致社区居民分散的居住局面以及资金分管的情况，不仅不利于公共问题的解决，也导致居民之间关系的疏离，难以形成有效治理的社区共同体。这种缺乏社区归属感的现状不利于社区居民参与社区治理积极性的生成。

还有一个因素是，随着城镇化的推进、打工热潮的兴起，X 社区的年轻劳动力几乎都外出打工，形成了留守老人、留守妇女、留守儿童的"三留守"局面。这部分留守人群文化水平较低，收入水平有限，能力不高，参与社区建设的意识也不强。与此同时，外出打工的部分村民向往城市生活，打算或已经在城市定居，对社区建设更加缺乏主人翁精神，认为社区建设与自己无关。因此，村民对于社区建设表现出被动和无所谓的心态，自觉自愿的参与不多。

**（四）公共服务和社会保障体系不完善**

消除城乡二元差异、促进城乡均衡发展、实现公共服务均等化是新型农村社区建设的重要内容和目标。调研显示，合并后的 X 社区情况复杂，管理难度大，加之社区的工作人员能力有限，导致社区服务缺乏，未形成完善的公共服务体系。虽然在社区的号召下居民们成立了业主委员会，然而该业主委员会主要承担的是环境卫生方面的工作，工作范围和工作方式无法跟城市物业管理公司相提并论。随着城乡一体化和城镇化建设的发展，居民认知水平也随之提高，进而会产生对社区绿化、停车位、公共设施修缮等物业管理服务的需求。此外，在信息时代背景下，农村社区治理同样存在网络化管理需求，而现有的社区治理水平难以通过网络实现对社区公共服务事项的全面覆盖。

在社会保障方面，X 社区也存在体制不完善、行政强制性较强的问题，居民利益并未得到切实保障。X 社区的社会保险形式主要包括"新农合"、城镇居民医疗保险、农村/城镇居民养老保险、移民养老保险或者占地（失地）农民养老保险。"新农合"实施过程中存在以下一些问题：①购买具有行政强制性，往往作为社区硬性工作指标和绩效考核内容，而各地缴费金额、时间、报销范围和比例等规范的不统一，引发村民不满，导致对政府信任值降低；②以家庭为单位的办理方式加大了农民压力，而且每年费用递增，但事实上大部分村民很少能够享受到"新农合"的福利；③从补偿方面看，新型合作医疗以大病统筹为主，小病仍然是由村民个人支出，可以报销的门诊费也常被村民遗忘。在这种情况下，村民逐渐丧失了参加合作医疗的动力。

X 社区在通过土地置换养老保险的过程中还存在户口模糊、福利模糊的问题。其一，户口的模糊性。失地养老保险针对的仅仅是失地的非农户口，也就是说，非失地的农民若要享受这一养老保险，必须经历"农业户口－非农户口－所在地独户"的身份变化过程，这造成了当地户口管理的混乱，也使村民感到困扰。其二，福利的模糊性。对于享受失地养老保险的非失地农民来说，他们与真正的非农户口享受的待遇也存在差异。就目前来看，问题的弊病尚不突出，但如果政府后续对失地农民进行补偿，将导致公共资源分配的公平性问题。如若政府对农业户口进行补贴或给予福利，这部分已经不再是农村户口的村民是否享受，这些问题都为将来社区的管理埋下了隐患。

在低保方面，虽然社区经过核查解决了前些年存在的关系保、人情保问题，但通过走访我们发现，目前 X 社区仍存在以下问题。①低保实行两个标准。2010 年实行城乡统筹政策，当年社区是按照 460 元/月进行评议和补贴的，但此后此前的低保都是以 300 元/月进行的评议和补贴，并不享受 460 元/月的标准。政策不同，导致同等条件下的很多低保户享受的待遇不同。②以户为单位的评议标准不符合实际情况。当时办理移民/失地养老保险时，许多农户最终形成了独户，但实际家庭收入并没有分开。③懒人吃低保。很多低保成了懒人的避风港，对于这种情况，社区干部除了不断劝说教育，并没有更有效的避免方法。④有些家境不错的残疾人也享有低保，对此村民们有不公平的感受。⑤低保户常年不在家，实际情况无法核实。上述由各种原因导致的部分不符合低保条件的人员享受着低保待遇，导致了社会救助不公，长此以往将会激化干群矛盾和社会矛盾。

## 三 农村社区治理的完善对策

我国的农村社区建设要贯彻落实党的十八大、十八届三中全会、十八届四中全会、十九大和十九届四中全会精神，在党和政府的领导下，依靠基层民众的力量，整合各类资源，优化社区自治和服务功能，完善社区服务体系，促进农村社区政治、经济、文化、环境的协调健康发展，不断提高农村居民的生活水平和质量，努力构建新型的农村社区治理机制。

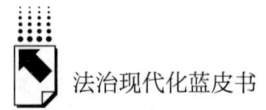

针对乡村振兴战略部署中 X 社区这种合并村庄类的社区建设，需要统筹考虑社区建设的背景，结合当地经济发展条件、人口状况及变动趋势、自然地理状况以及历史文化传统等因素，深入群众切实了解居民所需，解决民生问题，完善新建社区的基础设施和公共服务体系建设，联合社会力量共建社区文化，提高社区居民的归属感和认同感，发挥群众的主观能动性，同心打造社区共同体。目前，X 社区仍处于城镇化过程中，属于尚未完成社区转型的过渡社区形态。如何完善社区治理机制，实现对 X 社区的有效治理，实现十九大提出的乡村振兴的战略目标，本报告从社区的政治格局构建、经济格局构建、社会体系构建三个方面，尝试对促进社区政治、经济和社会的协同发展提出相应的建议。

### （一）改革农村社区的政治治理格局

我国尚处于社会主义初级阶段，需要党和政府发挥主导作用，做好顶层规划，给予政策指引，这样农村社区的建设和治理才能有效开展。当前，需要通过对现行农村社区的政治治理进行改革，来实现社区的科学、合理、有效治理。

第一，做好顶层政策支持，健全农村社区治理的法治化保障机制。农村社区治理法治化是全面推进依法治国的内在要求。党的十八届四中全会提出"推进基层治理法治化"，[1] 习近平总书记在十九大报告提出"加强农村基层基础工作，健全自治、法治、德治相结合的乡村治理体系"。[2] 因此，必须将农村社区治理全面纳入法治化轨道，加强基层法治机构建设，发挥基层党组织在全面推进依法治国中的战斗堡垒作用。农村社区治理法治化，是指治理主体在治理过程中要具有法治观念和法治方式，参与治理要有制度化的法治保障。其中，国家和地方相关法律法规的支持和引导是农村社区治理的重要驱动力。规范性文件的制定和细化，能够为农村社区建设和治理提供稳定

---

[1] 《中共中央关于全面推进依法治国若干重大问题的决定》，人民出版社，2014，第36页。
[2] 习近平：《决胜全面建成小康社会 夺取新时代中国特色社会主义伟大胜利——在中国共产党第十九次全国代表大会上的报告》，人民出版社，2017，第32页。

的制度支撑和保障。

针对农村社区建设和发展，要通过法律清理和法律修订，完善国家和地方既有的法律法规，依法确定乡镇政府与村（居）民委员会的权责边界，用法律调整治理主体之间的关系，厘清农村社区各个治理主体的职能定位、权利义务内容，做到有法可依；要认真贯彻实施《居民委员会组织法》和《村民委员会组织法》，给予基层自治组织充分的自我管理、自我监督、自我服务的自治地位。农村社区村（居）民委员会作为基层自治组织，要改变对政府的依附思维，发挥治理主体的主观能动性，增强自我管理、教育、监督和服务能力，同时加强新型农村社区村（居）民委员会和监督委员会建设，完善社区重大问题的民主决策和民主监督制度。基层民主的参与主体只有在党和国家大政方针指引下，充分运用法治、德治、自治相结合的方式实现社区治理，才能符合国家治理体系和治理能力现代化的要求。

第二，拓宽民主协商渠道，提高居民参与社区治理的自主意识。农村社区是基层民众展开日常生活、社会交往、文化娱乐的基本场所。通过发扬基层民主，落实民主选举、民主决策、民主管理、民主监督，方能实现乡村社区的有效治理。为此，要培养居民的家园意识，发动群众力量关心社区公共事业，提高居民参与社区治理的能动性，共同解决社区公共事务，形成一个农村社区治理共同体。

目前，X社区虽然强调全体村民应当参与本镇、本村、本组的治理活动，然而真实的情况往往是村民的参与性不足。尽管组织了村民参与村委会和业主委员会的选举，但选举之后，村民个体生产生活的分散性和主观能动性的缺失，导致村民事实上没有在日常生产生活中参与到社区公共事务中来。再加上社区大量劳动力外出务工，留守儿童、留守老人和留守妇女等三留守群体不具备参与公共事务的能力，从而导致村民自治变为村委会干部自治。这便造成了治理力量的单一和薄弱。因此，需要进一步建立和打通农村居民参与治理的渠道，拓展群众反映意见和建议的途径，将村民自治的理念、方式和机制贯穿于农村社区建设全过程和各个方面。具体而言，要依托村民会议、村民代表会议等议事载体，探索村民小组协商和管理公共事务的有效方式;注重把握外出发展人员和退休回乡人员参与农村社区治理的机会和形式,譬如可通过远程咨询的方式维护外出务工居民在社区的权益,听取他们的意见和建议;要努力帮助村民树立社区主人翁意识,通过开展形式多样的民主协商活动,逐步实现基层社会协商的常态化、规范化、制度化。

第三,构建适宜农村社区治理的选人用人机制,加强基层队伍建设。农村社区村(居)委会承担着基层政府的政策、指令在社区落实和执行的重要职能,在社区自治和建设中也扮演着领头羊的角色。优化选配社区"两委"领导班子,特别是选好用好基层党组织带头人,对推进基层服务型党组织建设、增强村党组织服务功能、健全和完善农村基层党组织引领农村社区建设的领导机制和工作机制有着决定性作用。一方面,要强化基层党组织队伍建设,加大发展农村青年党员工作力度,注意吸纳妇女入党,及时吸纳在地优秀人员加入党组织;要加强对乡镇干部、村两委成员和农村社区工作者的培训,提升基层干部和工作人员在社区治理工作中的能力;要采取多种有效方式鼓励和吸纳退伍军人、普通高校和职业学校毕业生以及各类优秀人才到农村社区工作,支持社区通过向社会公开招聘等方式配备专业人才。另一方面,面对社会结构不断碎片化和空心化,农村社区"三留人员"多、青壮年比例小的局面,需要通过搭建乡贤平台,强化措施吸引外出务工人员回乡创业兴业,参与家乡社区治理;鼓励退休乡贤回乡哺业,参与乡村发展,建言献策,提升乡村治理水平;注意发展妇女骨干,利用有知识、有口碑的妇女在乡村社区中的沟通能力,发挥她们在乡村治理中的潜力;完善乡村基础设施,将乡村打造成宜居之地,吸引外来有识之士致力于乡村社区建设;完善下派干部到农村社区任职、参与社区治理工作的常态化机制。

第四,整合多方力量,采取多种手段,推进农村社区法治化建设。基层党和政府有关部门应当注重加强农村社区法治建设,一方面自上而下地向农村社区输入法治力量支援,另一方面就地发掘农村社区内部潜在的知法懂法能人,推进农村社区治理的法治化。有关部门可以建立制度化的工作机制,派员定期指导农村社区开展各项法治活动;可以利用当地人力资源建立法律服务站,承担起矛盾纠纷预防和化解工作,完善农村社区法律援助制度,推进覆盖农村居民的公共法律服务体系建设。具体而言，在推进农村社区治理法治化的过程中，各地应组织司法机关工作人员定期开展送法下乡活动，通过和群众拉家常、谈心，拉近司法人员与基层社会的距离，推动法治理念在农村社区形成浓厚氛围；动员律师等法律服务机构人员参与到基层社区治理工作中来，建立社区法律顾问制度，为农村社区治理工作提供合法性意见和建议，同时也保证人民群众在遇到法律问题或者在权益受侵害时获得及时的法律帮助；在推进社区治理法治化的方式上，注重从传统手段向现代信息化手段的转变，充分利用各地已经广泛建立的综合治理网络平台，使之向农村社区延伸，让社区干部和社区群众都能够在线获得必要的法律支撑，同时使法治宣传教育借助网络平台获得更好的成效。

### （二）完善农村社区的经济治理格局

农村社区的经济发展与社会治理相辅相成。实现有效治理是乡村振兴的重要内容，农村经济的健康发展又能为社区治理提供坚实的物质基础。现阶段，完善农村社区治理需要加大对农村社区建设的资金支持力度，整合各类涉农资金、拓宽资金筹措渠道，在大力发展农村社区集体经济的同时吸纳社会资金的投入。

第一，盘活社区集体经济，实现集体经济快速发展。十九大报告提出要"深化农村集体产权制度改革，保障农民财产权益，壮大集体经济"，[1] 表明了发展农村集体经济是实施乡村振兴战略的基本路径。首先，要完善集体资产管理制度。农村集体资产管理问题是社区治理转型面临的重要问题之一，也是实现基层有效社会治理的根基。重新对村民集体经济收益进行合理分配和保证集体经济组织的可持续经营，是实现社区经济健康运行的关键。针对X社区合组不合账的现象，社区干部作为集体经济的管理者，要解放思想，破除陈旧观念，制定社区经济发展的长远规划，同时做好社区居民的思想工

---

[1] 习近平：《决胜全面建成小康社会 夺取新时代中国特色社会主义伟大胜利——在中国共产党第十九次全国代表大会上的报告》，人民出版社，2017，第32页。

作，采取有效措施提升居民对社区的认同感、归属感和集体荣誉感，动员社区群众合力发展农村社区集体经济。其次，对集体经济大力推进现代化经营方式。社区集体经济可持续发展的重点在于实施市场化运作，这就需要拓宽发展思路，从当地现实状况出发，用好集体的各种资源资产，确立符合当地现有条件的发展项目，实施专业的经营管理，力争以多种形式股份合作的方式把集体经济做大做强。

第二，拓宽资金来源渠道，建立多元化投资机制。发展集体经济，需要拓宽农村社区资金的来源渠道，建立多元化投资机制，解决农村社区建设"钱从哪里来"的问题。在农村社区治理资金的筹集上，一方面可采取"社区自筹、政府托底"的财政支持方式，另一方面还可以引入社会力量，创新农村社区公共服务的供给机制，制定和完善农村社区建设投资融资政策，在各级财政投入引导下，逐步建立起各级涉农资金、帮扶资金、社会捐助、商业投资等多元化的乡村社区建设投入机制。此外，要树立新型社区经营理念，采取市场化的手段，实施有偿冠名、场地租赁、合作开发等形式多样的筹资渠道，也可以通过倡导社会名人、在外同乡、成功企业家等以投资、捐赠、合作等方式回馈桑梓，援建家乡。

第三，培育农村多种类型的经济组织，拓宽增收渠道。目前，农村社区内大部分青壮年村民已不再局限于农业生产，其经济收入主要依赖于外出务工。但与此并存的情势是，许多村民通过在外打工积累了一定资金后，愿意回到社区重新开始稳定的生活。在当前农村社区随着城镇化改革的推进愈益具备良好生活环境的情况下，利用返乡村民及其收入积累，大力培育农村社区经济组织的成立，应该是一个对社区和村民个体双赢的发展思路。具体而言，其一，鉴于土地的碎片化经营无法产生规模化的经济效益，为优化土地资源配置，农民可以组建土地经营合作社、家庭农场、农业公司等各类土地经营性组织，充分挖掘农村土地的财产价值，使农民获取土地流转和经营的收益。其二，在农副产品经营方面，可以结合当地的水土、气候、传统农业经营优势和技术能力，成立各种农产品的专业合作社或农业企业，实现小农户和现代农业发展的有机衔接。在 X 社区，可以成立榨菜产业合作社、桑蚕养殖合作社，经营此类农副产品的种植、加工、销售等，为该社区的农业经济发展走出一条符合当地实际的创新之路。其三，鼓励企业和供销合作社完善农村社区商业网点和物流布局，引导经营性服务组织在农村社区开展连锁经营等。

### （三）创新农村社区的社会治理格局

城乡二元结构是制约城乡发展一体化的主要障碍。党的十八届三中全会提出"健全城乡发展一体化体制机制"，[①] 为此，统筹城乡基础设施建设和社区建设，健全和完善农村社区的公共服务体系和社会保障制度，消除城乡二元结构造成的差异，把各项公共服务事业落实到农村社区，实现城乡基本公共服务均等化，从而创新农村社区的社会治理格局，是新时代农村社区建设的明确方向。

第一，健全农村社区公共服务供给机制。现有的农村社区治理模式难以提供有效的社会公共服务，无法满足人民群众越来越高的社会公共产品需求。因此，面对农村社区治理的现实需要，需要继续着力改善农村生产生活条件。首先，要重视地方教育事业的发展。在 X 社区，村民们大部分还住在山上，除了社区的幼儿园、初中、高中可以住校，小学生没有安排住宿，造成山区孩子上学十分不便。因此，既要在切实改善学校内部教学条件、教育水平上花功夫，也要在当地教育事业的外部条件上肯投入。这就需要吸纳和支持社会力量为教育事业输血，鼓励发展民办教育、合作办学。同时，要注重与城镇教育体系加强联合建设，借助城市教育力量发展出面向农村的输入式教育模式。另外，在乡村社区，还要健全学前教育、特殊教育，普及高中教育保障机制。其次，改善社区基础设施，加强社区公共事务管理和服务。当前，农村社区存在物业管理需求明显供给不足的状况。这需要社区对已经成立的业主委员会给予支持，帮助业主委员会发挥出组织领导能力，同时动员社区居民和其他社会组织的力量共同参与社区治理，提升社区公共事

---

① 《中共中央关于全面深化改革若干重大问题的决定》，人民出版社，2013，第22页。

务管理和服务的供给能力。例如，建立生活垃圾集中处理点，从而减少生活垃圾污染；扩大绿化面积，改善社区的生态环境；完善对农村留守老人、儿童等特殊群体的关爱服务体系，实现学前教育、养老服务、残疾人帮扶的制度化、常态化；培育志愿者组织和妇女互助组织，利用居民本身的力量去满足社区共同需要和个体性的特殊需要，挖掘社会互助、互益的自治潜力。最后，在网络数据时代，现代信息技术应当成为基层农村社区实现有效治理的重要技术支持手段。然而，目前农村社区大多没有建立起与社会治理相关的网络平台，即使建成的也缺乏对日常信息的更新与维护。因此，农村社区治理主体要增强意识，提高运用现代技术手段进行社区治理的能力，完善农村社区治理的网络平台建设和管理机制，实现网络化管理对社区的全覆盖。

第二，完善农村社区的社会保障体系。在推进城乡一体化建设背景下，建立健全社会保障制度是社会民生事业的重要组成部分，也是农村社区治理工作的重要内容。对此，党的十九大报告明确指出，要按照"兜底线、织密网、建机制"的要求，全面建成覆盖全民、城乡统筹、权责清晰、保障适度、可持续的多层次社会保障体系"。[①] 首先，要完善城乡统筹的基本养老保险制度和医疗保险制度。一是建立城乡一体的社会保障体系，取消过多的限制条件，消除城乡二元的社会保障做法，使农村社区居民享受的社会保障条件与城镇居民等同，这是城乡一体化和农村城镇化建设的应有之义；二是对农村社区居民在基本养老保险和医疗保险政策上予以倾斜，对缴费困难的群体给予适当的优惠或补助，减轻农村社区居民的养老、医疗保险负担。其次，严格落实低保政策，建立和完善精准扶贫制度。一是全面开展低保对象认定工作，设定低保对象认定标准，对低保对象实行规范化管理，做到社区户户有档案，同时进一步规范低保申请、受理、审批、公示和资金发放程序，做到政策公开透明；二是建立居民家庭经济状况核对机制，加强对申请低保家庭的经济收入、财产状况核查，确保精准施保。为此，社区需要每年

---

[①] 习近平：《决胜全面建成小康社会 夺取新时代中国特色社会主义伟大胜利——在中国共产党第十九次全国代表大会上的报告》，人民出版社，2017，第47页。

都对乡村低保户进行专项排查清理，实现对低保户精准识别、精准帮扶。

　　第三，营造社区健康文化氛围，强化社区文化认同。传统的农村社会是熟人社会，以亲情、人情为基础，形成了以地缘和血缘为纽带的社会关系网。随着城镇化进程推进，农村社会原有的关系结构被打破，加之大量青壮年劳动力流向城市，基于血缘和地缘关系的认同纽带不断弱化。对于撤村并组后的转型社区居民来说，原有的村庄社会关系网在新社区被打乱，新建社区的居民更是进入了原子化疏离的生活空间。如何重建农村社区共同体，增强居民的社区认同感和归属感，实现社区融合，形成健康良善的社区文化，已经成为当前农村社区亟待解决的问题。为了强化农村社区居民的共同体意识，需要通过形式多样的公共活动搭建社区成员交往互动的平台，增加居民间的交流机会，加强社区文化建设，营造团结和睦的集体氛围。为此，可以援引城市文化机构、文化队伍进入农村社区开展"送文化"活动，同时更要注重鼓励和扶持农村社区群众自办文化活动，发展具有当地特色的农村社区文化。在这个过程中，可以专门开辟群众文体活动场地，支持农民兴办演出团体和其他文化团体，奖励和补贴农村基层文化项目，开展社区体育竞技活动，等等。只有通过"送文化"与"种文化"相结合的方式，丰富农村居民的文化生活，不断促进社区居民之间的交往和协作，才能提升居民的社区归属感，从而形成具有凝聚力的社区治理软环境。

# 年度事件报告
## Annual Events Report

## B.15
## 中国法治社会发展2019年度十大事件

丰 霏*

"中国法治社会发展年度十大事件"的评选和报告,是在中国法治现代化研究院开展的"年度十大法治事件"评选发布活动基础上,专门就法治社会发展议题进行的具体化拓展,旨在集中呈现我国法治社会发展过程中的年度影响力事件。"中国法治社会发展2019年度十大事件"的遴选和评定,由中国法治现代化研究院蓝皮书工作室执行。

### 一 党的十九届四中全会提出构建"社会治理共同体"

**事件概述**

2019年10月31日,中国共产党第十九届中央委员会第四次全体会

---

\* 丰霏,法学博士,中国法治现代化研究院研究员,南京师范大学法学院副教授。

议通过《关于坚持和完善中国特色社会主义制度推进国家治理体系和治理能力现代化若干重大问题的决定》（以下简称《决定》）。《决定》第九部分全面谋划"坚持和完善共建共治共享的社会治理制度，保持社会稳定、维护国家安全"，指出"社会治理是国家治理的重要方面。必须加强和创新社会治理，完善党委领导、政府负责、民主协商、社会协同、公众参与、法治保障、科技支撑的社会治理体系"，并特别提出"建设人人有责、人人尽责、人人享有的社会治理共同体"的法治社会建设方向。

《决定》提出"完善正确处理新形势下人民内部矛盾有效机制""完善社会治安防控体系""健全公共安全体制机制""构建基层社会治理新格局""完善国家安全体系"等五大重点任务。针对构建基层社会治理新格局，《决定》提出要"完善群众参与基层社会治理的制度化渠道。健全党组织领导的自治、法治、德治相结合的城乡基层治理体系，健全社区管理和服务机制，推行网格化管理和服务，发挥群团组织、社会组织作用，发挥行业协会商会自律功能，实现政府治理和社会调节、居民自治良性互动，夯实基层社会治理基础。加快推进市域社会治理现代化。推动社会治理和服务重心向基层下移，把更多资源下沉到基层，更好提供精准化、精细化服务。注重发挥家庭家教家风在基层社会治理中的重要作用。加强边疆治理，推进兴边富民"。

**法治意义**

"社会治理共同体"的提出，是对"新时代属于每一个人，每一个人都是新时代的见证者、开创者、建设者"这一时代要求的理论延伸，同时也是对以人民为中心的发展思想的具体阐发，是对我国国家制度和国家治理体系多方面显著优势的自信坚持和创新发展，体现了我们党对社会治理规律认识的不断深化与精准把握，具有鲜明的现实针对性和实践指导性，为新时代加强和创新社会治理指明了方向，以"人人有责、人人尽责、人人享有"的直观表述，鲜明地指引了我国法治社会建设中机制设计的基本路径。

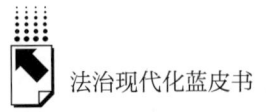

## 二 全国市域社会治理现代化试点全面启动

**事件概述**

2019年12月3日,全国市域社会治理现代化工作会议在京举行,会议根据中央政法委已研究制定的《全国市域社会治理现代化试点工作实施方案》《全国市域社会治理现代化试点工作指引》的要求,全面部署启动市域社会治理现代化试点。

会议强调,要积极构建市域社会治理新模式,不断提高市域社会治理现代化水平。第一,树立科学理念,增强市域社会治理引领力;第二,理顺纵向架构,增强市域社会治理统筹力;第三,完善横向体制,增强市域社会治理聚合力,通过体制创新、机制完善、制度建设,把分散的资源聚起来;第四,推进方式革新,增强市域社会治理驱动力。会议指出,要聚焦解决市域社会治理突出问题,不断提升市域社会治理效能:第一,主动破解社会矛盾外溢这一最突出的难题,提升市域社会稳定风险防范化解水平;第二,主动应对治安问题复杂多变这一最现实的挑战,提升市域公共安全风险防范化解水平;第三,主动补齐优质公共服务供给不足这一最明显的短板,提升市域公共服务水平。

会议指出,在构建市域社会治理新模式工作中要处理好"六个关系":第一,正确处理顶层设计与分层对接的关系,形成工作合力;第二,正确处理统筹推进与分类指导的关系,确保精准实施;第三,正确处理试点先行与面上推开的关系,增强示范效应;第四,正确处理制度创新与制度运行的关系,释放制度威力;第五,正确处理治理现代化与各有关工作能力的关系,提升治理能力;第六,正确处理立足当前与着眼长远的关系,确保善作善成。会议要求各地要抓紧抓好试点工作,并提出了四点具体要求:第一,起点要高,防止低水平重复建设;第二,靶向要准,坚持问题导向,精准发力、精准施策;第三,方法要新,所有地市都有机会参与其中,做到"成熟一批、验收一批、授牌一批";第四,带动要强,为本地区乃至全国创造更多可复制可推广的经验。

**法治意义**

市域在国家治理体系中具有承上启下的枢纽作用,树立系统融合、开放共治、包容协商、精细精致理念,理顺纵向架构、完善横向体制,充分发挥政治引领作用、自治基础作用、法治保障作用、德治先导作用、科技支撑作用,不断提高市域社会治理系统化、社会化、精细化、法治化、智能化水平,探索具有中国特色、市域特点、时代特征的社会治理新模式,是试点的主要任务。政府执政理念从管理向治理的转变包含着丰富的法治内涵。市域社会治理现代化试点提出的开放共治、包容协商、自治基础等要求,表明了政府从外在的社会管理者到内在的社会治理引领者和参与者,系统探索社会治理模式创新,消弭社会矛盾,实现长治久安的法治理念。试点采取开放模式,鼓励地方创新,将引发政府与社会的关系发生自下而上的深刻变革。

## 三 《中华人民共和国社区矫正法》获审议通过

**事件概述**

2019年12月28日,十三届全国人大常委会第十五次会议表决通过了《中华人民共和国社区矫正法》(以下简称《社区矫正法》),这是我国首次就社区矫正工作进行专门立法。司法部社区矫正管理局主要领导表示,《社区矫正法》的制定出台十分尊重基层的首创精神,将社区矫正工作实践中一些成功有效的做法固定下来上升为法律制度。

《社区矫正法》共9章63条,将于2020年7月1日起施行。与以前的相关制度相比,该法在内容上有几个突出的方面。一是明确了社区矫正的工作原则和目标。社区矫正适用的四类人员都要经过评估没有再犯罪的危险,对所居住的社区也没有重大的不良影响。二是鼓励和引导社会力量参与社区矫正。《社区矫正法》规定:国家鼓励和支持企业事业单位、社会组织、志愿者参与社区矫正;居委会、村委会可以引导志愿者和社区群众,利用社区资源,通过多种形式进行教育帮扶;社区矫正机构可以通过公开择优购买服务、项目委托的方式，委托社会组织提供心理辅导、社会关系改善等专业化帮扶等。三是充分利用现代科技手段，提高社区矫正信息化水平。《社区矫正法》就信息化核查、使用电子定位装置等做出专门规定，为运用现代信息技术加强对矫正对象的监督管理和教育帮扶提供了法律依据。四是充分考虑社区矫正对象的个体特征、日常表现等因素，因人施教，实施个别化矫正。《社区矫正法》明确规定，社区矫正机构应当根据矫正对象的情况为其确定矫正小组，负责落实相应的矫正方案。要把矫正小组作为社区矫正工作的重要抓手，对矫正对象实施有效管理，组织其参加社会公益活动，修复社会关系，培养社会责任感。此外，在有关部门和机关之间工作的衔接配合、依法矫正社区矫正对象并保护其合法权益，以及未成年人的社区矫正等方面，《社区矫正法》也做了规定。

**法治意义**

社区矫正工作是与法治社会建设和社会治理实践密切相关的具体任务。社区矫正作为一种非监禁刑罚执行方式，体现着刑罚人道主义和教育刑的刑罚理念，《社区矫正法》不仅保障刑罚理念的充分实现，有效促进犯罪人回归社会，而且通过社会组织和社会公众的广泛参与，把刑罚人道主义、社会包容、共治共享等法治社会的基本理念传递给每一个社会成员，对于法治国家建设具有重要意义。

## 四 "江苏省法治社会建设指标体系"全面试行

**事件概述**

2019年2月19日，经中共江苏省委全面依法治省委员会第一次会议审议通过，《法治社会建设指标体系（试行）》（以下简称《指标体系》）在江苏省全面试行。

为贯彻党的十八届四中全会"坚持法治国家、法治政府、法治社会一体建设"重大决策，落实"法治政府、法治市场、法治社会建设共同推进"重要部署，2015年10月，江苏省司法厅、江苏省法宣办组织专门力量研究制定了《指标体系》。通过2年多的试点测试、全面测试、专家论证及调查验证,修改完善后的《指标体系》按照党的十八届四中全会所确定的推动全社会树立法治意识、推进多层次多领域依法治理、建设完备的法律服务体系、健全依法维权和化解纠纷机制等法治社会建设四大基本任务,充分对接区域法治建设相关指标,紧扣法治社会建设要求,明确了5个一级指标、17个二级指标、59个三级指标,涉及矛盾纠纷排查调处、公共法律服务、特殊人群服务管理、法治宣传教育等法治社会建设重点工作,填补了国内法治社会评价评估体系空白。2018年5月,司法部、全国普法办批复同意在江苏试行《指标体系》。

**法治意义**

《指标体系》的全面试点推广,使法治社会建设的内在要求和外在体现均可量化、可操作化、可评估化,对于增强区域法治、法治政府、法治社会一体建设的主动性、预见性、精准性,对于充分发挥司法行政的服务性、社会性的职能特点,对于促进自治、法治、德治的基层社会治理模式完善,推动法治社会共建共治共享,具有实践创新意义,不仅有利于提升江苏法治社会建设的科学性、规范性,而且有利于打造法治社会建设可复制、可推广的江苏经验。

## 五 《关于加强和改进乡村治理的指导意见》印发施行

**事件概述**

2019年6月23日,为深入贯彻落实党的十九大精神和《中共中央 国务院关于实施乡村振兴战略的意见》部署要求,推进乡村治理体系和治理能力现代化,夯实乡村振兴基层基础,中共中央办公厅、国务院办公厅印发《关于加强和改进乡村治理的指导意见》(以下简称《意见》),并发出通知,要求各地区各部门结合实际认真贯彻落实。

《意见》明确了加强和改进乡村治理的总体目标:到2020年,现代乡村治理的制度框架和政策体系基本形成,农村基层党组织更好发挥战斗堡垒

作用，以党组织为领导的农村基层组织建设明显加强，村民自治实践进一步深化，村级议事协商制度进一步健全，乡村治理体系进一步完善；到2035年，乡村公共服务、公共管理、公共安全保障水平显著提高，党组织领导的自治、法治、德治相结合的乡村治理体系更加完善，乡村社会治理有效、充满活力、和谐有序，乡村治理体系和治理能力基本实现现代化。

《意见》提出完善村党组织领导乡村治理的体制机制、发挥党员在乡村治理中的先锋模范作用、规范村级组织工作事务、增强村民自治组织能力、丰富村民议事协商形式、全面实施村级事务阳光工程、积极培育和践行社会主义核心价值观、实施乡风文明培育行动、发挥道德模范引领作用、加强农村文化引领、推进法治乡村建设、加强平安乡村建设、健全乡村矛盾纠纷调处化解机制、加大基层小微权力腐败惩治力度、加强农村法律服务供给、支持多方主体参与乡村治理、提升乡镇和村为农服务能力等17项主要任务。

**法治意义**

乡村治理是国家治理的基石，实现乡村有效治理是乡村振兴的重要内容。《意见》尝试综合利用现代治理手段和传统治理资源，把自治、法治、德治很好地结合起来，积极搭建多方参与治理的平台和渠道，鼓励引导社会和公众共建共治共享，推动政府治理、社会调节、基层群众自治实现良性互动，以党建统领全局，以自治为基础，以法治为根本，以德治为引领，建立健全党委领导、政府负责、社会协同、公众参与、法治保障、科技支撑的现代乡村社会治理体制。《意见》是实施乡村振兴战略的一个重要配套性文件，对当前和今后一个时期的全国乡村治理工作做了全面部署安排。

## 六 《关于加快推进公共法律服务体系建设的意见》印发施行

**事件概述**

2019年7月10日，为加快推进公共法律服务体系建设，全面提升公共法律服务能力和水平，中共中央办公厅、国务院办公厅印发了《关于加快推进公共法律服务体系建设的意见》（以下简称《意见》），并发出通知，要求各地区各部门结合实际认真贯彻落实。

《意见》提出，加快推进公共法律服务体系建设的主要目标是："到 2022 年，基本形成覆盖城乡、便捷高效、均等普惠的现代公共法律服务体系。公共法律服务体制机制不断完善，服务平台功能有效发挥，服务网络设施全面覆盖、互联互通，公共法律服务标准化规范化体系基本形成，城乡基本公共法律服务均等化持续推进，人民群众享有的基本公共法律服务质量和水平日益提升。到 2035 年，基本形成与法治国家、法治政府、法治社会基本建成目标相适应的公共法律服务体系。公共法律服务网络全面覆盖、服务机制更加健全、服务供给优质高效、服务保障坚实有力，基本公共法律服务均衡发展基本实现，法律服务的群众满意度和社会公信力显著提升，人民群众共享公共法律服务成果基本实现。"

《意见》从四个方面提出了重点任务和具体要求：一是推进基本公共法律服务均衡发展，均衡配置城乡基本公共法律服务资源，加强欠发达地区公共法律服务建设，保障特殊群体的基本公共法律服务权益；二是促进公共法律服务多元化专业化，积极为促进经济高质量发展、促进党政机关依法全面履行职能、促进司法公正和社会公平正义、国家重大经贸活动和全方位对外开放提供法律服务；三是创新公共法律服务管理体制和工作机制，建立统筹协调机制，健全管理机制，推进公共法律服务平台建设，建立健全评价机制；四是加大保障力度，推进制度建设，加强队伍建设，强化经费保障，加强科技保障。

**法治意义**

公共法律服务是政府公共职能的重要组成部分，是保障和改善民生的重要举措，是全面依法治国的基础性、服务性和保障性工作，也是法治社会建设的重要任务。推进公共法律服务体系建设，对于更好满足广大人民群众日益增长的美好生活需要，提高国家治理体系和治理能力现代化水平具有重要意义。《意见》的出台，是坚持以习近平新时代中国特色社会主义思想为指导，贯彻落实党的十九大和十九届二中、三中全会精神的重大举措，对于更好满足人民群众多层次、多领域、多样化、高品质法律服务需求具有重要意义。

## 七 《全面深化司法行政改革纲要（2018~2022年）》印发施行

**事件概述**

2019年1月11日，司法部印发《全面深化司法行政改革纲要（2018~2022年）》（以下简称《纲要》）。

《纲要》分三大部分。第一部分为"全面深化司法行政改革的总体要求"，明确了指导思想、基本原则、总体目标。第二部分是"全面深化司法行政改革的主要任务"，从10个方面提出了46大项改革任务，涵盖持续强化政治机关建设，完善司法行政系统机构职能体系，加快推进法治政府建设，完善行政立法体制机制，统筹推进行政执法体制机制改革，健全完善刑事执行体制，建设完备的公共法律服务体系，大力发展涉外法律服务业、建立健全国际法治交流与合作工作机制，完善司法行政保障机制，健全完善司法行政系统队伍政治建设和革命化正规化专业化职业化建设长效机制等方面，每方面任务都规定了具体改革举措，努力做到改革举措可细化、可操作、可评价。第三部分是"深入扎实抓好改革落实工作"，从加强组织领导、强化督促落实和加强宣传引导等3个方面提出了具体保障和落实要求。

**法治意义**

司法行政机关是当前我国推进法治社会建设的主要具体工作部门，尤其是地方各级司法行政机关担负着法治宣传教育、法律服务体系建设、社会纠纷防范化解等多项法治社会建设和社会治理创新领域中的具体工作任务。《纲要》立足于重新组建后的司法行政机关职责和使命，全面发力、精准施策，在更高起点上谋划和推进司法行政各项工作的改革发展，为今后一个时期全面深化司法行政改革做出了顶层设计和总体部署，为司法行政改革工作开启新篇章、开创新局面明确了路线图和施工图。

## 八 《关于加强综合治理 从源头切实解决执行难问题的意见》印发施行

**事件概述**

2019年7月14日，经中央依法治国委领导批准，中央全面依法治国委员会印发《关于加强综合治理 从源头切实解决执行难问题的意见》（以下简称《意见》）。

《意见》分为五个部分，就加强综合治理、从源头切实解决执行难问题提出了20项具体要求。《意见》第一部分明确了解决执行难问题的重要意义，肯定了三年来执行工作取得的显著成效，并强调各地区各有关部门要坚持以习近平新时代中国特色社会主义思想为指导，加大工作力度，强化责任落实，形成强大工作合力，确保完成党中央提出的"切实解决执行难"的目标任务。第二部分从健全网络执行查控系统、建立健全查找被执行人协作联动机制、加快推进失信被执行人信息共享工作、完善失信被执行人联合惩戒机制、强化对公职人员信用监督、加大对拒执罪等违法犯罪行为打击力度等六个方面加快推进执行联动机制建设。第三部分从推进执行信息化建设、提升执行规范化水平、加大强制执行力度、创新和拓展执行措施、完善执行工作机制等五个方面对加强和改进人民法院执行工作提出具体要求。第四部分提出要强化执行难源头治理制度建设，主要包括加快社会信用体系建设、完善市场退出工作制度机制、完善司法救助制度、完善责任保险体系、完善相关法律制度等五个方面。第五部分提出全面加强组织领导和工作保障，主要对加强组织领导、健全执行工作部门协作联动机制、加强执行队伍建设、加强舆论宣传工作等四个方面的工作进行了部署。

《意见》提出，各有关部门要尽快完成与国家"互联网＋监管"系统及全国信用信息共享平台联合惩戒系统的联通对接和信息共享，将人民法院发布的失信被执行人名单信息嵌入本单位"互联网＋监管"系统以及管理、审批工作系统中，实现自动比对、自动监督，自动采取拦截、惩戒措施。要建立执行联动考核机制，对失信被执行人信用监督、警示和惩戒机制落实情况，开展专项检查，加大考核和问责力度。另外，为加强和规范人民法院执行调查工作，深入查找失信被执行人下落，《意见》提出要明确电信企业可以配合调取信息的范围，规范配合调取的程序，为人民法院依法向电信企业调取失信被执行人数据提供了制度依据。《意见》还提出要强化对公职人员的信用监督，加大对党员、公职人员拒不履行生效法律文书以及非法干预、妨害执行等行为的责任追究力度。《意见》在加强失信被执行人联合惩戒工作的同时，还着重强调要规范失信名单的使用，完善纠错、救济机制，依法保护失信被执行人的合法权益。

**法治意义**

人民法院执行工作是依靠国家强制力确保法律全面正确实施的重要手段，是维护人民群众合法权益、实现社会公平正义的关键环节。执行难成因复杂，是各种社会问题和矛盾叠加、交织的集中体现，与社会诚信体系建设、市场主体抗风险能力及退出机制等因素密切相关。《意见》强化源头治理，加快社会信用体系建设，提高失信者的违法成本，提出通过完善市场主体有序退出，完善司法救助制度、责任保险体系及相关法律制度等方式，妥善解决无财产可供执行的"执行不能"案件，对我国经济社会发展和信用社会建设具有十分重要的意义。

## 九 《2019年全国普法依法治理工作要点》印发施行

**事件概述**

2019年3月29日，全国普法办公室印发《2019年全国普法依法治理工作要点》（以下简称《工作要点》）。

《工作要点》指出，2019年是新中国成立70周年，是深入学习贯彻习近平新时代中国特色社会主义思想和党的十九大精神的重要一年，是决胜全面建成小康社会的关键一年。全国普法依法治理工作的总体要求是：坚持以习近平新时代中国特色社会主义思想为指导，深入贯彻落实党的十九大和十九届二中、三中全会精神，紧紧围绕党和国家工作大局开展普法依法治理，着力落实"谁执法谁普法"普法责任制，着力开展基层依法治理，着力建设"智慧普法"，推动"七五"普法规划全面落实，提高新时代全民普法的实效性，提高人民群众对法治宣传工作的满意度，努力营造和谐稳定社会环境和良好法治环境。

《工作要点》围绕党和国家工作大局开展普法依法治理工作，针对推进社会主义法治文化建设、推动"谁执法谁普法"普法责任制落实、推进多层次多领域依法治理、落实中央全面依法治国委员会及其守法普法协调小组交办的相关工作、提高人民群众对普法依法治理工作的满意度等方面部署了全国普法依法治理工作。

**法治意义**

普法依法治理是全面依法治国、建设法治中国的重要方面，是法治社会发展和社会治理创新的具体内容，《工作要点》的发布有助于推动普法依法治理各项任务落到实处，有利于弘扬社会主义法治精神，建设社会主义法治文化，增强全社会厉行法治的积极性和主动性，形成守法光荣、违法可耻的社会氛围，使全体人民都成为社会主义法治的忠实崇尚者、自觉遵守者、坚定捍卫者。

## 十 中国仲裁公信力评估报告首次发布

**事件概述**

2019年5月31日，由中国政法大学和法制日报联合主办的中国仲裁公信力评估报告发布会暨第二届仲裁公信力论坛在北京举行。国内首份仲裁公信力评估研究报告在此次会议发布。

"仲裁公信力评估"项目旨在衡量中国仲裁公信力建设状况、评估以仲裁机构为主导的仲裁服务整体状况、反映市场主体对仲裁的信任和信心、记录仲裁事业发展真实轨迹。该项目通过调查研究学术科研，提出仲裁公信力建设可参考的质量评估体系，并量化为实践中可以操作施行的具体指标体系，是对《仲裁法》贯彻试实施效果的量化检测。

"仲裁公信力评估"结果显示，公布的50家代表仲裁机构仲裁公信力平均得分为73.5分，最低为60.0分，27家机构分数在平均分以上，这表明我国仲裁公信力整体在合格以上，但仍有进一步提高的空间。其中，中国国际经济贸易委员会以87.9分位列第一，距离满分还差12.1分，表明我国优秀的仲裁机构已经取得较高的公信力，但仍需持续努力建设，而最高分与最低分之间分差为27.9分，意味着我国仲裁机构公信力建设存在较大差异。

**法治意义**

仲裁制度是我国化解社会矛盾纠纷制度体系的重要组成部分，属于社会自我解纷的重要机制。仲裁活动的公信力水平直接关系到法治社会发展的成效。中国仲裁公信力评估报告的发布，以公信力评估作为推动我国仲裁事业发展的基本方式，是加强社会监督的重要手段，既有助于仲裁机构对标体检，也有助于仲裁用户选择优秀的仲裁机构，还将为仲裁法的修改和完善提供有力支撑，有利于推动完善我国仲裁法律制度，优化法治社会环境，加强仲裁机构和仲裁员队伍建设，提高仲裁的现代化、专业化、国际化水平。

# Contents

## Ⅰ  General Report

B. 1  Development of Rule of Law in Society General Report 2019
                              *Wu Huan, Zhou Zhuohan* / 001

**Abstract:** Under the guidance of the top-level design of the development of rule of law in society in the new era, China's rule of law in society construction made significant progress in 2019. The construction of the publicity and education system of the rule of law developed in depth. The forms and contents of law popularization were more abundant. The achievements of social integrity and civic ethics were outstanding. The construction of law popularization teams was continuously strengthened. Public legal services became more perfect. The service system was improved. The service content was more professional. The system and mechanism were more optimized. And the organizational guarantee was more powerful. There were more highlights in the area of the resolution of conflicts and disputes. The dispute resolution system was further improved. The means of dispute resolution were diversified. And the overall social order situation was better. The innovation of grassroots social governance was promoted in depth. The participants of social governance became more diversified. The "New Fengqiao Experience" continued to be the lead. And the effectiveness of governance according to law was remarkable. In short, China's rule of law in society construction in 2019 achieved remarkable improvements in strengthening the Communist Party of China's leadership, strengthening the people's dominant position, refining governance programs and innovative construction measures, which effectively promoted the social governance system and governance capabilities modernization in the new era. Looking to the future, the rule of law in society in China needs to be further problem-oriented to achieve innovative developments.

**Keywords**: Rule of Law in Society; Publicity and Education of the Rule of Law; Public Legal Services; Grassroots Social Governance; Social Governance Community

## II  Local Reports · Jiangsu

B.2  Report on Publicity and Education of Rule of Law in
Jiangsu Province                                          Yin Peipei / 058

**Abstract**: In 2019, Jiangsu Province solidly promoted the publicity and education work of rule of law, continuously improved the rule of law publicity and education system, actively implemented the responsibility system of "those who enforce the law should popularize it", innovated the law popularization method, strengthened the rule of law publicity and education carrier construction, achieved full coverage of law popularization based on the grassroots, formed a joint force of publicity and education of the rule of law, made remarkable progress on the work of propaganda and education of the rule of law on the whole. It laid down a solid foundation for the successful completion of the "Seventh Five-Year Plan" for the Popularization of Law. All cities of Jiangsu Province actively explored innovations as to the popularization of law. Among them, Nantong City, Yangzhou City, Lishui District of Nanjing, Zhangjiagang City of Suzhou, Yangzhong City of Zhenjiang achieved outstanding work highlights, which were of typical reference significance. At the same time, Jiangsu also faced problems such as the need to further improve the system of rule of law publicity and education, the need to further diversify the form of popularization of law, the relative lack of professionals in rule of law publicity and education, and the incomplete evaluation and evaluation mechanism of rule of law publicity and education. In the future, Jiangsu should strengthen the construction of institutional system, innovate the form of law popularization, strengthen the guarantee of law popularization, exert the power of social organization, and form a joint force of law popularization for all people, to further promote the publicity and education of the rule of law in Jiangsu Province.

**Keywords**: Publicity and Education of Rule of Law; Responsibility System of Law Popularization; Law Popularization Methods; Carrier Construction

B. 3　Report on Public Legal Service in Jiangsu Province

*Yin Peipei* / 082

**Abstract**: In 2019, Jiangsu Province actively promoted public legal services and made outstanding progress in many areas. The institutionalization construction of the public service legal system was continuously strengthened. The service system grid and the level of intelligent management were continuously improved. The social participation was significantly improved. And the service guarantee measures were fully put in place. At the same time, there were still some problems, such as the imbalanced allocation of public legal service resources, the lack of awareness of the rights of the rule of law among some people, and the lack of basic legal service capabilities. Therefore, it was necessary to further integrate the resources of all parties, to promote the allocation of public legal service resources to less developed regions; to further consolidate the public legal services guarantee system, to build a strong implementation mechanism; and to promote the diversification and precision of legal service supply by taking multiple measures.

**Keywords**: Legal Services; Service Platform; Service Guarantee

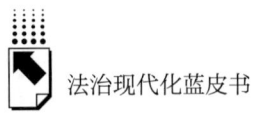

B.4  Report on Dispute and Conflict Resolution    *Han Yuting* / 097

**Abstract**: In 2019, Jiangsu Province strictly implemented the basic requirement of "putting the non-litigation dispute resolution mechanism in front", continuously deepened the diversified dispute resolution mechanism in the whole province, and promoted the establishment of a set of layered progressive and cohesive supporting dispute resolution system. By improving the construction of a docking platform for the resolution of multiple disputes, perfecting the docking work mechanism, and strengthening the guarantee of docking work, etc., Jiangsu promoted the professional development of diversified dispute resolution model, and explored the formation of "Jiangsu Experience" on using legal methods to resolve social conflicts.

**Keywords**: Dispute Resolution; Litigation; Non-litigation; Jiangsu Experience

B.5  Report on Grassroots Social Governance    *Han Yuting* / 110

**Abstract**: In 2019, Jiangsu Province strictly implemented the basic requirement of "putting the non-litigation dispute resolution mechanism in front", continuously deepened the diversified dispute resolution mechanism in the whole province, promoted the establishment of a set of layered progressive and cohesive supporting dispute resolution system. By improving the construction of a docking platform for the resolution of multiple disputes, perfecting the docking work mechanism, and strengthening the guarantee of docking work, etc., Jiangsu promoted the professional development of diversified dispute resolution model, and explored the formation of "Jiangsu Experience" on using legal methods to resolve social conflicts.

**Keywords**: Grassroots Governance; Social Governance; Jiangsu Experience

## III  Special Reports

B.6  The Unfolding of "Fengqiao Experience" in the New Era
in Yuhang Social Governance  *Yu Zhaofei* / 126

**Abstract:** Hangzhou is the main place for the practice, innovation and promotion of the "Fengqiao Experience" in the new era. As the emerging urban area of Hangzhou, Yuhang District is the cradle of a series of typical experience collection groups and working models of the "Fengqiao Experience" and the online "Fengqiao Experience". In the complex social development process, with the rapid development of urban and rural integration, the contradictions and problems in the economic development and social governance of Yuhang District have firstly emerged. For instance, with the intensification of the economic interest conflicts, the issues become more and more obvious, such as grassroots governments don't have enough social governance resources, only with single management method, and the ability of grassroots organizations in social governance is weakening, etc. As a pilot area of social governance modernization in Hangzhou, Yuhang District must accelerate the exploration of key links and key areas of grassroots social governance, strengthen the cooperation and coordination of grassroots party committees and governments, resident's committee and villager's committee, social organizations and other diverse subjects, strive to optimize the interaction mechanism between the villages and towns government's management power and the villagers' autonomy rights, and build a better social governance new pattern of co-building, co-governance and sharing.

**Keywords:** "Fengqiao Experience" in the New Era; Urban Governance; "All-fields Governance" in Yuhang District; Grassroots Governance

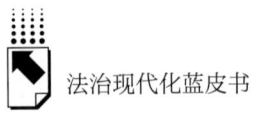

## B.7 People's Mediation System in Social Transformation
### —Based on Sociological Analysis of the People's Mediation Work in D City

Sun Shuyan, Meng Xingyu / 151

**Abstract**: People's mediation is an important part of China's grassroots dispute resolution system. It is of great significance to the harmonious and stable development of society. Under the background of social transformation, the basic pattern of disputes and conflicts in grassroots society has undergone subtle changes compared with ten years ago. Recognizing these changes can help to grasp social development trends and directions, and help people's mediation work to better adapt to social development needs. The market economy has brought about the complication and diversification of disputes and conflicts. The disintegration of traditional villages has brought about people's doubts about the legitimacy of people's mediation. And the high degree of segregation in the legal services market leads to the embarrassing position of the people's mediation. To solve the above issues, it requires both theoretical analysis and practical exploration. D City has made active explorations in the construction of the people's mediation team, the combination of mediation standardization and flexibility, the construction of the network system of the people's mediation organization, and the creation of a good grassroots legal service ecosystem. The enlightenment given by the people's mediation work experience in D City is to clearly adhere to the public welfare positioning of people's mediation, to further expand the connotation of people's mediation, and to promote the construction of a diverse dispute resolution mechanism for people's mediation.

**Keywords**: Social Transformation; People's Mediation; Disputes and Conflicts; Grand Mediation; Diversified Dispute Resolution Mechanism

B. 8 "Fengqiao Experience" in the New Era and Gridded
Social Governance　　　　　　　　　　　　　　　Lei Ao / 167

**Abstract**: Gridded governance is one of the important methods of the social governance reform in China in the new era. Its innovation is reflected in the transformation from traditional unary governance to modern multiple governance, the use of refined governance methods and the introduction of information technology, etc. In the context of the continuous development of the Fengqiao Experience in the new era, the connotation of gridded management is also constantly enriched. Viewing from the perspective of the legalization of grassroots governance, there are still certain deficiencies in the degree of legalization of the gridded social governance. The governance subject's idea of rule of law needs to be further strengthened. The awareness of rule of law of the community residents needs to be further improved. The legislation related to gridded governance is lagging behind. The social supervision mechanism is not perfect. And the evaluation mechanism also needs to be improved. Therefore, we should strengthen the propaganda of rule of law, shape the community's legal culture; promote the legislative work of gridded governance, establish and improve the system of gridded governance; improve the supervision and evaluation mechanism and the accountability system; enhance the autonomy advantages of grassroots organizations, and stimulate development vitality of grassroots organizations.

**Keywords**: "Fengqiao Experience"; Gridding; Social Governance; Legalization


B. 9 Localized Practice of "Fengqiao Experience" in Jiuzhi
County, Qinghai Province　　　　　　　　　　Wang Liming / 183

**Abstract**: In the localized practice of "Fengqiao Experience", Jiuzhi County, Guoluo Tibetan Autonomous Prefecture, Qinghai Province has mainly established and improved the linkage mediation model, the operational mechanism for disputes investigation and resolution, the on-site forensic information construction, and the registration and management of foreign migrants. Based on this, Jiuzhi County has also implemented the basic requirements of "four knowledge, four cleansing, and four masters", strictly regulated selective criteria, implemented good governance, and innovated working mechanism in the localized practice of "Fengqiao Experience", through which the "ten household head system" has been innovated. Facing the increasing difficulty of social governance and the inconsistency of the "great mediation" system for conflicts and disputes, the localized practice of "Fengqiao Experience" in Jiuzhi County needs to further strengthen organizational construction, to integrate resources from all parties, and to realize the transformation of research paradigm and the construction of supporting systems and mechanisms.

**Keywords**: "Fengqiao Experience"; Jiuzhi County; Localization; Ten Household Head System

B.10 Practice and Thought on the Construction of Grassroots Social Governance Model Police Station
—From the Perspective of the Creation of "Fengqiao Police Station"
Zhang Zenan / 195

**Abstract**: Public security police stations are grassroots agencies of public security units in China. Their governance performance has a profound impact on the overall level of social governance. The governance practice of the police station carries four important functions: to promote grassroots social governance innovation, to improve grassroots social governance efficiency, to optimize the grassroots social governance pattern, and to respond to grassroots social governance needs. The empirical investigation, taking Baiguan Police Station of the Public Security Bureau of Shaoxing City as a typical sample, shows that the practical experience of the "Fengqiao Public Security Police Station" mainly includes the improvement of social risk prevention and control capabilities, shaping the new pattern of joint community construction and joint community governance, highlighting the attributes of social public services and strengthening team building. At present, grassroots police stations are also faced with problems such as complex and volatile social conditions, great pressure on social security, improving the comprehensive quality of civilian police and team building. Therefore, we should adhere to the guidance of party building, improve risk prevention and control mechanisms, enhance sustainable development capabilities, and strengthen team building, with a view to enhancing governance capabilities.

**Keywords:** Social Governance; Grassroots; Police Station

## IV  Research Reports

B.11  The Practice of Rule of Law in Rural Governance
—An Investigation on the Suburban Villages of the Pearl River Delta
*Wang Lihui* / 210

**Abstract:** The practice of rural governance in R Town, Guangzhou City, is one of the samples that analyzes and summarizes the measures and paths of rural governance in the Pearl River Delta region. The rural area of the Pearl River Delta is an important part of the rural areas in the eastern coastal areas of China. It is helpful to sort out the status of the rule of law in the governance of the country and to enrich the understanding of the construction of the rule of law society in the developed areas of China. The practice of legalization of rural governance in the Pearl River Delta region is reflected in the following four aspects. The separation of government and economy, and the consolidation of equity are the main forms of legalization of rural collective economic organizations in the Pearl River Delta region. The professionalization of village cadres and the semi-administration of village-level organizations are the operational forms of the "rule-government-village-rule" model. The standardization of power supervision, affairs

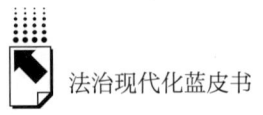

standardization and "three capitals management" are the embodiments of the rule of law at the village level. Demolition violations, management of rental houses, demolition of sheds, etc. are the difficult contents of law enforcement at the grassroots level in rural areas.

**Keywords:** Rural Governance; Rural Area of Pearl River Delta Region; "Three Capitals" Management; Law Enforcement in Rural Areas

B.12　Operation Mechanism and Explanation of Territorial Management in Grassroots Villages and Communities
—*Analysis of E Town as Object*

*Lv Jianjun, Du Weichao* / 227

**Abstract:** Territorial management is an institutional product of the unequal allocation of powers and responsibilities in the grassroots administrative system. Due to the shifting down administrative and supervisory functions by the township government, village-level organizations have taken the responsibilities for territorial management, becoming the extension of township government bureaucracy and the end of the administrative chain. The experience of town E shows that territorial management is a governance model commonly used by township governments in governance practices. The determination of governance responsibility is the core of the effective operation of the territorial management model. The search for governance information depends on the territories. The prevention of governance risks is a strategic choice for township governments to avoid governance risks. Village-level organizations have become the actual bearers of administrative affairs and the first-line implementers of policy implementation, while township governments have turned into supervisors. Township governments continue to move down administrative affairs and transfer governance responsibilities through the territorial management model, which may result in insufficient governance responsiveness. The modernization of grassroots governance must strengthen the country's basic power construction, continuously form and optimize the bureaucratic organizational system, enhance the capabilities of resource mobilization, risk control, and information acquisition.

**Keywords**: Grassroots Governance; Territorial Management; Governance Scale; Governance Risk; Modernization of Grassroots Governance

B.13 Investigation Report on Police Practice in Community Governance
—Taking the M Public Rental Housing Community Police Office in C City as Object            Sun Chong, Qiang Hui / 245

**Abstract**: The police practice of the M public rental housing community police office in C City comprehensively reflects the governance issues that emerged during the urbanization process in the peripheral areas of the city in terms of types of police situations, causes of disputes, and the settlement methods, etc. These problems mainly include inadequate infrastructure construction, potential dangers of key personnel gathering, and the frequent conflicts caused by diversified demands. Under the circumstances of severe shortage of police force and the guidance of the requirements of the assessment indicators, the police will not only choose to respond to the above types of problems, but also prefer mediation to detention for public security cases, and sometimes filter or regulate the case through artificial filtering. It can be seen that to realize the modernization of social governance, it is necessary to improve the overall system from the top down, but also to consider the differences and improve the working mechanism from the grassroots level

**Keywords**: Public Rental Housing Community; Police Practice; Urbanization; Dispute Resolution; Assessment Indicators

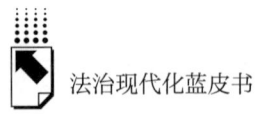

B.14 A Probe into the Practice of Rural Community Governance in Sichuan Province

—Field Investigation of X Community as Object

*Liu Xuejiao, Li Xu / 264*

**Abstract:** Rural governance has always been the key to social governance in our country, and also a difficult problem of China's social governance. As an important way to achieve effective rural governance, rural community construction plays a very important role in achieving overall urban-rural development and advancing the modernization of the national governance system. As to the imperfect construction of grassroots organizational teams, the immature development of a multi-governance model, incomplete infrastructure and inadequate service provision in rural community governance in Sichuan Province, from the theoretical perspective of the division of power between politics, economy and society, it was proposed to improve the coordinated governance mechanism of community's political governance, economic governance and social governance, in order to promote the modernization of rural governance.

**Keywords:** Grassroots Governance; Rural Community Construction; Villager Autonomy; Modernization of Governance

# V  Annual Events Report

B.15 Top Ten Events of China's Rule of Law in Society Development in 2019   *Feng Fei / 288*

The selection and report of the "Top Ten Annual Events of China's Rule of Law in Society Development" is based on the selection and publication of the "Top Ten Annual Rule of Law Events" by China Academy of Rule of Law Modernization. It specifically expands the issues of the rule of law in society development. It aims to presenting the annual influential events in China's rule of law in society development. The selection and evaluation of Top Ten Annual Events of China's Rule of Law in Society Development 2019 are carried out by the Blue Book Office, China Academy of Rule of Law Modernization.

社会科学文献出版社

# 皮 书

## 智库报告的主要形式
## 同一主题智库报告的聚合

### ❖ 皮书定义 ❖

皮书是对中国与世界发展状况和热点问题进行年度监测，以专业的角度、专家的视野和实证研究方法，针对某一领域或区域现状与发展态势展开分析和预测，具备前沿性、原创性、实证性、连续性、时效性等特点的公开出版物，由一系列权威研究报告组成。

### ❖ 皮书作者 ❖

皮书系列报告作者以国内外一流研究机构、知名高校等重点智库的研究人员为主，多为相关领域一流专家学者，他们的观点代表了当下学界对中国与世界的现实和未来最高水平的解读与分析。截至2020年，皮书研创机构有近千家，报告作者累计超过7万人。

### ❖ 皮书荣誉 ❖

皮书系列已成为社会科学文献出版社的著名图书品牌和中国社会科学院的知名学术品牌。2016年皮书系列正式列入"十三五"国家重点出版规划项目；2013~2020年，重点皮书列入中国社会科学院承担的国家哲学社会科学创新工程项目。

**权威报告·一手数据·特色资源**

# 皮书数据库
## ANNUAL REPORT(YEARBOOK) DATABASE

**分析解读当下中国发展变迁的高端智库平台**

### 所获荣誉

- 2019年，入围国家新闻出版署数字出版精品遴选推荐计划项目
- 2016年，入选"'十三五'国家重点电子出版物出版规划骨干工程"
- 2015年，荣获"搜索中国正能量 点赞2015""创新中国科技创新奖"
- 2013年，荣获"中国出版政府奖·网络出版物奖"提名奖
- 连续多年荣获中国数字出版博览会"数字出版·优秀品牌"奖

### 成为会员

通过网址www.pishu.com.cn访问皮书数据库网站或下载皮书数据库APP，进行手机号码验证或邮箱验证即可成为皮书数据库会员。

### 会员福利

- 已注册用户购书后可免费获赠100元皮书数据库充值卡。刮开充值卡涂层获取充值密码，登录并进入"会员中心"—"在线充值"—"充值卡充值"，充值成功即可购买和查看数据库内容。
- 会员福利最终解释权归社会科学文献出版社所有。

数据库服务热线：400-008-6695
数据库服务QQ：2475522410
数据库服务邮箱：database@ssap.cn
图书销售热线：010-59367070/7028
图书服务QQ：1265056568
图书服务邮箱：duzhe@ssap.cn

社会科学文献出版社 皮书系列
卡号：679341855489
密码：

## 基本子库 SUB DATABASE

### 中国社会发展数据库（下设 12 个子库）

整合国内外中国社会发展研究成果，汇聚独家统计数据、深度分析报告，涉及社会、人口、政治、教育、法律等 12 个领域，为了解中国社会发展动态、跟踪社会核心热点、分析社会发展趋势提供一站式资源搜索和数据服务。

### 中国经济发展数据库（下设 12 个子库）

围绕国内外中国经济发展主题研究报告、学术资讯、基础数据等资料构建，内容涵盖宏观经济、农业经济、工业经济、产业经济等 12 个重点经济领域，为实时掌控经济运行态势、把握经济发展规律、洞察经济形势、进行经济决策提供参考和依据。

### 中国行业发展数据库（下设 17 个子库）

以中国国民经济行业分类为依据，覆盖金融业、旅游、医疗卫生、交通运输、能源矿产等 100 多个行业，跟踪分析国民经济相关行业市场运行状况和政策导向，汇集行业发展前沿资讯，为投资、从业及各种经济决策提供理论基础和实践指导。

### 中国区域发展数据库（下设 6 个子库）

对中国特定区域内的经济、社会、文化等领域现状与发展情况进行深度分析和预测，研究层级至县及县以下行政区，涉及地区、区域经济体、城市、农村等不同维度，为地方经济社会宏观态势研究、发展经验研究、案例分析提供数据服务。

### 中国文化传媒数据库（下设 18 个子库）

汇聚文化传媒领域专家观点、热点资讯，梳理国内外中国文化发展相关学术研究成果、一手统计数据，涵盖文化产业、新闻传播、电影娱乐、文学艺术、群众文化等 18 个重点研究领域。为文化传媒研究提供相关数据、研究报告和综合分析服务。

### 世界经济与国际关系数据库（下设 6 个子库）

立足"皮书系列"世界经济、国际关系相关学术资源，整合世界经济、国际政治、世界文化与科技、全球性问题、国际组织与国际法、区域研究 6 大领域研究成果，为世界经济与国际关系研究提供全方位数据分析，为决策和形势研判提供参考。

# 法律声明

"皮书系列"(含蓝皮书、绿皮书、黄皮书)之品牌由社会科学文献出版社最早使用并持续至今,现已被中国图书市场所熟知。"皮书系列"的相关商标已在中华人民共和国国家工商行政管理总局商标局注册,如LOGO( )、皮书、Pishu、经济蓝皮书、社会蓝皮书等。"皮书系列"图书的注册商标专用权及封面设计、版式设计的著作权均为社会科学文献出版社所有。未经社会科学文献出版社书面授权许可,任何使用与"皮书系列"图书注册商标、封面设计、版式设计相同或者近似的文字、图形或其组合的行为均系侵权行为。

经作者授权,本书的专有出版权及信息网络传播权等为社会科学文献出版社享有。未经社会科学文献出版社书面授权许可,任何就本书内容的复制、发行或以数字形式进行网络传播的行为均系侵权行为。

社会科学文献出版社将通过法律途径追究上述侵权行为的法律责任,维护自身合法权益。

欢迎社会各界人士对侵犯社会科学文献出版社上述权利的侵权行为进行举报。电话:010-59367121,电子邮箱:fawubu@ssap.cn。

社会科学文献出版社